KB206529

# 워룸

FROM THE CREATORS OF **FIREPROOF** AND **COURAGEOUS**

# WAR ROOM

## PRAYER IS A POWERFUL WEAPON

BASED ON THE MOTION PICTURE BY

# ALEX KENDRICK & STEPHEN KENDRICK

열방을 회복시키려면 우리가 먼저 무릎을 꿇어야 한다.

_빌리 그래함

기도의 용사, 안젤라 위안에게

_크리스 패브리


나의 소중한 아내, 크리스티나에게.

당신의 사랑과 지원, 기도를 매우 갈망하며 소중히 여깁니다.

이 책이 당신에게 격려가 되기를 바랍니다.

_알렉스 켄드릭


내가 세상에서 제일 좋아하는 사람, 질에게.

당신은 나에게 걸어 다니는 기도 응답입니다. 당신을 사랑하고

영원한 기도 파트너와 결혼한 것이 너무도 감사합니다.

_스티븐 켄드릭

| 감사의 글

## 크리스 패브리

이 책에 활기를 불어넣는 과정에 참여할 수 있게 해준 알렉스와 스티븐에게 감사드립니다. 저에겐 정말 큰 특권이었습니다. 또한 이 프로젝트를 위해 기도해 준 분들과 마음에 감동을 받아 기도할 분들에게 진심으로 감사드립니다.

## 알렉스와 스티븐 켄드릭

일을 잘 마무리해준 크리스 패브리에게 감사의 말을 전합니다. 당신과 함께 일하는 것이 정말 즐거웠습니다! 틴데일 출판사 팀에게, 당신들은 축복입니다. 이 이야기들을 믿어줘서 감사합니다. 아내와 자녀들에게 진심으로 사랑한다고 말하고 싶습니다.

이제 곧 휴가를 떠날 시간입니다! 우리 부모님, 래리와 론윈 켄드릭에게, 당신들은 오랜 세월 동안 매일 기도가 절대적 우선순위임을 보여주셨습니다. 우리는 당신들의 사랑과 지원, 기도가 없는 삶을 상상할 수 없습니다. 당신들은 우리에게 굳게 서서 올바른 무기를 가지고 싸우도록 가르쳐주셨습니다. 사랑합니다! 우리 사역 팀에게, 아무리 감사해도 부족할 것입니다. 당신들은 우리와 함께 일하며, 우리와 함께 기도하고, 우리를 지지해주었습니다. 너무나 감사합니다! 하나님, 영광 받으소서. 예수님의 이름이 높임을 받으시기 원합니다. 그분은 주님이십니다!

차례

## 미스 클라라

클라라는 백발에 피부가 거무스름한 할머니였다. 공동묘지 주차장에 들어서자 그녀는 마치 브레이크를 사용할 수 있는 것이 기도 응답이라도 되는 양 안도의 한숨을 내쉬었다. 결연하게 묘비들 사이를 천천히 걸으면서 익숙한 이름들을 지나치며 고개를 끄덕였다. 이름들과 함께 얼굴을 떠올리기가 점점 더 힘들어졌다. 그녀의 걸음걸이는 한결같았고, 한 걸음씩 갈 때마다 목적지에 더 가까워졌다. 윌리엄스라고 쓰인 묘비가 있는 곳이 목적지였다.

그곳에 이르자 그녀는 가만히 서서 신선한 흙냄새를 맡았다. 비가 온 것 같았다. 그녀는 큰소리로 말했다.

"당신은 항상 비 오는 걸 좋아했어요, 그렇지 않아요, 레오? 맞아요, 그랬어요. 당신은 비를 좋아했어요."

엄밀히 말해서, 그녀는 이런 성스러운 순간에 실제로 남편한테 말하고 있는 것은 아니라는 것을 알고 있었다. 그의 영혼이 어디에 있는지 알았고, 그곳은 그녀가 밟고 있는 땅 밑이 아니었다. 하지만 그렇게 이야기를 할 때 마음이 맑아지고 과거와 연결될 수 있었다. 다른 방법으로는 그렇게 할 수가 없었다. 그녀는 그곳에서 군복을 입은 레오의 사진들과 그가 베트남에서 돌아왔을 때부터 간직해왔던 몇 장의 낡은 사진들을 볼 수 있었다.

클라라는 남편이 간직해온 사진들 외에는 전쟁에 대해 아는 바가 없었다. 전쟁영화도 볼 수가 없었다. 특히 거친 전투 장면이 나오는 다큐멘터리는 도저히 볼 수 없었다. 네이팜탄이 터지고 M16 소총에 맞아 맨 어깨가 드러나는 그런 장면들을…. 그녀는 그런 방송이 나오는 PBS 채널을 재빨리 지나쳤다. 정말 뼛속까지 소름이 돋았다.

하지만 클라라가 아는 다른 싸움이 있었다. 그것은 매일 60억이 넘는 사람들의 마음속 전쟁터에서 벌어지는 싸움이었다. 그녀는 총알과 폭탄의 공격을 피할 수 있는 곳이 있고, 누군가가 전략을 세워 놓았다는 것을 알 만큼 그 전쟁에 대해 충분히 알고 있었다.

남편이 지도를 응시하며 작전을 짜는 모습을 상상해보았다. 땀에 젖고 피로에 절고 공포에 질린 그와 그의 부하들은 적들의 전략 전술을 분석하고 그들의 진군을 막기 위해 지략을 동원했다. 남편이 죽고 몇 년 뒤에 그녀는 남편이 용감하게 싸운 이야기와 부하들을 위해 희생한 이야기를 전해 들었다.

"지금 우리에겐 강철 같은 기골을 가진 사람들이 필요해요, 레오. 당신처럼 강철 같은 기골과 금 같은 심장을 가진 사람들이요."

그녀가 말했다. 그렇지만 레오의 심장은 일찍이 멈추었고, 그녀는 10살짜리 아들과 홀로 남겨졌다. 그의 죽음은 너무나 갑작스러웠다. 그녀는 죽음을 받아들일 준비가 되어 있지 않았다. 30대에 그녀는 시간이 많다고 생각했고 삶이 영원히 계속될 줄 알았다. 하지만 인생은 그렇지 않았다. 삶에는 그 나름의 전략이 있었고, 시간은 강줄기처럼 갈라져서 그녀의 마음속에 흘러들어왔다.

클라라는 묘비 옆에 조심스레 무릎을 꿇고 잡초를 뽑으며, 40년 전 외아들과 함께 같은 자리에 서 있던 때를 떠올렸다.

"당신이 클라이드를 볼 수 있으면 좋겠어요. 당신하고 아주 많이 닮았어요, 레오. 당신이랑 말투도 비슷해요. 같은 버릇도 몇 가지 있고요. 낮은 소리로 점잖게 웃지요. 그 아이가 어른이 된 모습을 당신이 볼 수 있다면 얼마나 좋을까요."

40년 전 그녀는 그 자리에 아들인 클라이드와 함께 서 있었다. 사방에 가득한 돌들과 사랑하는 이들을 바라보며……

"왜 사람들은 꼭 죽어야만 해요, 엄마?"

클라이드가 말했다. 그녀는 그 질문에 너무 성급히 대답을 해주었다. 죽음은 모든 사람에게 찾아온다고 했고, 한번 죽는 것은 사람에게 정해진 것이요 죽은 후에는 심판이 있다는 성경구절을 알려주었다. 그리고 그녀는 그 아이가 알고자 하는 것이 신학적인 것이 아니라 전혀 다른 것이라는 걸 알았다. 그녀는 같은 자리에 무릎을 꿇고 앉아 그녀가 아는 가장 진실된 사실을 말해주었다.

"사람들이 왜 죽어야만 하는지 나도 모른단다, 아들아. 난 죽음이 하나님께서 원하신 것이었다고 생각지 않아. 하지만 분명히 누군가의 계획에 포함된 일이었지. 하나님은 그것을 사용하실 만큼 크고 능력 있는 분이시라고 믿는다. 분명 우리가 볼 수 없는 더 많은 일들이 이곳에서 벌어지고 있을 거야."

그녀를 바라보는 클라이드의 눈에서 눈물이 흘렀다. 그녀는 클라이드를 안고 같이 울었다. 그 아이가 더 많은 질문을 던질수록 더 꼭 안아주었다. 그 말들은 나무 위로 높이 올라가서 바람과 함께 날아갔다. 그녀는 지금도 묘비 앞에서 아들을 꼭 안았던 그 느낌을 잊을 수가 없다.

"나 자신이 늙어가는 것은 생각도 못했어요."

그녀는 그렇게 남편에게 말하며 자신의 거칠고 쭈글쭈글해진 손을 내려다보았다.

"어떻게든 견디며 살아내려고 했어요. 그러다 보니 40년이 세찬 바람처럼 지나갔네요. 그동안 하나님이 가르쳐주시는 교훈들을 배우려고 노력해왔어요."

그녀는 천천히 몸을 일으켜 무릎에 붙은 풀을 털어냈다.

"미안해요, 레오. 과거로 돌아가서 다시 살아볼 수 있다면 얼마나 좋을까요. 또다시 기회가 주어진다면…. 하지만 이제 괜찮아요. 당신은 편히 쉬고 있잖아요. 곧 나도 당신을 보게 될 거예요. 기대하고 있어요."

그녀는 수많은 추억을 떠올리며 그 자리에 잠깐 머물렀다. 그리고 자동차까지 한참을 걸어가는데 멀리서 떠들썩한 음성이 들려왔다. 한 부부가 약 30야드 떨어진 곳에서 말다툼을 하고 있었다. 클라라는 그 말을 들을 수 없었고 무엇 때문에 다투는지 알 수 없었지만, 그들을 불러 묘비들을 가리키며 잘못된 싸움을 하고 있다는 걸 말해주고 싶었다. 그들에게 진짜 적을 보라고 말해주고 싶었다. 그리고 승리는 두 사람의 다툼에서 오는 것이 아닌, 믿음생활의 전략과 동원된 자원들과 함께 온다는 것을……

그 부부는 그들의 차를 타고 떠났다. 클라라는 발을 질질 끌며 자기 차까지 걸어가서 간신히 올라탔다.

"내가 모르는 사이에 묘지가 이렇게 많이 생겼다니……."

그녀는 거친 숨을 몰아쉬며 중얼거렸다.

레오가 웃는 소리를 들을 수 있었다. 오랜 세월을 넘어 들려오는 달콤 쌉쌀한 울림이었다.

## 5천 달러를…

엘리자베스 조던은 현관문을 두드리기도 전에 자기가 팔려고 하는 집이 제대로 된 것이 하나도 없다는 걸 알았다. 조경에 여러 가지 흠이 있었고, 진입로에 금이 가고, 차고 옆 지붕의 배수시설에도 문제가 있어 보였다. 노크를 세 번 하기도 전에 창턱에 페인트가 벗겨진 것이 눈에 띄었다. 이것은 그녀로서는 중요한 일이었다. 무엇보다 첫 소개가 중요하고 잠재적 구매자에게 첫 인상을 남길 기회는 단 한 번밖에 없기 때문이었다.

그녀는 창문에 비친 자신의 모습을 보며 어깨를 똑바로 펴고 어두운색 재킷을 잡아당겼다. 자신의 강한 얼굴을 강조하는 머리를 매만졌다. 두드러진 코, 튀어나온 이마, 초콜릿색 피부, 엘리자베스의 조상은 150년 전 이 나라에서 노예로 살았다.

그녀는 10년 전에 남편과 젖먹이 딸을 데리고 현조할머니가 살았던 최남단 지방의 한 농장으로 여행을 간 적이 있었다. 작은 판잣집은 노예 숙소들과 함께 재건되었고, 그곳에 살던 사람들은 다른 곳으로 이주하고 없었다. 집안에 걸어 들어가는 것만으로도 마치 조상들의 심장을 만지는 듯했다. 그녀는 그들의 삶을 상상하며 눈물이 터져 나오는 걸 간신히 참았다. 딸을 꼭 안고 조상들의 인내심과 유산에 대해, 그리고 그들이 결코 상상할 수 없었던 기회들을 누리는 것에 대해 하나님께 감사했다.

엘리자베스는 문이 열릴 때까지 기다렸고, 이내 그녀 앞에 나타난 약간 젊은 여자에게 미소를 지어 보였다. 멜리사 테이버는 가재도구들이 든 상자를 들고 한쪽 어깨로 휴대폰을 간신히 받치고 있었다. 그래서 그녀의 입은 O자 형태가 되어 있었다.

"엄마, 전 가야 해요."

그녀가 전화기에 대고 말했다. 엘리자베스는 참을성 있게 기다리며 미소를 지었다. 멜리사가 어깨너머로 말했다.

"제이슨과 데이비드, 어서 공을 내려놓고 이 상자들 좀 날라줘!"

엘리자베스는 손을 뻗어 그녀를 도와주려 했지만 공이 머리 위로 지나가는 바람에 몸을 수그려야만 했다. 다행히 공은 그녀의 뒤에 있는 마당으로 튀었고 그녀는 웃었다.

"오, 정말 미안해요. 엘리자베스 조던 맞죠?"

"맞아요. 당신은 멜리사?"

멜리사는 엘리자베스와 악수를 하느라 거의 상자를 떨어뜨릴 뻔했다.

"네. 미안해요. 지금 막 짐을 싸기 시작했거든요."

"괜찮아요. 제가 좀 도와드릴까요?"

그때 서류가방과 서류철을 든 한 남자가 그들을 슬쩍 지나쳤다.

"여보, 난 2시까지 녹스빌에 가야 해. 그래도 벽장 정리는 다 끝냈어."

그는 곰 인형을 들어 보이더니 상자에 담으며 말했다.

"이게 냉장고 안에 있더라고."

그는 엘리자베스를 지나쳐 현관으로 가더니 그녀를 가리키며 말했다.

"부동산 중개인이시죠?"

그의 말투에 자부심이 묻어 있었다. 그는 그녀를 이름이 아닌 직함으로 불렀다. 그녀는 그의 머릿속의 한 칸에 분류될 사람이었다.

엘리자베스는 웃으며 받아쳤다.

"소프트웨어 판매하시죠?"

"그걸 어떻게 알았어요?"

그가 눈을 동그랗게 뜨며 말했다.

"당신 손에 들고 있는 그 서류철에 써 있는데요."

그녀는 분류와 해설에 능했다. 다만 다른 사람들과의 관계에 있어서는 노력이 필요했다. 특히 남편과의 관계에서는……. 그는 서류철을 보더니, 그녀의 관찰력에 감동했다는 듯이 씩 웃으며 고개를 끄덕였다.

"더 있고 싶지만 전 이제 가봐야 해요. 제 아내가 집에 관한 모든 것을 말해줄 거예요. 집이 엉망인 건 알지만, 아이들 때문이니 어쩔 수가 없네요."

그는 멜리사를 슬쩍 쳐다보았다.

"그럼 오늘 밤에 전화할게."

"사랑해요."

멜리사는 박스를 든 채로 말했다.

그는 바로 자기 차로 가버렸다. 날아오는 공을 지나쳐 가면서도 신경도 안 쓰는 듯했다.

"이해해요."

엘리자베스가 말했다.

"우리 남편도 같은 일을 하거든요. 제약회사 직원이에요."

"오, 그분도 출장 다니느라 피곤해 하시나요?"

멜리사가 말했다.

"그런 것 같진 않아요. 그 사람은 오히려 하루 종일 사무실에 갇혀 있는 것보다 운전하고 다니면서 머리를 식히는 걸 좋아하는 것 같아요."

"그러는 동안 당신은 집을 보여주고, 중요한 과도기에 놓인 사람들과 거래를 하시는 셈이군요."

엘리자베스는 안으로 들어가서 집을 매도하기 위해 바꿔야 할 부분들을 눈여겨보았다. 첫인상보다 더 상태가 심각했다. 하지만 그녀는 한 번에 그 모든 걸 말하지 않기로 했다. 멜리사의 얼굴에서 거의 공포에 가까운 표정을 보았기 때문이다.

"아시다시피, 우리가 겪는 일 중에 죽음과 이혼을 제외하면, 이사가 가장 큰 스트레스라고 합니다."

그녀는 멜리사의 어깨에 손을 얹으며 말했다.

"게다가 이번이 몇 년 만의 이사는 아니겠지요."

멜리사는 고개를 저었다.

"이 박스들을 지난번에도 똑같이 사용했어요."

엘리자베스는 고개를 끄덕이며 움푹 들어간 벽에 페인트가 벗겨진 것을 보았지만, 대화에 집중하려고 노력했다.

"이 상황을 잘 이겨낼 수 있을 거예요."

바로 그때 뾰족뾰족한 금발머리의 남자아이가 계단을 뛰어내려오고, 바로 뒤에 다른 아이가 테니스 라켓을 휘두르며 내려왔다. 둘 다 엘리자베스의 딸과 같은 또래로 보였고, 1년 동안 작은 도시 하나를 밝혀줄 만큼의 에너지를 거뜬히 갖고 있는 듯했다. 사춘기 남자아이들이 있으면 발전장치와 풍차가 필요 없을 것이다. 멜리사는 한숨을 쉬었다.

"정말 그럴까요?"

토니 조던은 롤리의 고급 호텔 스위트룸에서 하루를 시작했다. 아침 일찍 일어나 혼자 웨이트트레이닝 룸에서 운동을 했다. 그는 그 조용함이 좋았다. 여행 중에 새벽 5시부터 일어나 운동하는 사람은 거의 없기 때문이다.

곧이어 그는 샤워를 하고 옷을 입고 아침식사로 과일 한 접시와 주스를 조금 마셨다. 다른 여행자들은 부랴부랴 나와서 도넛이나 와플, 단 시리얼 등을 먹었다. 일을 계속하려면 체중을 유지하고 날렵한 모습을 유지해야 했다. 건강이 그 일의 큰 부분을 차지했으므로, 그는 늘 건강이 있으면 모든 걸 가진 것이라고 믿었다.

토니는 문으로 향하면서 거울을 보았다. 바싹 자른 머리카락은 길이가 딱 적당했다. 셔츠와 타이는 빳빳했고, 그의 튼튼하고 넓은 목을 잘 감싸주었다. 콧수염은 윗입술 위로 빽빽하고 가지런하게 손질되어 있었고, 턱에는 염소수염이 있었다. 그는 좋아보였고 자신감도 있어 보였다. 그는 나중에 있을 회의에 대비해서 미소를 지으며 손을 내밀면서 "안녕하십니까, 미스터 반즈."라고 말해보았다.

아프리카계 미국인으로서 그는 항상 자신이 대부분의 백인동료들과 경쟁자들보다 한 걸음 뒤에 있다고 느꼈다. 그에게 기술이나 능력이나 말주변이 부족해서가 아니라, 단지 그의 피부색 때문이었다. 그것이 사실인지 아닌지는 그도 알 수 없었다. 어떻게 처음 만나는 사람의 마음속에 들어가 볼 수 있겠는가? 하지만 처음 악수를 하는 사람의 미심쩍은 표정, 아주 짧은 순간의 망설임을 느낄 수 있었다. 심지어 브라이트웰에서 그의 상사들에게도 그것을 느꼈고, 특히 부사장 중 한 명인 톰 베네트에게서도 그런 걸 느꼈다.

토니는 그를 인맥의 한 부분으로 여겼다. 누군가 아는 사람이 있는 백인들은 빠른 승진으로 쉽게 관리직에 올랐다. 토니는 자신의 영업능력과 느긋한 태도로 좋은 인상을 남기려고 노력했다. '제가 다 알아서 하니까 저를 믿어주세요.'라는 태도였다. 하지만 톰은 끈질기게 설득을 해야만 했고, 그것이 자신의 피부색과 관련이 있지 않은지 의심을 가질 수밖에 없었다.

토니는 자신이 인지한 사실을 받아들이고, 그냥 더 열심히 일하고, 더 열심히 밀어붙이고, 모든 사람의 기대에 부응하는 수밖에 없다고 다짐을 했다. 하지만 마음 한구석에서는 이 보이지 않는 장애물이 공평하지 않다고 여겨졌다. 밝은 피부색을 가진 다른 사람들은 그런 문제로 고민할 필요가 없는데 왜 나만 고민해야 하는가?

오늘 그 앞에 놓인 장애물은 홀컴이었다. 영업의 어려움을 회피할 방법은 없었다. 하지만 쉬운 영업이 있었던가? 아무리 짧은 영업이라도 시간과 준비가 필요하고 알아야 할 것들이 있었다. 이것이 그의 비결이었다. 즉 눈에 보이지 않는 노력이 있었다. 이름을 기억하는 것, 고객의 생활과 관련된 세부사항들을 기억하는 것, 이를 테면 핑(Ping) 골프채를 트렁크에 넣고 다니는 것 등이었다.

캘빈 반즈는 토니가 그 골프채를 건네면 군침을 흘릴 것이었다. 그것을 사려면 토니가 몇백 달러를 써야 했지만, 그가 거래를 성사시켰다는 것을 상사가 들었을 때 나타날 표정을 생각하면 적은 비용이었다.

대회의실은 고상하게 꾸며져 있었고, 가죽 냄새가 복도까지 풍겼다. 그가 걸어 들어가 삼나무 테이블 위에 견본상자를 내려놓았다. 캘빈 반즈―그는 캘빈이라고 불리는 것을 좋아하지 않았다―는 그 문으로 들어와 토니와 악수를 할 것이다. 그러니 골프채를 보이지 않게 토니의 왼쪽 의자에 기대 놓아야 했다.

그는 그것을 거기에 놓고, 다시 손잡이 부분이 등받이 뒤로 올라오도록 의자 안쪽으로 옮겼다. 복도에서 어떤 목소리들이 들려오자, 골프채를 다시 바닥에 놓았다. 좀 더 교묘해질 필요가 있었다.

미스터 반즈는 또 다른 사람과 함께 들어왔다. 익숙한 얼굴이었지만, 순간 토니는 그 사람의 이름이 기억나지 않아서 얼어붙는 듯했다. 마음을 진정시키려 애쓰며, 자신만의 연상기억법을 사용하여 이름을 기억해내려 했다. 그가 넓은 쓰레기매립지에 존 디어 모자를 쓰고 서 있는 모습이 떠올랐다. 디어링, 그것이 그의 성이었다. 하지만 왜 그가 쓰레기매립지에 서 있었는지 기억이 나지 않았다.

"토니, 기억하실지 모르지만……."

"필 디어링 씨, 다시 만나서 반갑습니다."라고 하며 토니가 손을 내밀었다.

그 남자는 깜짝 놀라더니, 이내 미소를 지으며 토니와 악수를 했다.

미스터 반즈는 고개를 뒤로 젖히며 웃었다.

"당신 덕분에 20달러를 땄네요. 필, 내가 뭐랬어요. 그가 기억할 거라고 했지요."

그의 눈은 골프채로 향했다.

"그리고 여기에 뭐가 있을까요?"

"제가 말씀드렸던 그것입니다, 미스터 반즈. 공을 칠 때마다 적어도 30야드가 더 나가지 않으면 전 충격을 받을 겁니다. 당신은 공을 한가운데로 치기만 하면 됩니다."

토니가 말하자 미스터 반즈는 골프채를 잡아보았다. 그는 일주일에 3번 골프를 치고 은퇴하면 플로리다로 갈 계획을 가진 최상급 골퍼였다. 그가 공을 칠 때마다 30야드가 더 나간다는 것은 곧 그가 쇼트게임을 활용할 수 있다는 것, 18홀 72타가 70타로 줄어들 수 있다는 뜻이었다. 운이 좋은 날은 더 줄어들 수도 있었다.

"무게가 딱 알맞네요, 토니. 균형감도 놀라워요."

토니는 그가 골프채를 잡고 있는 모습을 보며 견본 상자를 열기도 전에 영업에 성공했다고 확신했다. 그들이 서류에 사인을 하고 거래의 법적인 부분을 살필 때 토니는 그 자리에 서 있었다. 그는 자신의 양복과 타이, 탄탄한 체격이 좋은 인상을 준다는 걸 알았다.

"어서 당신이 돌아가서 퍼팅 연습을 하게 해줘야지요."

미스터 반즈가 말했다.

"아마 다음에는 연습이 끝났을 겁니다."

토니가 웃으며 말했다.

"이렇게 이른 시간에 여기까지 오는 게 불편하지 않아요?"

"아뇨, 괜찮습니다. 전 운전을 즐기는 걸요."

"그래요, 우리는 당신과 거래하는 게 신이 납니다, 토니. 콜맨에게 안부 전해주세요."

미스터 반즈가 말했다.

"네, 알겠습니다."

"아, 새 골프채 고마워요."

"마음에 드십니까?"

토니는 그들과 악수를 했다.

"앞으로도 계속 만나게 될 겁니다."

그는 거의 날아갈 듯이 방에서 걸어 나왔다. 영업에 성공하는 것만큼 기분 좋은 일은 없었다. 그는 엘리베이터에 가까이 가면서 캘빈 반즈가 자신의 새 골프채에 대해 떠들어대는 소리를 들을 수 있었다. 그는 오후에 휴가를 내고 가장 가까운 컨트리클럽에서 후반 9홀을 치고 싶다고 말했다.

토니는 엘리베이터를 기다리면서 상담한 동안 못 받은 전화가 없는지 확인했다. 상담시간에는 반드시 전화기를 주머니에 넣어두는 것이 철칙이기 때문이었다. 이것이 그가 늘 노력했던 또 한 가지 일이었다. 고객들에게 온전히 집중할 만큼 그들을 가치 있게 여기는 것이다. 고객으로 하여금, 세상에 당신보다 더 중요한 사람이 있다고 느끼게 해서는 안 된다. 고객은 내게 최우선순위다.

한 젊은 여자가 그 앞에 있는 흰 계단으로 걸어 내려왔다. 그녀는 가죽 서류철을 들고 미소를 짓고 있었다. 토니는 전화기를 집어넣고 같이 미소를 지었다.

"영업에 성공하셨군요."

그녀가 말하자 토니는 자신 있게 고개를 끄덕였다.

"물론입니다."

"정말 감동했어요. 대부분은 꼬리를 내리고 물러서는데 말이에요."

토니는 손을 내밀었다.

"토니 조던입니다."

"베로니카 드레이크예요."

그녀가 악수를 하며 말했다. 그녀의 손은 따뜻하고 부드러웠다.

"저는 미스터 반즈를 위해 일하고 있어요. 아마 구매를 위해 제가 연락을 드리게 될 거예요."

그녀는 자신의 명함을 건네주면서 그의 손을 살짝 스쳤다. 겉으로 드러난 것은 아무것도 없었지만, 토니는 뭔가 그녀와 통하는 것을 느꼈다. 베로니카는 쾌활하고 날씬했으며, 토니는 그들이 함께 레스토랑에서 이야기를 나누는 것을 상상했다. 그리고 낭만적인 난로 불빛에, 베로니카가 그에게 기대고 촉촉한 입술로 그에게 애원하는 상상을 했다. 이 모든 일이 그가 그녀의 명함을 바라보는 짧은 순간에 일어났다.

"아, 베로니카 드레이크, 그럼 2주 후에 오면 당신을 다시 보게 되겠군요."

"기대하고 있을게요."

그녀가 말했다. 그녀의 미소를 보니 그 말이 진심인 것 같았다.

그녀는 떠났고 그는 고개를 돌려 그녀를 유심히 바라보았다.

엘리베이터를 기다리는 동안 전화기 알람이 울려서 보니 송금이 되었다는 메시지였다. 메시지를 보는 순간, 한 대 얻어맞은 듯한 기분이었다. 하필 거래를 성사시켜 가장 의기양양해졌을 때 아내에게 또 당한 것이다. 몇 달 동안 공을 들여 세밀하게 준비해서 어렵게 큰 거래를 마친 지금 말이다.

"엘리자베스, 당신은 나를 죽일 작정이군."

그가 속삭이듯이 말했다.

엘리자베스는 침대 발치에 있는 의자에 앉아서 발을 문지르고 있었다. 멜리사와 함께 보낸 시간은 좋았다. 그녀의 두 아들 때문에 일이 쉽지는 않았지만, 그녀는 집의 수리 목록을 작성하고 단장하기 위해 해야 할 일들을 마무리했다. 아이들은 항상 집 매매를 복잡하게 만들기 마련이었다. 그저 헤쳐나갈 수 있다고 믿고 열심히 노력하는 수밖에 없었다.

그날은 오후에 또 다른 회의도 있어서 무척 긴 하루였다. 하지만 다니엘이 마지막 학교 수업을 마치고 오기 전에 집에 도착했다. 의자에 앉으니 너무 지쳐서 그대로 몸을 웅크린 채 자고 싶었지만, 아직 더 해야 할 일이 있었다. 항상 해야 할 일이 더 있긴 했다.

"엄마?"

엘리자베스는 꼼짝도 할 수가 없었다.

"엄마 여기 있다, 다니엘."

그녀의 열 살배기 딸이 무언가를 가지고 들어왔다. 아이는 작년 한 해 동안 몇 인치가 자랐고, 가늘고 긴 몸이 잡초처럼 쑥쑥 자라고 있었다. 귀여운 보라색 머리띠가 얼굴을 한층 돋보이게 했다. 엘리자베스는 거기서 아이의 아버지를 볼 수 있었다. 밝은 미소, 생기가 가득한 눈, 눈을 조금 내리뜨고 있다는 것만 빼면 똑같았다.

"이거, 제 학기말 성적표예요. 역시나 C가 하나 있어요."

엘리자베스는 성적표를 받아들고 꼼꼼히 살펴보았다. 다니엘은 앉아서 어깨에 멘 가방을 벗었다.

"오, 우리 딸. 다른 과목은 다 A를 받았고 수학만 C를 받았구나. 그리 큰 문제는 아니야. 잘했어. 이제 곧 여름방학인데 뭐, 그치?"

다니엘은 몸을 앞으로 숙이더니 뭔가 표정이 달라졌다. 코를 킁킁거리더니 마치 방안에 암모니아가 가득한 것 같은 반응을 보였다.

"엄마 발이에요?"

엘리자베스는 겸연쩍게 발을 뗐다.

"아, 미안. 발에 바르는 파우더가 다 떨어졌어."

"진짜 고약해요."

"알아, 다니엘. 잠시만 구두를 벗고 있어야겠어."

다니엘은 엄마의 발을 마치 유독성 폐기물을 보듯이 쳐다보았다.

"정말 지독한 것 같아요."

다니엘은 구역질을 할 듯이 말했다.

"알았어, 거기 앉아서 보고만 있지 말고, 네 손으로 여기 좀 주물러주면 어떨까?"

"우엑, 싫어요!"

엘리자베스는 웃으며 말했다.

"가서 저녁 식탁이나 차리렴. 그리고 아빠가 오시면 성적표 보여드려, 알겠지?"

다니엘은 성적표를 들고 주방으로 갔다. 엘리자베스는 다시 혼자였다. 몇 년 전까진 냄새가 그렇게 심하지 않았고, 발 파우더만 써도 괜찮은 것 같았다. 하지만 어쩌면 그녀가 안이하게 생각하고 있었는지도 모른다. 어쩌면 냄새가 더 깊은 문제의 징후였을 수도 있는데 말이다.

무슨 생각을 하고 있는 걸까? 무슨 질병이라도? 혹시 간에 문제가 있어서 그게 발의 땀구멍으로 새어나오는 건가? 그녀의 친구, 미시는 항상 온라인으로 다양한 통증과 병에 대해 찾아보고 그것을 자신의 증상들과 연관 지었다. 어떤 날은 피부 문제로 고민하다가 자신이 피부암일 거라고 결론을 내렸다. 또 다음 날은 두통을 자기 마음대로 종양으로 진단했다. 엘리자베스는 절대 건강염려증 환자는 되지 않을 거라고 다짐했다. 그녀는 그저 발 냄새가 심한 것뿐이었다.

그녀는 자신의 굽 낮은 구두 한 켤레를 들고 냄새를 맡아보았다. 토니와 신혼여행 때 갔던 호텔에서 치즈가 나왔는데, 딱 그런 냄새였다. 그녀는 구두를 내려놓았다. 어떻게 또 냄새 하나로 16년 전의 일이 생각났는지 웃음이 나왔다. 그녀는 구두에서 손을 떼며 토니와 함께 보낸 첫날밤을 생각했다. 온통 기대와 흥분으로 가득했었다. 그녀는 이틀 동안 잠을 못 잤고 결혼식은 어땠는지 기억이 흐릿했다. 신혼부부용 스위트룸에서 머리가 베개에 닿자마자 그냥 잠이 들고 말았다. 토니는 몹시 화가 났다. 혈기왕성한 미국 남자가 어찌 속상하지 않았겠는가?

그녀는 다음날 자신이 잠들었던 것을 만회해보려고 했지만, 그리 쉽게 풀릴 일이 아니었다. 그들은 긴 대화가 필요했다. 토니는 연애와 약혼기간 동안에는 말을 많이 했었다. 그러나 그 일 후 머지않아 그는 말수가 줄었고, 강물같이 많던 말들이 서서히 줄어 한 방울씩 똑똑 떨어지게 되었다. 그녀는 밸브라도 찾고 싶었고, 혹은 배관을 뚫는 도구를 어디에 놔야 그의 막힌 말문을 뚫을 수 있는지 알고 싶었다.

그들의 결혼생활은 나쁘지 않았다. TV에 나오는 연예인들처럼 바람을 피거나 말다툼만 했다 하면 물건들을 밖으로 내던지는 폭력적인 부부도 아니었다. 그녀와 토니는 예쁜 딸을 낳았고, 안정적인 직업도 있었다. 다만 그가 약간 냉담했고 서로 사이가 좀 멀어졌지만, 그녀는 그런 기류가 영원히 지속되지 않을 거라고 확신했다. 그럴 순 없었다.

엘리자베스는 구두를 벽장 안에 최대한 깊숙이 집어넣고 저녁식사를 준비하러 주방으로 갔다. 냄비에 물을 가득 넣고 레인지 위에 올린 후 스파게티 면을 넣었다. 물이 천천히 끓는 것을 보며, 그녀는 그 옆에 있는 팬의 토마토 소스를 저었다.

그녀는 스파게티 면을 보면서 뭔가가 일어나고 있는 것을, 뭔가 그녀의 마음속에서 끓어오르는 것을 느꼈다. 뭐라고 꼬집어 말할 수 없는 느낌이었다. 초조함, 또는 갈망이라고 할까. 두려움이라고 할까. 어쩌면 그녀가 바랄 수 있는 것이 여기까지였을지도 모른다. 어쩌면 이것이 결혼생활의 한계였을 수도 있었다. 혹은 인생도 마찬가지일 것이다. 어쩌면 그들은 각자의 길을 가다가 중간에 가끔씩 만나야 할 운명이었는지도 모른다. 하지만 그녀가 뭔가를 놓치고 있는 것 같은 기분이 계속 그녀를 따라다녔다.

아무튼 비록 그들 두 사람이 함께 보내는 시간이 거의 없이 지내지만 앞으로 그들의 결혼생활이 더 나아질 수 있을 거라는 생각을 하고 있었다.

엘리자베스는 급히 샐러드를 만들고 다니엘은 각 접시 옆에 냅킨을 놓고 있는데, 차고 문이 괴상한 소리를 내기 시작했다. 딸깍딸깍하는 소리가 지난 1년 동안 점점 더 커졌다. 만약 엘리자베스가 자신의 집을 팔려고 했다면, 차고 문부터 손봤을 것이다. 하지만 토니는 이상한 소리가 나든 말든 개의치 않았다. 그들의 결혼생활처럼….

"아빠가 들어오시는 소리가 들리는구나, 다니엘."

"제가 C를 받은 것 때문에 화 내실까요?"

다니엘이 말했다. 엘리자베스는 딸의 눈빛에 깜짝 놀랐다. 당장 차고로 가서 남편에게 딸을 격려해주라고, 긍정적인 말을 해주라고, 완벽하지 못한 작은 부분을 보지 말고 전체를 보라고 말해주고 싶었다.

"엄마가 말했잖니. C를 받은 것이 그렇게 나쁜 일은 아니라고."

그녀가 그렇게 말한 것은 단지 다니엘을 설득시키려는 것만이 아니라 자기 자신을 향한 말이기도 했다. 자기 남편은 그와 반대일 거라는 걸 잘 알고 있기 때문이었다.

# 미스 클라라

클라라는 자신의 삶에 변화가 있을 것 같은 확실한 느낌이 들 때면 자신의 기도 방, 일명 워룸(war room)으로 들어갔다. 뭔가 과감하게 해야 할 것 같았지만 그 일이 무엇인지, 혹은 왜 그 일을 해야 하는지 알 수 없었다. 스카이다이빙? 그녀는 픽 웃었다. 그녀는 이미 그렇게 온 몸을 던져서 무모하게 할 나이는 아니었다. 식품점 옆 모퉁이에서 노숙하는 여자를 발견해서 샌드위치를 갖다 주는 일? 그건 이미 그 전날 했던 일이었다.

클라라는 기도가 하나님께 해달라는 일들을 나열하는 것이 되기 쉽다는 걸 알고 있었다. 온통 부족한 것, 필요한 것, 바라는 것들만 이야기하다가 끝에 아멘을 붙이는 것이다.

어느 모로 보나 그것은 이기적인 것이라고 그녀는 생각했다. 모든 사람의 마음속에는 자신을 만족시키고 싶은 존재가 있고, 바로 그 사실이 기도의 힘과 싸우고 있다고 그녀는 생각했다.

가장 기본적인 의미에서 기도는 포기하는 것이다. 예수님이 겟세마네 동산에서 "내 원대로 마시옵고 아버지의 원대로 되기를 원하나이다."라고 말씀하신 것처럼 말이다. 아이러니한 것은 어떤 사람이 자신의 뜻을 포기할 때 하나님의 뜻을 얻고, 결국 자신이 정말로 찾고 있던 것을 얻게 된다는 것이다. 이것이 그녀의 믿음이었다.

예전에는 기도를 하나님께 이야기하는 것으로 여겼다. 마치 아빠의 무릎 위로 기어 올라가 자신의 아픔과 고통과 실망을 열심히 설명하듯이 말이다. 하지만 시간이 지나면서 그녀는 듣는 것도 기도에 포함된다는 것을 알게 되었다. 하나님의 성령이 일하시게 하면 성령의 도움으로 그녀가 구하지 않은 것들도 떠오르고 또 갈망하게 되었다.

그녀의 집 2층에 있는 작은 벽장인 워룸, 즉 기도 방에서 무언가가 일어나기 시작했다. 어떤 음성이 귀로 들린 것도 아니었고, 조간신문의 단어 맞추기에서 신비로운 문자들이 튀어나와 보인 것도 아니었다. 단지 하나님이 움직이고 계시고, 그녀를 안전지대에서 밀어내고 계신다는 느낌이 들었다. 단지 그것이 무얼 의미하는지는 알 수 없었다. 기도하면서 하나님께 그 느낌이 무엇인지 물을수록 전능하신 하나님은 더 조용해지시는 것 같았다.

"하나님, 하나님이 원하시는 것이 무엇이든 제가 하나님과 함께 가겠습니다. 인도만 해주세요."

그리고 기다렸다.

# 내 남편 토니

토니는 집으로 오는 내내 라디오 채널을 이리저리 돌렸다. 라디오에서 나오는 옛 노래들을 들으며 화를 가라앉히려 했지만, 스포츠 토크 프로그램에서 약물복용으로 고발된 축구선수에 대해 나누는 대화를 듣게 되었다. 그 선수는 자기 아내와 공개적으로 싸운 적이 있었다. 어쨌든 토니의 마음은 엘리자베스가 저지른 일로 불편할 수밖에 없었다. 왜 그녀는 함께 관리하고 있는 돈을 그렇게 마음대로 써야만 했을까? 왜 그랬을까?

그는 라디오를 끄고 노스캐롤라이나 콩코드의 익숙한 거리를 달리면서 마음을 졸였다. 재미있는 것은 그가 자신의 생각에 빠져 있느라 방향을 바꾸거나 익숙한 랜드마크들을 지나온 것을 기억하지 못한다는 것이었다. 길 위의 인생은 그런 것이었다.

그는 엘리자베스를 사랑했다. 항상 그녀를 사랑해왔다. 하지만 지금은 그녀를 좋아하지 않았다. 두 사람이 말다툼을 하지 않고 함께 저녁을 보낸 것이 언제였는지 기억도 나지 않았다. 어쩌면 결혼생활이란 것이 다 이런 것일지도 모른다고 생각했다. 일단 들어왔으면 남은 평생 그 안에 머물러야 하는 틀에 박힌 생활인지도 모른다. 하지만 그는 적어도 이런 삶을 살기로 서약한 것은 아니었다.

토니는 차고로 들어가 시동을 껐다. 리모컨을 누르고 그의 뒤에서 차고 문이 서서히 내려오는 것을 보았다. 차고 문이 닫히자 토니는 그의 가방을 들었다. 그러자 베로니카가 그에게 준 명함이 바닥에 떨어졌다. 그는 명함을 주워들고 전화기를 꺼내어 꼭 기억해야 할 중요한 이름과 전화번호를 기록해놓는 앱으로 들어갔다. 정보나 어떤 메모를 전화기에 기록해두지만 그는 다른 장치를 통해서도 그것을 접속할 수 있었다. 그는 명함을 코에 대고 살짝 남아있는 베로니카의 향수냄새를 맡았다. 그녀는 매우 섬세했다. 날씬하고 생기가 넘치며 젊었다. 그리고 관심이 갔다. 그녀도 그에게 관심이 있다는 분명한 인상을 남겼다. 다른 사람에게서 그런 느낌을 받은 것이 얼마나 오래되었는지 모른다. 특히 엘리자베스에게서….

그는 명함을 가방에 넣고 심호흡을 했다. 그는 소리 지르지 않을 것이다. 버럭 화를 내지도 않을 것이다. 엘리자베스가 종종 그를 비난하는 것처럼 '다른 데로' 피하지도 않을 것이다. 아이와 아내를 위해 그 자리를 지킬 것이다. 하지만 그러기 전에, 돈 문제를 명확히 할 필요가 있었다. 그 문제만 해결하면 괜찮을 것 같았다. 그는 계속 살아갈 수도 있고 그렇게 갑갑하게 느껴지지도 않을 것이다.

집안으로 들어가니 익숙한 스파게티 냄새가 그를 맞이했다. 그는 스파게티가 싫어질 지경이었다. 그것은 그들의 결혼생활의 상징이기 때문이었다. 빠르고 쉽게 식탁에 올릴 수 있는 음식, 엘리자베스는 다른 요리를 배울 순 없었을까?

다니엘은 기대에 찬 표정으로 그를 맞았다.

"오셨어요, 아빠."

아이는 자기 앞에 무언가를 들고 있었다.

"안녕, 다니엘."

그는 좀 더 따뜻하게 말하고 싶었지만 마음속에 다른 생각이 가득했다. 토니는 조리대 위에 가방을 올려놓고 엘리자베스에게 고개를 돌렸다.

"기말 성적표를 받아왔어요. 한 과목만 C이고 나머지는 다 A예요."

"오늘 당신이 우리 예금계좌에서 당신의 당좌계좌로 5천 달러를 이체시켰다는 통지를 받았어."

토니는 다니엘의 말을 무시하고 말했다.

엘리자베스는 조리대 위에 있는 세 개의 그릇에 샐러드를 나눠 담는 걸 멈추고, 놀란 아이처럼 그를 쳐다보았다. 다니엘은 아무 말이 없었다.

토니는 엘리자베스를 빤히 쳐다보았고 목소리는 매우 단호했다.

"이번에도 당신 동생을 도와주려는 것이 아니었으면 좋겠는데 말이야."

그 말에 그녀가 몸을 곧게 세웠다. 그는 참으려 했지만 5천 달러, 거기다 그녀의 동생과 있었던 그동안의 일들을 생각하면 돌아버릴 것 같았다.

"지난달에 당신도 당신 가족한테 그만큼 돈을 줬잖아. 게다가 내 동생이 당신 부모님보다 더 돈이 필요하다고……."

엘리자베스가 말했다.

"우리 부모님은 연세가 많으시잖아."

토니가 말했다. 그의 심장박동이 점점 빨라지고 있었다.

"당신 동생은 건달이랑 결혼했어. 난 게을러서 일도 하지 않는 그런 사람을 도와주진 않을 거야."

"대런은 건달이 아니야. 단지 직장을 구하기가 힘든 것뿐이라고."

"엘리자베스, 그놈은 건달이야! 대체 그가 마지막으로 일을 했던 게 언제였는지 기억도 안 나."

엘리자베스는 다니엘을 힐끗 쳐다보고 나서 얼굴이 굳어졌다. 토니는 다니엘이 그 자리를 떠나는 것을 보았다. 성적표만 덩그러니 남긴 채…. 다니엘이 무슨 말을 했었지? 성적표?

엘리자베스는 바로 반응을 보였다. 그녀는 재빨리 목소리를 줄이고 부끄러운 얼굴로 토니를 쳐다봤다.

"이 문제는 나중에 얘기하기로 해."

토니는 꿋꿋했다.

"아니, 지금 얘기해. 당신이 버는 돈을 그 사람들한테 주고 싶으면 그렇게 해. 하지만 내 돈은 주지 마."

"당신 돈? 우리 둘 다 버는 돈을 그 계좌에 넣고 있잖아."

"내가 당신보다 네 배는 더 많이 넣었어. 그러니까 나한테 묻기 전엔 그 계좌에서 1센트도 건드리지 마."

그만하면 많이 자제한 거였다. 그래도 '자리를 지키려' 했으니까 말이다. 토니는 자신이 폭발한 것에 대해 자책했지만, 그들은 이제 돌이키기엔 너무 멀리 와버린 것 같았다. 하지만 그녀도 한번은 그들의 재정에 대해 진실을 들어야 했다. 엘리자베스는 잠시 다른 데로 눈길을 돌렸다.

토니는 토니대로 옛 상처가 되살아나는 걸 느꼈다. 그는 결혼생활 초기에 아이가 태어나면 아내는 온 신경이 아이에게 향하고 남편은 자신의 일로 향한다는 얘기를 들었다. 그들에게는 그런 일이 일어나지 않을 거라고 스스로 말했었다. 그는 그런 일이 일어나지 않게 하려고 했고, 그녀도 그렇게 되는 걸 막고 싶었다. 하지만 그들은 자신들도 모르게 여기까지 와 있었다.

"제발 그냥 저녁을 먹으면 안 될까?"

엘리자베스는 침착한 목소리로 말했다. 마치 30년 모기지의 이자를 보고 불안해하는 주택구입자를 안심시키려고 할 때처럼 말이다.

토니는 식탁에 놓인 접시와 냅킨, 샐러드와 스파게티를 보았다. 도저히 먹을 수가 없었다. 마음속에서 울화가 치밀어서 그냥 말없이 앉아서 다니엘에게 성적에 대해 물어보거나 다른 얘기를 할 수가 없었다. 바로 그 5천 달러 때문에, 크게 소리를 지르고 싶었다. 바로 그 5천 달러 때문에!

"당신이나 많이 먹어. 난 체육관에 갈 거야."

그는 재킷과 가방을 들고 말했다.

✦    ✦    ✦

엘리자베스는 토니가 등을 돌리고 침실로 가는 것을 보았다. 그녀는 그에게 소리를 지르고 싶었다. 자신도 당장 뛰쳐나가 차를 타고 체육관에나 가고 싶었다. 자신이라고 못 나갈 이유가 있는가? 하지만 문제를 피해 도망치는 것은 아무 도움이 되지 않았다. 그녀는 정면으로 맞서서 그가 들어줄 때까지, 자기를 비난하거나 자리를 피하는 대신 자신이 하는 말을 들어줄 때까지 설득하고 싶었다. 하지만 그는 늘 이런 식이었고, 그것이 그녀를 화나게 했다. 마치 판매원 앞에서 문을 쾅 닫아버리듯이 대화를 끝내버렸다.

그녀가 화를 폭발하지 않고 참았던 것은 다니엘 때문이었다. 다니엘은 그 자리에 서서 자신의 성적표를 바라보고 있었다. A를 받은 다른 과목들은 보지 않고 오로지 C만 뚫어지게 보고 있었다. 그럴 만도 했다. 다니엘은 아빠의 반응을 걱정하며 마음을 졸이고 있었던 것이다. 그러나 그는 반응을 보이지 않았다. 아이의 걱정은커녕 아이의 존재조차 안중에도 없었다. 왜 그는 자기가 딸에게 하는 행동을 보지 못하는 걸까? 조금이라도 마음이 있다면 그럴 수 없을 텐데 말이다.

엘리자베스는 매캐한 냄새를 맡았다. 뭔가 소동이 일어난 것 같아서 오븐을 보니 검은 연기가 새어나오고 있었다. 그녀는 가슴이 쿵 내려앉았다. 오븐을 열고 빵을 꺼내니, 온통 숯처럼 검게 타 버린 상태였다. 그녀는 빵을 집어 들고 자세히 살펴보았다.

"음, 롤빵을 태워버렸어."

그녀는 다른 사람이 아닌 자기 자신에게 말했다. 그리고 그것을 쓰레기통에 던져 넣었다.

"괜찮아요, 엄마."

"그래, 나도 알아."

그녀가 말했다. 그녀는 딸에게 스파게티와 소스를 담아주고는 토니가 있는 침실로 갔다.

"이봐, 당신이 그냥 와서 우리랑 식사를 하면……."

"난 못해."

그는 딱 부러지게 말했다.

"이 문제로 하루 종일 기분이 나빴어. 그 문자메시지를 받는 즉시, 우리가 또 이런 일을 겪고 있다는 게 믿기지가 않아! 온종일 그 생각이 떠나질 않았다고!"

"온종일?"

그녀가 말했다.

"오늘 판매를 했어. 아주 중요한 거래였지. 계속 애써왔던 일이야. 거래를 마치고 상대방과 악수를 할 때만 해도 기분이 최고였어. 그런데 바로 그 소식을 들은 거야. 당신이……."

"토니, 제발. 다니엘한테 괜찮다고 말해줘. 그애는 당신한테 잘했다는 말을 들어야 해."

"나중에 말할게. 그리고 당신한테 그런 말을 들을 필요 없어. 나도 내 딸과의 관계가 있으니까, 알았어? 당신이 이렇게 우리 사이에 간섭할 필요가 없다고!"

"둘 사이에 끼어드는 게 아니야. 당신의 이해를 도우려고 하는 거라고!"

그는 운동용 가방을 들고 쏜살같이 밖으로 나갔다. 차고 문 닫히는 소리가 마치 천둥소리 같았다.

토니는 정신없이 차를 몰고 체육관에 가서 즉석 농구경기를 기다리는 동안 스트레칭을 했다. 그러고는 곧 드리블을 하며 최대한 빨리 공을 가지고 코트 안으로 들어갔다. 그는 굉장히 공격적이었고, 공을 잡았다 하면 뚫린 길을 찾으며 무조건 골대를 향해 달렸다. 한 길이 막히면 뒤로 물러나 다른 길을 찾았다. 수비할 때는 슬쩍슬쩍 반칙도 했고, 대부분 동작이 느린 백인들을 희생시켜가며 열심히 땀을 흘렸다. 농구코트 안에 있는 것, 자기가 통제할 수 있는 경기를 하고 있다는 건 기분 좋은 일이었다.

20점 내기로 세 번째 대결을 하고 있을 때 그의 오랜 친구인 마이클이 모퉁이에서 공을 달라고 했다. 수비수가 살짝 이동했고 토니는 고개를 저었다. 결국 그는 마이클에게 공을 건넸고, 마이클은 드리블로 주요지점 근처까지

가서 신호를 보냈다. 토니는 고개를 끄덕이며 마이클을 뒤따라갔다.

정말 환상적인 호흡이었다. 마이클이 공을 높이 던지고 빠지자 토니가 점프를 해서 공을 받아 그대로 골대로 밀어 넣었다.

"좋았어!"

마이클이 소리쳤다.

코트 안의 모든 선수들과 기다리고 있던 사람들까지 함성을 질렀다. 토니는 팀 동료들에게 둘러싸였다. 그들은 토니의 등을 치고 하이파이브를 했다. 상대편 선수들까지 그를 칭찬해주었다.

"정말 굉장했어요."

한 사람이 말했다.

"자, 다시 한 번 뛰어보죠."

그의 뒤에서 누군가가 말했다.

"아뇨, 저는 이만 가야 합니다."

토니가 말했다.

"자, 한 번 더 합시다."

"우리가 세 번 이겼어요."

토니가 관람석을 흘끗 보자, 두 명의 새로운 선수들이 기다리고 있었다.

"저분들도 뛰게 합시다."

"그러죠. 자, 들어오세요."

토니는 관람석에 앉아 수건으로 얼굴을 닦았다. 이제 근육이 풀리고 집에서 받은 스트레스가 많이 가라앉아 있었다. 5천 달러가 여전히 그의 뇌리를 떠나지 않고 그의 속을 뒤틀리게 했지만, 어느 정도 마음이 평정되었다.

마이클이 옆에 앉아 놀란 표정으로 그를 보며 말했다.

"괜찮아?"

"응. 왜?"

"오늘 밤엔 좀 화가 많이 난 것 같아서……."

마이클은 좋은 선수였다. 빠르고, 코트 전체를 볼 수 있는 눈이 있었다. 하지만 그에겐 킬러 본능이 없었다.

"그래? 더 잘한다는 뜻이네."

토니가 말했다.

"공을 독차지하는 게 더 잘한다는 뜻인가? 야, 너한테 패스를 받을 수가 없잖아. 고양이한테 세례를 주는 게 더 쉽겠다."

"스트레스를 좀 풀려고 했을 뿐인데, 안 돼?"

"그래, 스트레스가 풀렸으면 됐지 뭐."

토니는 미소를 지었다. 마이클의 말이 옳았다. 하지만 그는 또한 질투하고 있었다. 언제나 이기는 사람이 있고 그렇지 못하는 사람이 있다. 코트 안에서나 인생에서나….

"어쨌든 멋졌어, 친구. 누구나 가끔 그럴 때가 있지."

마이클의 말에 토니는 자신이 스트레스를 풀어야 하는 이유에 대해 이야기하도록 마이클이 유도하고 있다는 걸 알 수 있었다. 그도 한편으로는 이야기를 하고 싶었다. 하지만 말하지 않는 게 더 낫겠다 싶었다. 특히 교회에 다니는 사람과는…. 가족과 부부관계에 관한 일은 자기 혼자만 알고 있는 게 가장 좋았다. 그리고 보이지 않게, 그의 삶의 여러 곳에서 발산하지 못하는 스트레스가 많이 있었다. 마이클 같은 사람에겐 말하면 안 된다. 실은 누구에게도 말하면 안 된다.

"그래, 이번 주에 교회 올 거지?"

마이클이 말했다.

"아마도."

"아마도면 안 오겠다는 말이잖아."

그건 맞았다. 영업에서 '아마도'는 아니라는 뜻이었다. 그러면 우리는 긍정의 대답을 얻어낼 때까지 밀어붙였다. 하지만 교회는 토니에게 그렇게 흥미로운 곳이 아니었다. 그는 교회를 하나의 필요악으로 여겼다. 일요일 아침을 묶어두지만 가족에게나 부부관계를 위해서 좋은 곳, 아마 그의 영혼에도 유익이 되었을 것이다. 인맥 교류, 그는 거기서 사람들을 만났고 자기 이미

지를 관리했다.

그런데 교회만 가면 죄책감이 생겼다. 그곳에 가면 마치 마음속에서 뭔가 균형이 맞지 않는 것처럼 기분이 나빴고, 완벽한 자녀들을 두고 완벽한 결혼 생활을 하는 듯한 사람들을 보면 자신이 너무 많은 것을 갖지 못한 것 같은 느낌이 들었다. 하지만 교회에 가지 않으면 엘리자베스에게 따가운 눈총을 받아야만 했다.

"이봐, 토니, 한 번만 부탁해."

다른 팀의 선수가 나가면서 말했다.

"미안, 난 이만 가봐야 해."

토니는 웃으며 말했다.

그 남자는 엄지손가락을 어깨 뒤로 향하며 뒤에 있는 선수들을 가리켰다.

"야, 이 사람들한테 다 말해놨단 말이야. 한 번만."

그는 그 친구가 무슨 말을 하는지 알았고, 그것은 농구와 상관없는 것이었다. 그는 그들에게 피곤하다고 말하고 싶었고, 그냥 걸어 나가고 싶었다. 하지만 이제 모든 사람의 시선이 그에게로 향하고 있었다. 그는 무대 위에 있었다.

토니는 운동 가방과 수건을 바닥에 내려놓고, 마치 '잘 봐. 딱 한 번만 하는 거니까'라고 말하듯이 선수들을 보았다. 그는 전의를 가다듬고 다리 근육을 꽉 조이고는 기억을 떠올렸다. 그는 선 자리에서 점프를 해서 공중에서 한 번 돌고 완벽하게 착지를 했다. 그러자 새로 온 친구들은 입을 딱 벌렸고, 전에 본 사람들도 박수를 치며 환호했다.

"봤지, 내가 뭐랬어!"

그 선수가 소리쳤다.

마이클은 고개를 저었고 토니는 짐을 챙겼다.

그가 문에 다다랐을 때 어니 팀스가 두꺼운 서류뭉치를 넘겨보며 체육관으로 들어왔다. 그는 마른 몸에 몇 가닥 없는 머리카락을 잘 빗어 넘기려 했지만 뜻대로 되지 않은 듯했다. 그는 몇 년째 주민센터의 책임자로 있는데 운영이 잘되지 않아서 항상 재정이나 프로그램들로 위기를 모면하려고 애쓰고 있는 듯했다.

"무슨 일 있어요, 어니?"

토니는 약간 당황한 듯한 그에게 말했다.

"아, 토니. 혹시 오늘 밤에 몇 시까지 체육관을 예약했는지 아세요?"

"9시 반까지였던 것 같은데요. 왜요?"

토니가 말했다. 그러자 어니는 얼굴을 찌푸렸다.

"아, 아니에요. 우리가 이중으로 예약을 받은 줄 알았어요. 알았어요, 네, 감사합니다."

대체 무슨 소린지, 그는 항상 그런 얼빠진 표정으로 돌아다녔다. 토니는 어니처럼 되지는 말자로 생각했다.

# 미스 클라라

클라라가 식료품점의 농산물 통로에서 적당한 사이즈의 토마토를 고르고 있는데, 클라이드가 폭탄 발언을 했다. 클라이드는 매주 그녀와 함께 쇼핑을 하러 와서 이 따분한 임무를 함께 했다. 물론 그녀는 혼자서도 운전을 잘했지만, 이렇게 해야 자신이 어머니를 위해 무언가를 하는 것 같았다.

그녀는 70세가 넘은 후로 병원에 가는 횟수가 많아졌다. 의사들은 늘 그녀가 병원에 오기를 원했다. 게다가 보험회사들은 그녀에게 새로운 보험에 가입시키려 했고, 노인전용아파트 관련자들은 실제로 그녀의 집 계단 앞에서 진을 치고 있었다. 하지만 그녀는 제일 마지막 초청이 자기 아들에게서 올 줄은 전혀 예상하지 못했다.

"우리랑 같이 사는 게 어때요, 어머니?"

클라이드가 말했다.

클라라는 그녀가 싫어하는 토마토의 물컹한 부분을 발견하고는 도로 내려 놓았다.

"지금 내가 왜 그렇게 하고 싶겠니?"

"네, 저도 지금은 어머니가 원치 않으실 거라 생각해요. 하지만 그 문제에 대해 사라와 계속 이야기하면서 기도해왔어요."

클라라는 그를 올려다보았다. 그를 무릎 위에 앉혀놓고 성경 이야기를 읽어주며, 그 옆에서 무릎을 꿇고 기도했던 기억들이 떠올랐다. 그녀는 그가 어떻게 자랄지 걱정이 되어 몇 년 동안 무릎을 꿇고 기도했었다. 벌써 오래전 일이다.

"내가 너희와 함께 사는 것에 대해 기도했다고?"

클라이드는 토마토에 시선을 고정시키고는 말했다.

"그 얘기를 꺼내기에 적절한 장소가 아닌 것 같네요."

"나한테 무슨 일이 일어날까 봐 그렇게 걱정하는 거냐? 겨우 네 블록 떨어진 곳에 살면서⋯⋯."

클라라가 말했다.

"어머니, 그 낡은 집과 계단들, 그게 다 걱정거리예요. 무슨 일이 일어나면 어떡해요? 어머니가 쓰러지기라도 하면요. 우리가 아무리 부탁해도 휴대폰도 갖고 다니질 않으시잖아요."

"내가 물구나무서기 하는 거라도 보고 싶니? 그러면 되겠어? 자, 내 치마 좀 잡고 있어 봐라."

"어머니, 그만하세요."

"내가 혼자서 잘살 수 있다는 걸 증명하려면 어떻게 해야 할까?"

"어머니가 그 집을 사랑하신다는 거 알아요. 거기에 어머니의 보물이 있다는 것도 알고요."

"내 보물은 하늘나라에 있다. 그곳에 가서 아무에게도 짐이 되지 않을 수 있다면 당장이라도 마차를 얻어 타고 가고 싶구나."

"그게 하나님이 원하시는 일이었다면 벌써 오래전에 데려가셨을 거예요. 하나님께서 분명 이곳에서 어머니가 이루시기 바라는 일이 있는 거예요."

클라라는 아들을 똑바로 보며 말했다. 그녀의 눈빛이 약간 떨렸다.

"이만큼 살았으면 내가 원하는 곳에서 살 자격이 있다고 생각하지 않니? 내가 그만한 자격은 있지 않냐고?"

"당연히 있지요. 다만 저는 우리를 위해서 한번 생각해보시라고 부탁드리는 거예요. 우리는 어떤 일이 일어나는 걸 원치 않으니까요."

"나한테 아무 일도 일어나지 않을 거다. 나는 거동도 못하는 노인네랑은 다르니까. 내 걱정은 그만해라."

그녀는 얼굴을 찌푸리며 말했다. 그리고 카트를 밀고 앞장서서 빵 코너로 갔다. 무슨 이유에서인지 그녀가 가는 식료품점마다 빵과 우유가 서로 정반대편 끝에 놓여 있었다. 농산물과 고기도 서로 떨어져 있었다.

그녀는 그를 따라갔다. 아이 같은 걸음으로 따라가 토마토를 카트 안에 넣었다. 그녀는 이 대화가 그를 힘들게 하고 있다는 걸 알았다.

"늘 사시는 건포도빵 사실 거예요?"

클라이드가 말했다.

"건포도빵도 잊어버리고 있다가 여기 와서야 말하는구나."

클라라는 빵 한 덩어리를 들고 유통기한을 확인하며 말했다.

"대체 머릿속에 무슨 생각이 가득한 거니?"

"어머니도 아시다시피, 우리는 차고를 수리하고 그 뒤쪽에 작은 집을 짓고 있어요."

"임대해서 부수입을 얻을 거라고 했잖니. 아니면 도움이 필요한 사람을 들어오게 하든가."

그는 고개를 까닥거렸다.

"네, 반은 맞는 말이에요. 사라와 저는 어머니가 들어오시도록 설득할 수 있기를 바라고 있었어요."

"내내 그 생각을 하고 있었던 거냐? 내 평생 그런 말도 안 되는 소리는 처음 들었다. 그럼 내 집은 어떻게 하고?"

"파세요, 어머니. 지금 집값이 딱 좋아요. 한 밑천 챙기실 수 있을 거예요."

"밑천이라……."

그녀는 마치 그 단어가 입에 쓴 맛이라도 남긴 것처럼 말했다.

"내 사회보장연금과 네 아버지 생명보험금, 그리고 연금만 있으면 된다."

"계단에서 굴러 떨어지기라도 하면 그게 다 무슨……."

"또 같은 얘길 하는구나."

그녀가 말을 가로막았다.

"내가 난간을 붙잡는 법도 모른다고 생각하는 거냐?"

"실례합니다."

어느 젊은 여자가 말했다. 그녀는 카트 중앙에 카시트를 놓고 까다롭게 칭얼대는 아기를 태우고 있었다.

"저 통밀빵 한 덩어리가 필요해서요."

"저 위에서 제일 신선한 빵으로 꺼내드려라, 클라이드. 유통기한 잘 보고."

클라라가 말했다.

"내 아들이에요. 내가 점점 늙고 힘이 없어져서 자기랑 같이 살아야 한다고 생각하네요."

클라이드는 빵을 집으며 고개를 저었다.

"그 말이 아니잖아요."

"내가 그렇게 늙고 허약해 보여요?"

클라라가 젊은 여자한테 말했다.

"어머니, 이분은 우리 문제에 관여하는 걸 원치 않아요."

젊은 엄마는 씩 웃으며 클라이드에게 빵을 내려주어서 고맙다고 말했다.

"아뇨, 어머님. 아주 건강해 보이세요."

"봐라, 역시 아기 엄마가 뭘 안다니까."

클라라는 손을 흔들고는 카시트의 가장자리를 살짝 엿보았다.

"세상에, 이 예쁜 아기 좀 봐라."

아기 엄마는 클라라에게 아기 이름을 말해주었다. 아기는 할머니를 보더니 좀 차분해지는 듯했다.

"괜찮다면, 이 아기를 내 기도 목록에 추가하고 싶네요."

그녀가 말했다.

"괜찮고말고요. 제 남편을 위해서도 기도해주세요."

그렇게 말하는 그녀의 목소리에 슬픔이 묻어 있었다.

"음, 가족을 전부 포함시키는 게 좋겠네요. 이름이 뭐죠?"

클라라는 그 몇 분 동안 그녀의 이름과 사는 곳을 알게 되었다. 클라라는 그녀에게 자신의 교회에 대해 이야기해주었고, 클라이드를 대화에 끌어들였다. 젊은 엄마가 가고 나자, 그녀는 걸음이 더 가벼워진 것 같았다.

"모르는 사람도 만나고 그러셨어요, 어머니?"

클라이드가 말했다.

"때로는 그럴 수도 있지."

클라라가 말했다. 그녀는 저지방 치즈를 사기 위해 유제품코너로 클라이드를 데려갔다. 거기서 그녀는 아들에게 말했다.

"네가 나를 걱정한다는 거 안다. 그런데 네가 내 거처를 마련하려고 그렇게 애쓰고 있는 줄은 몰랐다. 그래서 기분이 좋구나. 하나님께서 이제 이사할 때가 되었다고 말씀하시는구나."

그녀는 말을 멈추고 자신의 기도 방에서 느꼈던 감정에 대해 생각했다.

"네 마음이 더 편해질 수 있다면 휴대폰도 가지고 다닐게."

클라이드는 눈을 아래로 향한 채 타일 바닥을 뚫어지게 내려다보았다. 고개를 들었을 때 그의 눈은 촉촉이 젖어 있었다. 그때 클라라는 단연코 그의 얼굴에서 레오의 모습을 보았다. 그와 똑같은 다정함과 온화함이 그 얼굴에 배어 있었다.

"어머니 손녀딸 말이에요, 할리가 요새 힘든 시간을 보내고 있어요."

"매일 그 아이를 위해 기도하고 있다."

"알아요."

"와서 나랑 얘기 좀 하자고 했어. 내가 멀리 있는 것도 아닌데."

"저도 그랬으면 좋겠는데, 거의 자기 방에만 틀어박혀 있어요. 할 수 있는 건 다 해봤어요. 사라와 저는 어머니가 우리랑 같이 사시면 아마 어머니랑 좀 더 가까워지고…… 아, 잘 모르겠어요."

그녀는 한 손으로 아들의 팔을 붙잡았다.

"네가 맡은 시의 중요한 행정업무만도 힘겨운데, 집안일에다 사춘기 딸까지 너를 지치게 하는구나."

클라이드는 고개를 끄덕였다.

"할리를 이해하려고 노력하는 것보다 트럭운전사들의 계약을 다루는 일이 더 편해요."

"어째서 내가 너의 집으로 들어가면 그 아이가 나와 가까워질 거라고 생각하니?"

"그 아이는 어머니를 사랑해요. 항상 그랬어요. 어머니가 계시면 아마 달라질 거예요. 우리에게 필요한 건 약간의 빛이라도 들어갈 수 있게 문에 틈이 생기는 거예요. 아시겠죠?"

그녀는 이것도 그녀의 마음을 끌기 위한 계략이 아닐까 하는 의심이 들었다. 하지만 아들의 얼굴에 나타난 고통을 보니 그것이 아님을 알 수 있었다.

"그럼 할리 때문에 내가 너희와 같이 살게 해달라고 기도한 거니?"

"꼭 그것 때문만은 아니에요. 우린 어머니가 안전하고 외롭지 않으셨으면 좋겠어요. 어머니께 강요할 마음은 없어요. 하지만 일전에 그런 느낌을 받았고, 사라도 동의했어요. 우리 둘 다 원하는 일이에요."

클라라는 그의 눈빛을 살피며 자신이 찾고 있는 것을 보았다. 그것은 겹겹이 쌓인 마음 저 밑바닥으로부터 우러나오는 것, 바로 사랑이었다. 그가 터트린 폭탄 발언의 이유였다.

계산대 앞에 서 있는데 그들 앞에 젊은 엄마가 보였다. 그들은 그녀와 아기에게 손을 흔들어주었다.

"어머니도 사생활이 있으시잖아요. 우리가 조금도 귀찮게 하지 않을게요."

클라이드가 계산대 옆의 잡지를 들고 휙휙 넘기며 말했다. 그러자 클라라는 그를 빤히 쳐다보았다.

"이런 고집스러운 면은 어디서 왔을까? 분명 네 아버지 쪽 집안에서 왔을 거야."

클라이드는 웃으며 고개를 저었다.

쇼핑한 물건들을 집에 가져다 놓은 후 클라이드가 떠나자, 클라라는 위층으로 올라갔다. 맨 위 계단에 올라가 멈추었는데 몸이 휘청하더니 방이 빙글빙글 돌았다. 그녀는 가까스로 난간을 붙잡아 자신을 지탱했다. 떨어졌으면 어떻게 됐을까? 클라이드가 병실에서 그녀를 내려다보고 있고 의사가 고관절 수술을 제안하는 모습이 보이는 듯했다.

그녀는 기도 방에 가서 무릎을 꿇고 자신의 마음을 쏟아냈다.

"하나님, 제가 이사 가기를 원하신다면 순종하겠습니다. 주님은 그것을 아십니다. 하지만 제가 이 모든 추억들을 두고 떠나는 것은 결코 원치 않으실 겁니다. 이 방에서 너무나 많은 기도 응답을 받았습니다. 우리는 여기서 함께 좋은 일들을 했습니다. 그런데 왜 제가 그래야 합니까?"

질문들은 계속 쌓여갔고, 급기야 그녀는 자신의 울부짖는 목소리밖에 들을 수 없었다. 얼마 뒤 그녀에게 평안의 파도가 밀려왔다. 그녀가 어디에 사는지는 중요하지 않고 하나님과 동행하는 것이 중요하다고 말해주었다. 그녀는 조용히 옛 노래를 부르기 시작했다.

"예수님과 함께하는 매일이 더 행복합니다."

눈에서 눈물이 흘렀고, 그녀는 고개를 끄덕이면서 두 손을 흔들었다.

"아버지, 저는 이 집에서 늙어가기를 원했습니다. 죽을 때까지 여기서 살고 싶었어요. 제가 여기서 사는 동안 제 마음이 얼마나 따뜻했는지 주님은 아시지요."

그러고 나서 그녀는 다시 왜냐고 물었다. 그것은 마치 싸움을 하는 것 같았다. 하지만 결국 그녀는 자기 자신의 뜻과 싸우고 있다는 걸 알았다. 그녀에겐 사랑하는 아들과 며느리가 있었다. 그녀를 사랑하는 손녀딸이 있었다. 하지만 변화는 어려운 일이었다. 특히 몇십 년 동안 '집'을 지구상에서 유일한 곳으로 여겨온 사람에겐 더 그랬다.

"주님, 주님께서 어디로 이끄시든 주님과 함께 가기 원합니다. 그러니 이것이 주님의 계획이라면, 저에게 맡기실 어떤 임무가 있을 것입니다. 어쩌면 그것이 할리일 수도 있고, 아니면 다른 누군가일 수도 있겠지요. 저는 주님을 신뢰할 것입니다. 주님을 따르겠습니다. 제가 할 일은 그저 주님을 따르는 것뿐이오니, 이것이 실수라면 저를 멈춰 세워 주옵소서."

그녀는 벼락같은 소리가 나기를 기대하며 계속 무릎을 꿇고 있었지만 그런 소리는 들리지 않았다.

"어쩔 수 없지."

클라라는 그렇게 말하며 일어섰다. 조심조심 계단을 내려가 주방으로 갔다. 아직도 서랍 안에는 은그릇 옆에 전화번호부들이 쌓여 있었다. 그녀는 원하는 것을 인터넷에서 찾는 것보다 오랜 세월 동안 그녀를 도와준 배관공들과 전기기사들 옆에서 휘갈겨 쓴 메모들을 좋아했다. 그녀는 새 전화번호부가 나오면 예전 전화번호부에서 메모를 옮겨 적었지만 부동산 부분은 펼일이 없었다.

"하나님, 제가 어떤 사람과 함께 일을 하게 된다면, 하나님을 따르는 사람과 함께 일하면 좋겠습니다. 그러면 제가 일을 맡김으로써 그들을 축복해줄 수 있을 테니까요."라고 그녀는 큰소리로 말했다.

그녀의 마음은 마치 하드 드라이버처럼 윙윙 돌아갔다. 어쩌면 하나님은 예수님을 알지 못하는 누군가의 삶 속에서 그녀를 사용하기 원하시는지도 모른다. 아예 종교가 없거나 하나님에 대한 거짓된 믿음에 빠져 있는 사람과 함께 일하기를 원하실 수도 있다.

클라라는 전화번호부를 훑어보며 부동산회사들이 사람들을 끌어들이기 위해 사용하는 광고 문구를 보았다. 그리고 기도에 대해 생각했다. 당연한 일이었다. 모든 것은 결국 그 주제로 돌아갔다. 대부분의 사람들은 일을 실제보다 더 복잡하게 만든다고 그녀는 생각했다. 그들은 어떤 공식이나 수학식을 찾았다. 그리고 모든 단계를 제대로 하지 않으면 기도 응답을 받지 못한다고 믿었다. 하지만 그녀는 그것이 전혀 사실이 아니라는 걸 알았다. 기도는 관계에 관한 것이기 때문이다. 기도는 이야기하고, 듣고, 당신을 사랑하는 분과 함께 시간을 보내며 즐기는 것이다.

그녀는 전화번호부를 넘기며 손가락으로 아무 곳이나 짚어서 결정을 하고 싶은 마음이 들었다. 그때 초인종이 울렸다. 어쩌면 하나님께서 그녀가 부르기도 전에 부동산업자를 보내주셨는지도 모른다!

문을 여니 한 소년이 서 있었다. 그녀는 약속을 잊고 있었다는 걸 깨달았다. 그의 이름이 얼른 생각나지 않아 기억을 더듬었다.

"저스틴, 맞지?"

"네, 할머니. 정원 일을 도와줄 사람이 필요하다고 저희 어머니한테 들었어요."

"맞아. 자, 일단 들어와. 레모네이드 한 잔 마시면서 계약 조건에 대해 이야기하자."

10대 소년은 이해하지 못하는 듯했지만 일단 안으로 들어왔다.

"어머니한테 네가 15살이라고 들었는데, 맞니?"

"네, 할머니."

"네 말투가 마음에 드는구나. 아주 예의 바르고 좋아."

그녀는 잔에 레모네이드를 따라 주었다. 그리고 전날 그의 어머니와 했던 대화를 떠올렸다. 그녀는 홀어머니로 원하는 만큼 아들과 많은 시간을 함께 보내지 못하는 것이 걱정이라고 했다. 또 요즘 아이들이 할 수 있는 온갖 나쁜 선택들에 대해서도 걱정하고 있었다.

"두 가지 원칙이 있단다. 너 자신과 네가 하는 일에 대해 자부심을 가지라는 거다."

"네?"

"난 네가 우리 집 마당에서 일을 빈틈없이 잘했으면 좋겠어. 요령을 피우지 않고 말이야. 얼른 끝내고 다른 일을 하려고 생각하지 말고, 천천히 정성 들여 하고 나중에 이 정원의 모습을 보면서 자부심을 가지라는 말이다."

"네, 할머니. 그렇게 할게요."

저스틴이 말했다.

"성경말씀에 네가 무슨 일을 하든 하나님의 영광을 위해 하라고 했어. 무엇이든 네 손이 닿는 일마다 온 마음을 다해서 하렴."

"네, 할머니. 그런데 저 자신에게 자부심을 가지라는 건 무슨 뜻이에요?"

"네 옷차림, 똑바로 서서 사람들의 눈을 쳐다보는 자세, 그걸 보면 네 어머니가 널 아주 잘 키웠다는 걸 알겠어. 네가 그걸 잘 붙잡고 있으면 좋겠다. 더불어 그 멜빵 바지도 말이야. 허리까지 올라와야지, 무릎까지 축 늘어지면 안 돼."

저스틴은 웃음을 참을 수가 없었다. 클라라는 이것이 세상을 변화시키는 방식이라는 걸 알았다. 먼저 하나님이 당신 자신을 변화시키게 해야 한다. 그러면 곧 하나님이 다른 사람을 데려오신다. 당신이 충분히 귀를 기울이고 갈급함이 있다면, 하나님께서 삶의 변화를 원하는 다른 사람들을 데려오실 것이다.

클라라는 저스틴에게 마당을 보여주고 기계로 깎기 어려운 부분들을 알려주었다. 설명을 마치고 이렇게 물었다.

"혹시 좋은 부동산업자를 알고 있니?"

"아뇨, 할머니. 하지만 옆집 사람들이 집을 팔았는데 부동산업자를 마음에 들어 하는 것 같았어요."

"업체 이름이 뭐였는데?"

"뭐였더라, 무슨 숫자 다음에 돌이었나, 아, 생각났다. 돌 맞아요. 투웰브 스톤, 그렇게 써 있었어요."

클라라는 그에게 고마워하며 고개를 끄덕였다. 그리고 다음날 다시 와서 일을 시작하라고 했다. 그녀는 투웰브 스톤 부동산을 찾아서 전화를 걸었다. 마침내 엘리자베스 조던이라는 여자와 통화가 되었다. 그녀의 목소리는 젊고 쾌활했다. 함께 일하기 편한 사람이었다.

"언제 집을 팔지는 아직 잘 모르겠지만, 내가 차근차근 진행할 수 있게 도와줄 사람이 필요해요."

"제가 도와드릴 수 있다면 더없이 기쁘겠네요, 윌리엄스 부인. 제 휴대폰 번호를 알려드릴 테니 언제든지 전화 주세요."

엘리자베스가 말했다.

# 교회는 출석하건만…

엘리자베스는 주일 아침 일찍 일어나 산책을 했다. 며칠 전 토니와 싸운 일이 아직도 마음에 남아 있어서 머리를 맑게 비울 필요가 있었다.

그녀의 동생과 제부에 대한 토니의 불신은 마치 그녀의 옆구리에 꽂힌 칼 같았다. 하지만 토니는 그들의 관계 속의 중압감을 전혀 신경 쓰지 않는 듯했다. 그는 언제나 그렇듯이 절제심이 강하고 완강했다. 그들과 함께 식사를 하지 않고 바로 체육관으로 가서 간단히 끼니를 때우는 것만 봐도 알 수 있었다. 그는 문제를 해결하지 못하는 어린아이 같았다. 뭐든 자기 생각대로 되지 않으면 장난감을 가지고 다른 데로 가서 노는 것이다.

엘리자베스는 그에게 다른 일이 있는 것 같은 불길한 느낌이 들었다. 돈 문제나 그들 간에 계속되는 말다툼보다 더 큰 문제가 있는 건 아닐까. 왠지 소통의 문제나 그가 안달하며 잔소리를 퍼붓는 것보다 더 큰 문제가 있을 것 같았다. 하지만 그게 뭘까?

그녀는 같은 교회에 다니는 칼이라는 남자의 잘 손질된 잔디밭이 있는 집을 지나갔다. 그는 항상 잔디 깎는 기계들을 어설프게 손보고 있거나, 잡초에 물을 뿌리거나 자기 아내를 위해 새 화단을 돌보고 있었다. 그의 벽돌집은 화가 토마스 킨케이드의 그림 같았다. 모든 것이 딱 들어맞고 잘 정돈된 모습이었다. 우편함에는 랜턴이 걸려 있었다. 그들의 집 앞에 있는 보도마저 더 좋아 보였다. 사람들은 완벽한 결혼생활을 하고 있을까? 그녀의 가족만 이런 고통을 겪고 있는 걸까?

그녀는 집에 돌아와 다니엘을 깨웠지만 토니는 건드리지 않기로 했다. 그에게 잔소리를 하거나 그날이 무슨 요일인지 알려주거나 교회에 늦지 않으려면 8시 45분에는 나서야 한다는 얘기를 하지 않기로 했다. 하지만 놀랍게도 그는 벌써 일어나 샤워를 하고 있었다.

그들은 차를 타고 가는 동안 아무 말도 하지 않았다. 토니는 그날 오후의 주요 경기를 기다리며 스포츠 방송으로 라디오 채널을 돌렸고, 그는 그녀에게 어떤 방송이 듣고 싶은지 물어보지 않았다. 다니엘에게도 성적표 이야기를 하지 않았다. 그냥 운전만 하면서 스포츠 뉴스에만 반응을 보였다.

교회에서 엘리자베스는 한쪽 팔로 다니엘을 감싸고는 마태복음 본문에 대한 목사님의 설교를 들었다. 그녀는 온통 남편에 관한 생각뿐이었기 때문에 메시지에 집중하기가 어려웠다. 남편은 연민이라고는 눈곱만큼도 없었고, 자신이나 딸을 조금도 이해해주지 않았다. 돈 문제로 화를 낼 뿐, 그녀의 동생인 신시아에 대해서도 묻지 않았다.

신시아는 정말 힘든 시간을 보내고 있기에 엘리자베스는 그녀의 편이 되어주고 싶었다. 하지만 토니가 그들 사이를 가로막았다. 그는 오로지 성공해서 은행에 충분한 돈을 쌓아둘 생각밖에 없었다. 아무리 벌어도 '충분하지' 않다는 걸 잘 알면서도 말이다. 돈을 많이 벌수록 더 많이 벌어야만 했다. 그리고 아무리 필요한 일이라도 계좌에서 돈을 인출하는 것은 그에게 개인적인 모욕으로 느껴졌다.

"이 본문에서 예수님은 우리에게 불안에 대한 치료약을 주십니다. 공중의 새를 보고 그들이 어떻게 사는지 보라고 하십니다. 여러분은 어떤지 모르지만, 저는 새가 스트레스 받는 것은 본 적이 없습니다. 만화에 나오는 새들 빼고 말이죠."

목사님의 말씀에 성도들은 웃음을 터뜨렸다. 목사님은 자신의 어린 시절 이야기로 옮겨가, 휴가를 갈 때마다 어머니가 얼마나 스트레스를 받으셨는지 말씀하셨다. 그의 아버지는 한 치의 오차도 없이 정확하게 여행 경로를 계획했고, 뭐라도 하나 잘못되면 당황하고 화를 내는 사람이었다. 그 둘이 같이 있으면 휴가가 절대 휴식이 아니었다.

"우리 집에서는 휴가가 끝나야 쉴 수 있었어요."

엘리자베스는 다니엘을 흘끗 쳐다보며 웃었다. 그녀의 딸은 겨우 열 살이었지만 이미 하나님에 관한 것들을 열린 마음으로 받아들이고 있었다. 하나님이 모든 인간의 마음을 아시고 우리 각 사람을 위한 계획을 갖고 계신다고 목사님이 말할 때 아이는 주의 깊게 그 말씀을 들었다.

"하나님을 속여서 우리가 원하는 일을 하시게 만들 수 없습니다. 하나님의 은혜는 돈으로 사거나 거래하거나 조작할 수 없습니다. 만일 여러분이 주일에 제일 좋은 옷을 입고 마음에도 없는 미소를 지음으로써 하나님을 감동시킬 수 있다고 생각한다면 스스로 속이는 것입니다. 또한 우리가 자신을 속일 수 있다는 것은 누구나 아는 사실입니다. 그러나 우리는 하나님을 조종할 수 없습니다. 하나님은 전심으로 그를 찾는 자들을 찾으시며, 그들의 삶 속에서 놀라운 일을 행하십니다. 그러므로 결국 중요한 것은 이것입니다. 우리가 진심으로 하나님을 찾느냐, 그렇지 않느냐 하는 것입니다."

엘리자베스는 그들 뒤에서 문이 열리는 소리를 들었다. 그리고 한 젊은 여자가 그들을 지나쳐서 근처의 빈자리로 가서 앉는 것을 보았다. 그녀는 그 여자가 늦게 온 것이나 메시지에 집중하는 것을 방해한 것에 대해 별로 신경 쓰지 않았다. 그녀는 10대였고 스커트 길이나 가슴이 깊게 파인 옷이 엘리자베스가 보기엔 너무 노출이 심했지만, 그것 또한 별로 신경 쓰지 않았다.

엘리자베스를 화나게 한 것은 바로 그 여자가 지나갈 때 토니가 마치 새로 발견한 유물을 연구하는 고고학자처럼 집중해서 그녀를 쳐다본 것이었다. 그녀는 토니가 곧 다른 데로 눈을 돌리기를 기대했지만 그렇지 않았다. 그녀가 자리에 앉을 때까지 그의 눈은 줄곧 그녀를 따라갔다. 그리고 나서도 좀 더 쳐다보았다. 엘리자베스는 토니가 그녀를 살피고 있다는 느낌을 떨쳐버릴 수가 없었다. 하지만 그것은 가당찮은 일이었다. 토니는 절대 그럴 사람이 아니었다.

예배 후 그녀는 슬그머니 화장실로 들어가 마음을 가라앉혔다. 그리고 그들의 차가 있는 곳으로 걸어갔다. 그때 한 여자가 다가와 그녀를 붙잡더니, 다니엘의 학교 친구 엄마라고 소개했다. 그리고 가던 길을 막아서 미안하다고 말했다.

"아니에요, 괜찮습니다. 그런데 무슨 일로?"

엘리자베스가 말했다.

"여쭤보고 싶은 게 있어서 기회를 찾고 있었어요."

"그게 뭔데요?"

"부동산소개업을 하시는 걸로 알고 있어요. 저는 항상 부동산에 관심이 많았거든요. 공인중개사 자격증을 정말 따고 싶은데 그 절차를 잘 몰라서요."

엘리자베스는 그녀의 질문에 답해주며, 그녀가 공인중개사 자격증을 취득하기 전에 읽었던 책을 추천해주었다. 그녀는 그 여자에게 명함을 건네주며 또 궁금한 것이 있으면 연락하라고 했다.

"언제 커피 한 잔 하시지요?"

그 여자가 말했다.

"좋지요."

엘리자베스는 자신의 바쁜 스케줄 안에 '커피' 마실 시간이란 존재하지 않는다는 걸 알지만 그렇게 말했다. 그녀는 점잖게 미소를 지으며 그 여자를 안아주었다.

"주차장에서 당신이랑 얘기하던 여자분은 누구야?"

토니가 집으로 오는 길에 물었다.

엘리자베스의 눈은 계속 앞을 향하고 있었다.

"공인중개사 일에 관심이 있대요. 왜요?"

"당신이 무슨 대단한 프로처럼 보이던데……."

그녀가 그를 흘낏 처다보았고, 그는 능글맞게 웃었다.

"내가 이상하게 보였단 말이에요?"

"그럼, 난 적어도 교회에 왔을 때는 외식하지 않아."

그가 말했다. 그녀의 귀에서 스팀이 나오지는 않았지만, 심장박동이 빨라지고 얼굴이 붉어지는 것을 느낄 수 있었다.

"우리 옆을 지나간 젊은 여자를 뚫어지게 처다본 당신 모습은 어떡하고?"

그녀는 그 말을 내뱉자마자 후회했다. 둘만 있을 때도 아니고 다니엘 앞에서 그 말을 한 것이 더욱 후회되었다. 다시 분쟁의 한가운데로 들어간 것도 후회했다. 하지만 그녀가 분명히 본 것을 그에게 알려준 것은 후회하지 않았다.

"말조심하는 게 좋을걸?" 하고 토니가 말했다. 그의 목소리는 매우 단호하고 냉정했다.

그녀가 대답도 하기 전에 전화벨이 울렸다. 그녀는 순간 그를 노려보다가, 다니엘이 불편한 듯 자세를 바꾸는 모습을 옆 눈으로 보았다.

"엘리자베스 조던입니다."

그녀는 '직업적인 말투'로 전화를 받았다. 토니는 눈썹을 치켜 올렸다.

"엘리자베스, 클라라 윌리엄스예요. 우리 집에 대해서 말했었죠."

"네, 윌리엄스 부인, 어떻게 지내세요?"

"잘 지내요. 물어봐줘서 고마워요. 집 매매를 진행하기로 결정했어요. 오전에 당신이 와서 집을 한번 봐줄 수 있는지 해서요."

엘리자베스는 전화기로 자신의 스케줄을 확인했다.

"네, 내일 오전 10시에 집을 볼 수 있겠네요."

"좋아요. 이참에 집을 좀 단장해야겠네요."

"네. 기대하고 있을게요."

"그때 봅시다."

"브라보!"

통화가 끝나자 토니가 비꼬는 투로 말했다.

엘리자베스는 이를 악물고 대응하지 않기로 했다. 그녀는 고개를 돌려 다니엘이 이어폰을 끼고 있는 것을 보았다. 부모가 싸우는 소리를 또 듣느니 음악을 듣는 게 낫겠지.

토니는 최신 스포츠 소식을 듣기 위해 라디오를 켰다.

토니는 그날 오후에 편히 앉아서 스포츠 경기를 보았다. 그가 교회에서 젊은 여자를 쳐다보는 것을 엘리자베스가 보았다는 사실이 믿기지 않았다. 그는 자기가 그녀를 쳐다보고 있는 줄도 몰랐다. 그것은 남자들에게 자연스러운 일이라고 생각했다. 그냥 창조의 아름다움을 감상하는 것이라고 할까.

다니엘이 점심 먹을 시간이라고 말하자 그는 간단히 음식을 먹으려고 식탁으로 갔다. 한눈에 봐도 엘리자베스가 화가 났음을 알 수 있었다. 그는 고개를 저으며 리모컨으로 TV를 껐다. 그리고 앉아서 휴대폰을 꺼내어 스코어를 확인했다. 읽지 않은 문자메시지가 2개 있었다. 하나는 홀컴의 캘빈 반스에게서 온 것이었다.

'내 인생에 이렇게 멀리까지 공을 쳐본 적이 없었어요. 고마워요, 토니!'

토니는 큰 골프채를 휘두르는 늙은이의 모습을 상상하며 웃었다.

엘리자베스가 둘 사이에 흐르는 침묵을 깼다.

"다니엘, 내일 아침에는 주민센터 앞에 내려줄게. 엄마가 아침 일찍 고객을 만나야 해서……. 알았지?"

"네. 가는 길에 제니퍼를 태우고 갈 수 있을까요?"

"물론이지. 제니퍼 엄마가 괜찮다고만 하면……."

엘리자베스가 말했다.

토니는 종종 딸아이의 삶을 밖에서 보고 있는 것 같은 기분이 들었다. 이번이 그런 경우였다.

"제니퍼가 누구니?"

"저랑 같은 두 줄 넘기 팀에 속한 친구예요."

다니엘은 음식을 응시하면서 조용히 말했다.

토니는 휴대폰을 잠시 치우고 고개를 옆으로 기울였다.

"넌 농구를 하는 줄 알았는데?"

"다시 줄넘기가 하고 싶었어요."

'줄넘기?'

그는 생각했다. 그건 그들이 동의한 일이 아니었다.

"토니, 내일 다니엘이 연습하는 것 좀 보러 가도록 해. 정말 잘한다니까."

엘리자베스는 둘 사이의 불안한 공간에 끼어들어 재빨리 그렇게 말했다.

토니는 자신의 스케줄을 생각하며 고심하다가 고개를 저었다.

"이번 주에는 여기 없을 거야. 출장 가야 돼."

엘리자베스는 당혹스러운 얼굴로 포크를 내리찍었다.

"그 말을 왜 여태 안 한 거야?"

"지금 했잖아."

토니는 무덤덤하게 말했다. 언제나 이런 식으로 시작되었다. 그녀는 그의 머릿속에서 일어나는 모든 일을 알기 원했다. 작은 부분 하나하나까지. 그가 잊지 않고 그녀에게 모든 걸 말해주길 원했다.

엘리자베스의 얼굴에 불만이 가득했다. 그녀는 포크를 내려놓고 편안히 앉았다.

"토니, 당신이 회사에서 최고의 영업사원이라는 거 알아. 하지만 가정이 제대로 굴러가려면 우리가 소통을 해야 돼. 난 당신이 이번 주에 집에 있는 줄 알았어."

토니는 천천히 신중하게 대답을 준비했다. 테니스 선수처럼 그녀의 약점을 노리고 강한 톱스핀 포핸드를 치려고 했던 것이다.

"그래, 당신이 이 집에서 계속 살고 싶다면 내가 영업을 해야 돼. 그러니까 융통성이 있어야 한단 말이지."

그는 그녀의 반응을 기다렸다. 하지만 그녀는 공이 자신을 맞히고 담벼락으로 튀어나가도록 내버려두었다. 그저 아무 말도 하지 않자, 그것이 토니를 더 불안하게 했다.

그는 차를 한 모금 마시고 다니엘을 쳐다보았다.

"넌 줄넘기를 하기엔 나이가 좀 많지 않니?"

그는 좋은 의도로 질문을 했다. 아이가 이것저것 하기보다는 한 가지를 잘하도록 격려해주려 했고, 아이의 키나 협동심을 고려할 때 분명 농구가 더 맞는 것 같았기 때문이다.

다니엘은 고개를 숙였다. 그러고는 자신의 접시를 내려다보다가 어머니를 보았다. 엘리자베스는 입을 꼭 다물고 고개를 살짝 저었다. 팀 동료끼리 보내는 신호였다. 토니가 네트의 한쪽 편에 있고 엘리자베스와 다니엘이 다른 쪽에 있다는 뜻이기도 했다.

"먼저 일어나도 돼요?"

다니엘이 물었다.

"그래."

"이건 나중에 먹게 냉장고에 넣어둘게요."

다니엘이 말하고는 자리에서 일어났고 토니는 식탁을 치우는 엘리자베스를 쳐다보았다. 마침내 그는 더 이상 참지 못하고 두 손을 들었다.

"이봐, 난 그저 우리 딸에 대해 알아보려고 한 것뿐이야. 대체 농구는 왜 그만둔 거야?"

"아이가 줄넘기를 하고 싶어 해, 토니. 줄넘기는 좋은 운동이야. 제니퍼라는 좋은 친구도 사귀었고. 당신은 관심이 없어서 몰랐겠지만."

"무슨 소릴 하는 거야? 내가 머릿속에 얼마나 많은 것들을 저장해두어야 하는지 알기나 해? 일이 계속 돌아가게 하려면 얼마나 많은 접시를 동시에 돌리고 있어야 하는지 아냐고! 다니엘의 친구 한 명쯤은 모를 수도 있지. 그게 연방법 위반이라도 돼?"

그녀는 그에게서 등을 돌렸다. 그가 자기 접시를 싱크대로 가져가자, 그녀는 그냥 두라고 했다.

"내가 할게."

그것은 제안이 아니라 요구였다. 그녀는 정말로 그가 가버리길 원했다. 그래서 토니는 그녀의 요구대로 텔레비전 앞으로 가서 경기를 보았다.

✦　✦　✦

　　엘리자베스는 빨랫감을 한 가득 세탁기에 집어넣고 벽장을 정리했다. 뭐라도 바쁘게 해서 토니를 피하고 싶었다. 이럴 때는 토니를 쳐다보기도 싫었다. 그가 다니엘을 대하는 방식이나 교회에서 여자를 쳐다보는 눈빛이나 다 마음에 안 들고 화가 났다. 그녀는 고기 조각 같은 취급을 받는 것 같았고, 지난 몇 달간 일어났던 모든 일들이 젖은 수건들처럼 쌓여서 그녀의 마음속 드럼통에서 돌아가고 있었다.

　　그녀가 침대 위에 앉아서 책꽂이 쪽을 바라보는데 결혼에 관한 책이 눈에 띄었다. 그런 류의 책들을 사 보는 것이 좋은 투자라고 생각했기 때문에 많이도 샀었다. 그녀는 새로운 커뮤니케이션 기법들과 존중을 나타내는 법들을 배웠다. 최고의 성생활을 약속하는 목사들과 상담자들이 쓴 친밀감에 관한 책들도 읽었다. 하지만 그들이 그 주제에 대해서 어떻게 이야기를 해도, 늘 그녀는 자신이 부족하게 느껴질 뿐이었고, 그녀 자신이 문제인 것처럼 느껴졌다. 토니에게서 사랑의 언어를 발견하려고 해봤지만, 그의 언어는 미지의 언어였고, 통역사도 없었다.

　　엘리자베스는 일어나서 자신의 사무실로 돌아갔다. 이층에 있는 여분의 침실이었다. 내일 보게 될 윌리엄스의 집에 관한 정보를 수집하면서, 최근에 팔린 그 지역의 집들을 살펴보았다. 그것은 너무 높지도 낮지도 않은 적절한 가격을 제시하기 위해서 하는 사전작업이었다. 그 집은 좋은 동네에 있었고, 지난 몇 달간 주택시장의 상황을 고려할 때 매매가 순조로울 것 같았다.

　　그녀는 자신의 일에 대해 이런 부분이 마음에 들었다. 즉 단순히 집을 파는 것이 아니라 사람들과 집을 짝지어주는 일이 좋았다. 하루 종일 숫자를 보며, 집 넓이와 침실 수와 모기지 변동금리를 계산하고 있을 수도 있지만, 이런 것들은 삶의 방정식이 아니었다. 그녀가 사랑하는 일은 어떤 사람이나 가족에게 맞는 주거공간을 찾아주는 일이었다. 그들이 행복하게 정착해서 살고, 마침내 자신들의 집이라고 믿게 될 그런 집을 말이다. 역으로, 매도자에게는 자유를 주어 훨훨 날아갈 수 있게 해주는 것이 좋았다. 그들이 이사하는 이유가 직장의 변화 때문이든, 가족 수가 줄어서든, 사망이나 이혼 때문이든 말이다.

그녀는 클라라 윌리엄스에게 필요한 서류들을 모아서 넣어두었다. 첫 만남에서 중개계약서를 작성할 생각은 아니었다. 일단 부동산을 잘 살펴보고 계약의 세부사항들을 검토할 생각이었다. 만약 윌리엄스 부인이 전화상으로 들린 목소리만큼 나이가 많다면, 앞으로의 일에 대해 질문이 많을 것이다. 그리고 그녀가 온라인에서 수집한 정보에 의하면, 윌리엄스 부인은 수십 년 동안 같은 집에 살고 있었다. 그녀는 왜 이사를 하려고 하는 걸까? 건강이 나빠져서? 남편이 사망해서? 아니면 가족들의 압력 때문에?

모든 집에는 사연이 있고, 풀어야 할 미스터리가 있게 마련이었다. 모든 집에는 특이한 점이 있었다. 따라서 자세히 보면 거기에 사는 사람들에 대해 어느 정도 알 수 있었다. 그녀는 집을 팔면서 많은 것을 알게 되었다. 때로는 너무 많이 알게 될 때도 있었다.

엘리자베스는 온라인에서 어떤 고객이 1년 전에 입찰했던 집을 발견했다. 방 3개의 작은 단층집인데 인하된 가격으로 여전히 시장에 나와 있었다. 마지막 순간에 매수자가 마음을 바꾸어 계약이 무산된 것이다. 작년에 그런 일이 얼마나 많았던가?

집을 여러 번 보여주고, 시간과 연료를 써가면서 일을 진행시켜 계약서에 사인만 하면 되는데, 매수자가 적절한 때가 아니라고 하는 바람에 모두 헛고생이 된 것이다. 또는 뒷마당에 공간이 충분하지 않다거나, 아침에 커피를 마시는 동안 햇빛 때문에 눈이 부시다는 이유로 계약을 취소하는 경우도 있었다.

실제로 1년에 3개월 동안 주방에 해가 너무 많이 든다는 이유로 매수자가 계약을 포기한 적도 있었다. 하지만 그런 실망도 매력에 속했다. 그녀는 의뢰인이 그녀를 어디로 데려갈지, 무슨 일을 겪게 만들지, 혹은 그녀가 하는 일에 대해 보수를 받게 될지 전혀 몰랐다. 그것은 믿음의 문제요, 권리를 포기하는 것이었다. 엘리자베스는 계약을 하지 않는 고객에게 화를 내고 싶은 충동을 뿌리쳤다. 그와 같은 감정을 느낀 적이 얼마나 많았던가? 보수도 받지 않고 자료를 찾고, 시간과 에너지를 쏟아 붓는 것은 쉬운 일이 아니었다. 하지만 그녀는 인생에서 가장 큰 재정적 결정을 앞둔 사람들에게 친절하고 공손하게 대한 것에 대해 결코 후회하지 않을 것이라고 생각했다.

그녀는 곧 버려질 전단지와 인쇄물들을 매수자에게 너무 많이 안겨주는 건 옳지 않다고 생각했다. 다른 부동산업자들은 매도자에게 감당 못할 만큼 정보를 안겨주는 것이 가장 좋은 방법이라고 생각했다. 정보가 많을수록 좋다는 것이다. 하지만 엘리자베스는 단순한 것이 좋다고 생각했다.

집을 파는 사람은 딱 두 가지를 알고 싶어 한다. 그들의 집이 얼마나 가치가 있는가, 그리고 그 집을 파는 데 비용은 얼마나 들까 하는 것이다. 다시 말해서, 모든 일이 완료되었을 때 그들에게 남는 돈이 얼마냐 하는 것이다. 이것은 충분히 대답해줄 가치가 있는 타당한 질문이었다. 그래서 그녀는 항상 의뢰인들에게 솔직하게 말해주었다.

그녀는 시계를 보면서 세탁물을 건조기로 옮기고, 주방을 돌아다니는 등 분주하게 움직이다가 토니를 보았다. 전화통화를 하면서 동시에 경기를 보던 그가 그녀를 흘끗 쳐다보았다. 그녀는 인상을 찌푸리거나 부정적으로 반응하지 않으려고 노력했다.

"여보."

그녀가 말하자, 그는 리모컨을 들고 TV 볼륨을 줄였다.

"응."

"당신이 출장 다니는 것에 대해 화를 내려는 게 아니었어. 단지 갑작스러워서 좀 놀랐을 뿐이야."

"내가 좀 더 일찍 얘기했어야 했는데. 당신 입장은 이해할 수 있어. 하지만 내가 일하는 것 때문에 죄책감을 느끼고 싶진 않아. 나는 가족을 부양하려고 애쓰고 있는데 그것 때문에 당신이 잔소리하는 게 싫어."

그가 중얼거리듯 말했다.

"당신이 가족을 부양하는 걸 반대하는 게 아니야, 토니."

그녀는 계속 밀어붙이고 싶었지만, 왠지 그만해야 할 것 같았다.

'그냥 넘어가자. 의심은 젖은 옷가지들처럼 축 처져 있게 두고 다른 것에 초점을 두자.'

"그래서 어디로 가는데?"

그녀가 말했다.

"애시빌, 그곳에 있는 병원에 우리 제품에 관심이 있는 의사가 있어. 물론 집을 파는 일처럼 흥미롭진 않지만, 돈은 좀 되지."

집을 파는 일처럼 흥미롭지 않다는 건 무슨 뜻으로 한 말일까? 자신의 직업을 경멸하는 말일까? 그녀는 토니를 보면 의심을 하게 되거나 마음에 상처를 받았다. 그리고 가슴이 점점 더 답답해졌다. 그녀가 여기에, 자신이 사랑하는 이 집에 계속 살려면 그냥 참고 그의 뜻에 따라야 하는지도 모른다.

그는 TV 화면을 보면서 다음 경기를 확인하고 있었고, 그녀는 그 자리에 오래 서 있을수록 점점 더 가슴이 답답해졌다.

# 클라라 여사

월요일 아침, 토니는 재빨리 옷을 입고 차고로 갔다. 그는 아침에 늦으면 늘 아침식사도 하지 않고, 커피도 마시지 않고 하루를 시작했다. 다니엘에게는 절대 빈속으로 나가지 말라고 하면서 자신은 항상 그렇게 했다.

"아침 안 먹을 거야?"

엘리자베스가 말했다.

"시간 없어. 애시빌에 가는 길에 대충 먹을게. 나중에 봐."

엘리자베스는 다니엘을 느지막이 깨워 친구 제니퍼와 함께 주민센터에 데려다주었다. 그녀는 다니엘에게 엄마가 약속이 있으니 정오에 다시 올 때까지 제니퍼와 함께 센터에서 기다리라고 말했다.

엘리자베스가 윌리엄스 부인의 집에 차를 세우고 나니, 10대 소년이 잔디 깎는 도구와 외바퀴 손수레를 가지고 잔디밭에 서 있는 것이 보였다. 정원 손질용 장갑을 뒷주머니에 꽂고 있는 소년은 야윈 데다 일을 해서 땀에 젖어 있었다. 한 할머니가 돈을 세어 그에게 주는 것이 보였다.

엘리자베스가 그 집을 보고 제일 먼저 든 생각은 금방 팔리겠다는 것이었다. 그 집은 시내에서 좋은 위치에 있었다. 다 자란 나무들과 잘 손질되고 관리된 잔디밭이 있었으며 정면 계단에 걸려 있는 미국 국기가 굉장히 멋져 보였다. 그 동네의 집들은 대부분 더 오래된 것들이었다. 엘리자베스는 잔디밭에서 투웰브 스톤 부동산 간판이 가장 잘 보이는 자리를 골라 차를 세웠다.

엘리자베스가 차에서 내렸을 때 "어머니한테 안부 전해주고, 다음 주에 보자."라고 말하는 윌리엄스 부인의 목소리가 들렸다.

"윌리엄스 부인?"

"네. 그래요. 엘리자베스군요."

마침 그녀가 알아보고 반갑게 말했다.

그녀는 철저히 남부 억양을 썼다. 그리고 말할 때 마치 구슬이 빠져나가지 못하게 애를 쓰는 것처럼 입에 힘을 주었다. 엘리자베스는 악수를 하면서 혹시라도 부인이 관절염을 앓고 있을까 싶어서 손을 부드럽게 잡으려고 애썼다. 그러나 윌리엄스 부인은 마치 레몬즙을 짜듯이 그녀의 손을 꼭 쥐었다. 그러고는 자신을 클라라라고 불러달라고 하며 들어와서 집을 보라고 했다.

그녀는 기대에 찬 걸음으로 팔꿈치를 흔들며 신나게 콘크리트 계단을 올라갔다. 클라라는 핑크색 셔츠와 검정색 바지에 청록색 스웨터를 입고 있었고, 머리카락은 오래전에 백발이 된 듯했지만, 언뜻언뜻 본래 색깔이 보이기도 했다.

안으로 들어가자마자 엘리자베스는 온기를 느꼈다. 현관에 서니 오른쪽에는 거실이, 왼쪽에는 서재가 있었다. 나무 바닥에 그녀의 모습이 비쳐 보였다. 가구는 조금 오래되었고 카펫도 낡아보였지만, 모든 것이 깔끔하게 정돈되어 있었다. 오래된 집인 것은 틀림없지만 어느 곳 하나 방치해둔 흔적이 보이지 않았고, 어떤 품격이 느껴졌다.

"커피포트를 켜야겠네요. 커피 좀 드릴까요?"

"오, 아뇨. 고맙습니다. 집에서 마시고 왔어요. 정말 아름다운 집이네요."

"나도 그렇게 생각해요. 1905년에 지었어요. 이 집에서 거의 50년을 살았죠. 남편이 직접 뒷마당에 햇빛이 잘 드는 베란다를 지어줬어요."

클라라가 주방에서 말했다.

엘리자베스는 앞쪽 방들을 살펴보다가 벽에 걸린 사진을 발견했다. 지금보다 훨씬 젊은 클라라가 군복을 입은 남자 옆에 서 있었다. 사진을 보니 거의 1960년대 말이나 1970년대 초인 것 같았다. 그녀의 다른 독사진들과 서로 다른 크기의 독수리 두 마리가 벽에 걸려 있었다.

"오, 이분이 남편이시군요."

엘리자베스가 말했다.

클라라는 모퉁이를 돌아와서 사진을 바라보았다.

"네, 레오예요. 결혼하고 14년 후에 죽었죠. 저 사진을 찍기 전에 막 대위로 진급했어요. 제복을 입은 모습이 참 멋졌지요. 그렇게 보이지 않나요?"

클라라는 싱긋 웃었고, 엘리자베스는 노부인의 목소리에 따뜻함을 느꼈다.

"우린 아이를 5명이나 6명 낳고 싶었는데, 하나님이 우리에게 클라이드만 주셨어요."

클라라는 눈을 크게 뜨고 그녀를 바라보았다.

"아마 내가 감당할 수 있는 게 그 아이뿐이었나 봐요."

엘리자베스는 미소를 지었다. 그녀는 벌써 이 노부인이 좋아졌다. 그것으로 부동산 거래의 반은 성공한 것이다. 함께 일하는 사람이 마음에 든다는 것은 엄청난 이점이었다. 그녀가 원하는 가격에 집을 매매했을 때 큰 만족을 느끼게 될 것이다.

클라라는 거실을 바라보며 천장 쪽을 가리켰다.

"저기 벽에 크게 금이 간 것 보이죠? 클라이드가 한 짓이에요."

그녀는 엘리자베스를 방으로 데리고 갔다. 빛이 가득한 방이었다. 골동품 느낌이 나는 오래된 램프 옆에 소파와 의자들이 배치되어 있었다.

"내가 세 번째로 좋아하는 공간이에요. 내 거실이죠."

"여기서 뭘 하세요?"

엘리자베스가 말했다.

"그냥 앉아 있어요."

클라라는 고개를 옆으로 살짝 돌리며 약간 슬프게 말했다.

엘리자베스는 웃으려다가 참았다. 만약 그녀가 재미있으라고 한 말이었다면 타이밍이 아주 적절했겠지만, 엘리자베스는 확신이 없었다. 괜히 웃어서 그녀의 기분을 상하게 하고 싶지 않았다.

"자, 이쪽으로 오세요. 식당을 보여줄게요."

클라라는 마치 새벽열차처럼 서둘러 나가며 말했다.

엘리자베스는 연녹색 벽에 커다란 나무 식탁과 의자들이 있는 더 밝은 방으로 들어갔다. 벽난로 선반에는 촛대들이 놓여 있고, 식탁 중앙에는 정교한 장식물이 있었다.

"이곳이 내가 두 번째로 좋아하는 공간이에요. 난 이 방을 사랑해요."

"아름답네요. 이 벽난로도 마음에 드는데요."

클라라는 과거를 회상하는 듯 손가락으로 피아노를 치는 것처럼 나무 의자들의 윗부분을 쓰다듬었다.

"여기에 좋은 추억들이 많이 깃들어 있어요. 정말로…. 여기서 좋은 대화들을 많이 나누었죠. 많이 웃었고, 눈물도 좀 흘렸고요."

그녀는 무언가 더 말하려는 듯했다. 엘리자베스는 그 추억들이 무엇인지, 그녀의 남편과 아들에 관한 기억인지, 아니면 다른 것이 있는지 궁금했다. 하지만 그런 얘기는 하기 어려웠다. 그녀는 노부인의 느긋한 태도를 존경스러운 눈으로 바라보았다. 세상에는 그런 사람들이 있다. 처음 만났을 때 환영받는 느낌을 갖게 해주고, 마치 평생 알아온 것 같은 느낌이 들게 하는 사람, 클라라가 그런 사람 같았다.

엘리자베스는 천천히 계단을 살피며 이층으로 그녀를 따라 올라갔다. 그녀가 지난 몇 년 동안 팔았던 오래된 집들처럼 계단이 좀 좁은 느낌이었다.

"주방은 페인트를 새로 칠해야겠지만, 아직 상태는 꽤 괜찮아요."

그녀는 천천히 계단을 올라가 난간 꼭대기에 있는 큰 장식부분을 붙잡았다. 높이 올라갈수록 그녀의 호흡이 조금 더 짧아지는 듯했다.

"여기서 몇 블록 떨어진 아들네 집으로 들어가려는 이유가 바로 이것 때문이에요. 휴~. 이 계단들과 협상하는 게 점점 더 어려워지네요."

엘리자베스는 침실을 하나하나 살펴보면서 휴대폰에 그 집에 관한 메모를 했다. 그녀는 클라라의 화장대에 2개의 가방이 있는 것을 보았지만 그것에 대해 물어보진 않았다. 집안 곳곳에 많은 십자가들과 그 외 기독교 상징물들이 있었는데, 조잡하지 않고 매우 고상해보였다.

"음, 그러니까 침실 세 개에 욕조가 있는 욕실이 두 개죠? 사진을 좀 찍어도 될까요?"

"그러세요, 얼마든지."

클라라는 마치 보초병처럼 뒷짐을 지고 서 있었다. 그러더니 몸을 앞으로 구부리며 말했다.

"오, 스마트폰이군요. 나도 사려고 했었는데…. 내 전화기로는 전화 거는 것밖에 할 수가 없어요. 바보 전화기인가 봐요."

그녀는 난간에 기대어 엘리자베스가 일을 마칠 때까지 기다렸다.

클라라는 복도 천장에서 다락방으로 이어지는 계단을 철거할까 물었지만 엘리자베스는 그럴 필요는 없을 거라고 했다. 이층을 다 보고 나서, 엘리자베스는 노부인에게 손을 내밀어 잡아주며 계단을 내려왔다.

"괜찮아요?"

"괜찮아요. 계단이 있는 집에 살면 더 오래 산다고 하지요. 그러니까 난 180살까지 살 거예요."

클라라가 말했다.

엘리자베스는 복도의 커다란 액자 앞에서 걸음을 멈췄다. 액자 맨 위에 '응답받은 기도들'이라는 문구가 쓰여 있었다. 액자 안에는 몇 장의 작은 인물 사진들과 날짜가 적혀 있고, 몇 년 동안 일어난 사건들을 기념하기 위한 설명들이 적혀 있었다. 그녀는 사진들과 그 속의 얼굴들을 살펴보았다. 마틴 루터 킹 주니어도 있었고, 빛바랜 가족들 사진도 있었다.

"이거 굉장히 흥미로운데요, 클라라 부인."

노부인은 그녀와 어깨를 나란히 하고 섰다.

"내 기억의 벽이에요. 일이 잘 풀리지 않을 때, 이걸 다시 보면서 하나님이 변함없이 이끌어주시고 계시다는 걸 기억하죠. 그러면 용기가 생긴답니다."

그녀는 하나님(God)이라고 말할 때 존경심을 나타내듯이 'O'를 길게 발음했다.

엘리자베스는 사진들을 좀 더 살펴보았다.

"저도 그걸 해볼 수 있을 것 같아요."

그녀는 속삭이듯이 말했다. 그런데 그 말을 하자마자 후회했다. 그녀는 고객과의 사업 관계에 자신의 사생활을 개입시키지 않으려고 애써왔다. 이것은 그녀에 관한 일이 아니라 고객들에 관한 일이었다. 하지만 그 집과 사진들, 그리고 노부인의 태도가 왠지 자신의 이야기를 하고 싶게 만들었다.

클라라는 그녀를 향해 고개를 돌리고 빤히 쳐다보았다.

"오, 죄송해요. 공공설비에 대해 몇 가지 묻고 나서 원하는 가격에 대해 이야기를 나누도록 하지요."

"좋아요."

클라라가 말했다. 그녀가 공공요금 청구서와 다른 몇 가지 정보들을 찾는데 시간이 좀 걸렸다. 엘리자베스는 숫자들을 입력하며 그 지역 다른 집들의 비교 자료를 보여줘야겠다고 생각했다. 그때 문득 자신의 휴대폰을 보니, 다니엘과 제니퍼를 데리러 가기 전에 사무실로 돌아가야 할 시간이었다. 클라라 부인과 겨우 한 시간 정도 같이 있었던 것 같은데, 사실은 더 긴 시간이 흘러 있었다.

"집값에 대해 생각해두신 금액이 있나요?"

"그건 당신의 일 아닌가요?"

"맞아요. 하지만 때로는 집주인이 알아서 원하는 가격을 부르기도 하죠. 부인이 생각하시는 재산 가치보다 더 낮은 금액을 제시하고 싶진 않아요."

클라라는 잠시 입술을 깨물더니 이렇게 말했다.

"당신이 적절한 가격을 제시해줄 거라 믿어요."

엘리자베스는 미소를 지었다.

"그럼 결정하기 전에 다시 한 번 비교자료들을 검토해보죠. 그래도 되겠어요?"

클라라는 고개를 숙이고 말했다.

"좋아요. 나는 이곳에 오래 살았고 몇 년 전에 대출금도 다 갚았어요."

그들은 현관문으로 걸어갔다.

"네, 일단은 필요한 정보를 다 얻은 것 같네요. 만나서 반가웠어요, 클라라 부인. 아, 혹시 내일 괜찮으시면 제가 잠깐 들러서 이 지역의 비교자료들을 좀 보여드릴게요."

"그럼 내일 아침에 들러서 커피나 한 잔 해요. 10시로 하죠."

엘리자베스는 자신의 휴대폰을 보면서 스케줄을 생각했다. 갑자기 토니가 떠올랐다. 그가 출장을 간다고 했지. 다니엘은 어떡하지?

"네, 그래요. 그렇게 할게요. 10시에 뵐게요."

클라라의 배웅을 받으며 밖으로 나간 그녀는 뭔가 마음에 걸렸다. 그리고 대화를 나누던 중에 아주 중요한 정보를 빼먹은 것이 생각났다. 그녀는 계단의 맨 위에서 뒤를 돌아보며 말했다.

"그런데 당신이 제일 좋아하는 방은 어디에요?"

클라라는 미소를 지었고 엘리자베스는 그녀의 눈빛이 반짝이는 것을 분명히 보았다.

"내일 말해줄게요."

엘리자베스도 그녀에게 미소를 지어 보였다.

"그럼 내일 기대할게요."

토니는 여유 있게 애시빌에 도착하여 주차장의 차 안에서 아침식사로 커피와 베이글을 먹었다. 그리고 정적을 깨뜨리기 위해 라디오를 틀어 아침 동물원쇼를 들었다. 전날 목사님이 설교 때 하신 말씀이 그를 불편하게 했다.

"하나님은 전심으로 그분을 찾는 자들을 찾으십니다."

그 말씀이 그를 괴롭게 했다. 그리고 자신을 속이는 사람들에 대한 이야기도 생각났다. 아마 그렇게 하고 있는 사람들이 많겠지만, 자신은 아니었다.

그는 라디오 볼륨을 조금 더 높이고 아침을 마저 먹었다. 그런 다음 근무 시간에 맞춰 애시빌 메디컬센터로 갔다.

그는 검정색 타호의 트렁크 문을 열어 잘 보관해둔 의약 견본품 상자를 꺼냈다. 프레디짐 상자를 열어 8개 중 2개를 꺼내서 따로 두고, 나머지는 다시 정돈해두었다. 주위를 둘러보며 아무도 그를 본 사람이 없는지 확인하고, 2개는 자신의 가죽가방 안에 넣었다. 그는 프레디짐 상자를 들고 트렁크 문을 닫은 후 건물을 향해 걸어가면서 휴대폰을 꺼냈다.

"L로 시작하는 건데……."

그는 혼잣말로 중얼거렸다.

"로나… 아니야. 레슬리?"

그는 애시빌 목록으로 가서 연락처 목록을 보고는 자신이 철자를 맞게 기억했다는 걸 알고 미소를 지었다.

접수 담당자는 예쁘고 젊었으며 인상적인 미소를 지니고 있었다.

"린제이 토머스, 안녕하세요?"

토니도 환하게 미소 지으며 말했다.

"네, 안녕하세요."

린제이는 더듬거리며 말했다.

"미스터……."

"토니 조던입니다. 우리 몇 달 전에 만났었죠. 모리스 박사님을 뵈러 왔습니다."

"아, 맞아요."

그녀는 얼굴을 붉히며 말했다.

"제 이름을 기억하시다니 깜짝 놀랐어요."

"제가 린제이라는 이름을 좋아하거든요. 그래서 기억하기 쉬웠어요."

그의 하얀 치아가 더 많이 드러났다. 그녀는 전화기를 들었다.

"지금 당신을 만나실 수 있는지 알아볼게요."

토니는 미소를 지으며 좀 더 가까이 몸을 기울였다. 린제이의 향수 냄새를 맡을 만큼 가까이…….

✦  ✦  ✦

엘리자베스는 자신의 사무실에 도착해서 클라라의 집을 MLS(미국 부동산 유통 시스템)에 등록하는 절차를 마무리했다. 그리고 그녀는 사무실 직원들인 맨디와 리사를 대면했다. 그들은 도시의 최근 소문에 대해 이야기하고 있었다. 시 행정 담당관이 다 허물어져 가는 옛날 집들과 도시의 황폐 지역들을 책임지고 개선한 이야기였다.

"C. W. 윌리엄스 같은 지도자들이 더 많이 필요해. 난 그 사람을 대통령으로 뽑을 거야."

맨디가 말했다.

엘리자베스는 클라라 부인의 집 얘기를 꺼내며 그 지역의 비교자료들을 보여주면서 그녀가 생각하는 가격에 대해 이야기했지만, 그들의 대화는 곧 더 사적인 문제들로 향했다. 직장에서 흔히 있는 일이었다. 한두 사람이 개인적인 일들을 이야기하기 시작하면 그 길로 빠져서 누구 한 사람의 전화벨이 울릴 때까지 계속되는 것이다.

맨디는 회사의 총괄책임자였다. 그녀는 항상 옷을 잘 차려입었고, 트웰브 스톤을 그 지역 최고의 회사 중 하나로 만든 것에 대한 자부심이 있었다. 계약시에 세세한 부분을 하나도 놓치지 않았고, 그녀의 체크리스트를 통과하는 사람들만 고용했다.

리사가 그중 한 사람이었다. 그녀는 엘리자베스가 들어오기 2년 전부터 그 회사에서 일해 왔다. 맨디보다 어렸지만 맨디가 시간이 없어서 챙기지 못하는 모든 세밀한 부분들을 챙겼다. 그 세 사람은 한 팀으로 일했다. 비록 서로 의견이 맞지 않을 때도 있었지만….

엘리자베스가 다시 윌리엄스 여사의 집으로 화제를 돌리자, 맨디는 노트북으로 몇 가지 목록들을 살펴보았다. 리사는 메모를 하며 적절한 질문을 던졌다.

"확실히 집을 팔려는 생각은 있는 거야?"

리사가 말했다.

"내 생각엔 적절한 제안을 할 때까진 움직이지 않을 것 같아."

엘리자베스가 말했다.

"어디로 이사하는데?"

"아들 집으로. 아들이 가까이 살고 있대."

맨디는 리사를 쳐다보았고, 둘 사이에 무언가가 오고갔다. 그 둘은 엘리자베스에게 무슨 문제가 있음을 직감한 듯했다. 엘리자베스의 얼굴에 나타났을까? 엘리자베스가 들어왔을 때 그들은 무슨 일이 있는지 물었고, 그녀는 주말에 집에서 힘든 일이 있었다고만 했다.

"집에 무슨 일이 있는 건지 우리한테 얘기해봐."

맨디가 말했다.

"네 얼굴에 힘들다고 다 써 있어."

엘리자베스는 한숨을 쉬며 토니와 그들의 살벌했던 대화를 털어놓았다. 리사는 의자 끝으로 좀 더 가까이 앉으며, 주요 논쟁이 엘리자베스가 자기 동생에게 주기 원하는 돈에 달려 있다는 사실에 접근했다.

"알겠다. 언제나 결국은 돈 문제지."

리사가 말했다.

"아, 하지만 그보다 더 깊은 문제가 있어. 돈은 표면적인 것일 뿐이야."

맨디가 말했다.

"우리는 이런 일이 계속 반복돼 왔어. 내 여동생과 제부는 힘든 시간을 보내왔고, 난 그들을 도와줘야 마땅하다고 생각해."

엘리자베스가 말했다.

"그런데 토니는 뭐래?"

"신시아가 건달이랑 결혼했대."

"그 남자 건달이야? 하긴 저쪽에도 건달들이 있으니까."

리사가 말했다.

"너의 사생활을 여기에 끌어들이진 말자."

맨디가 웃으면서 리사를 쿡 찌르며 말했다.

리사는 눈을 굴리며 엘리자베스를 쳐다보았다.

"그래서 넌 어떻게 했는데? 동생 계좌로 돈을 보냈지? 맞아?"

"아니, 저축계좌에서 당좌계좌로 돈을 옮겼어. 동생한테 수표를 끊어주려고 했는데, 토니의 반응을 보니 다시 옮겨놔야 할 것 같아."

"그럼 동생은 어떻게 할 생각이야?"

맨디가 말하자 엘리자베스는 한숨을 쉬었다.

"어떻게 해야 할지 모르겠어. 대런은 직장을 구하지 못해서 힘든 시간을 보내고 있어. 그런데 토니는 그를 무력한 사람으로 판단해버렸어. 그리고 그게 내 동생의 잘못이라고 생각하는 거야. 믿어져?"

"음, 내 남자가 나한테 그렇게 말한다면 나도 화가 날 것 같아. 우린 더 이상 싸우지도 않아. 31년 동안 교착상태가 계속되다 보니, 이젠 싸울 가치도 없어."

맨디가 말했다.

"오, 난 못 참을 것 같아. 결혼서약을 하는 순간, 그 사람의 돈은 곧 너의 돈이 된 거야. 나 같으면 어떻게든 내 동생한테 돈을 보내줄 거야."

리사가 말했다. 그녀는 잠깐 말을 중단했다.

"내 동생을 좋아하진 않지만⋯⋯."

맨디는 노트북에서 눈을 떼고 올려다보며 말했다

"조심해, 엘리자베스. 네 집에서 3차 대전이 일어나는 건 원치 않잖아."

"당연하지. 하지만 맨디, 그런 날이 있어. 그런 날이⋯⋯."

맨디는 그녀에게 측은한 눈빛을 보냈다.

엘리자베스는 교회에서 있었던 일과 토니가 지나가던 젊은 여자에게 추파를 던진 것 때문에 속상했던 마음에 대해선 이야기하고 싶지 않았다. 그녀는 그 기억을 억누르며, 그때 한 번뿐이었을 거라고 스스로에게 말했다. 작은 실수였을 뿐이다. 반복되는 일이 아니었다. 그녀는 그것에 대해선 그냥 넘어가야 했다.

"그런 남자한테 복종하는 건 어려운 일이야."

엘리자베스가 말했다.

"우리 엄마가 나한테 뭐라고 했는지 알아? 복종은 하나님이 네 남편을 치실 수 있도록 때때로 몸을 숙일 줄 아는 거래."

맨디의 말에 엘리자베스는 웃었지만, 마음은 여전히 아팠다.

"여자로 살기가 힘드네."

"맞아."

맨디가 말했다.

엘리자베스는 시계를 보았다.

"주민센터에 아이들을 데리러 가야 해. 나 없어도 괜찮겠지?"

"우리가 알아서 할게. 아무튼 토니가 집에 오면 너와 토니 사이에 무슨 일이 벌어질지가 문제네."

맨디가 말했다.

린제이는 토니를 모리스 박사의 사무실로 안내해주었다. 토니는 고맙다고 인사하고는 그녀가 가는 모습을 지켜보았다. 그녀는 그를 견본품 보관장소로 안내해줄 간호사에게 미리 전화를 해두었다.

"세 번째 선반을 사용하시면 됩니다. 나중에 제가 와서 가져갈 테니 문을 열어두세요."

간호사가 문을 열어주며 말했다. 안을 보니 견본품 벽장이 꽉 차 있었다. 하지만 앞에 인쇄물과 그의 명함을 둘 만한 공간은 있었다. 그는 프레디짐을 용기에서 꺼내어 선반 위에 두었다. 그것을 용기 안에 그대로 두면 병들이 없어진 것이 쉽게 눈에 띄었겠지만, 이렇게 두면 아무도 알아볼 수 없었다. 그리고 어떤 의사가 약이 6병인지 8병인지 체크하겠는가?

"미스터 조던이군요?"

토니가 지나가는데 모리스 박사가 말했다. 토니는 미소를 지으며 자기보다 나이 많은 의사와 악수를 했다. 그는 백발이었고, 머리가 벗겨지기 시작한 듯이 보였다.

"모리스 박사님, 네, 제가 토니 조던입니다. 브라이트웰 제약회사, 지난 3월에 만났죠."

"기억납니다. 잘 지내십니까?"

"잘 지냅니다. 새로운 각성제에 대한 박사님의 논평 기사를 읽고 프레디 짐에 관심이 있으시다는 걸 알았습니다. 그래서 견본품을 벽장에 한 상자 넣어두었어요."

모리스 박사는 미소를 지었다.

"오, 좋아요. 감사합니다."

"별 말씀을요. 찾기 쉬우실 겁니다. 세 번째 선반에 있고 파란색 뚜껑이에요. 제가 샘플을 드리고 갔다는 걸 확인하는 이 영수증에 사인만 해주시면 됩니다."

그는 디지털기기를 꺼냈고 의사는 화면에 사인을 했다.

"그럼 박사님, 더 필요하시면 연락주세요. 기꺼이 가져다 드리겠습니다."

"고마워요, 토니. 사용해볼게요."

토니는 그와 악수를 하며 미소를 지었다.

"좋습니다. 다음에 뵙겠습니다."

그는 발걸음을 옮기다가 그의 어깨 너머로 말했다.

"그리고 다음 논문도 기대하겠습니다."

그는 웃으며 고맙다고 했고, 토니는 재빨리 그곳에서 나와 자기 차로 걸어갔다.

✦ ✦ ✦

토니는 가다가 전망 좋은 곳에 내려 휴대폰으로 사진을 찍었다. 경치가 끝내주는 곳이었다. 완만한 산들과 나무들이 합쳐져서 낮게 드리운 구름들과 완벽한 균형을 이루었다. 마치 한 장의 엽서 같았다. 그는 출발지에서 도착지까지 장시간 운전을 하고 가면서도 실제로 자연의 아름다움을 감상하려고 멈춘 적이 거의 없었다. 그는 거의 속도를 늦추지 않고 달렸다.

그 경관을 보니 자신이 작게 느껴졌다. 태양처럼 거대한 것과 자기 자신을 비교할 때 자신이 한없이 작게 느껴지는 것처럼 말이다. 아마 그래서 예술가들이 실제로 화폭이나 렌즈에 담을 수 없는 방대한 자연에 자신을 견주어보려고 이런 장소들을 찾았을 것이다.

목사님은 사람들의 삶이 오늘 있다가 내일 사라지는 안개와 같다고 하셨다. 토니는 아직 젊지만, 세월이 너무 빨리 지나가는 것이 느껴졌다. 다니엘이 아기였던 게 바로 엊그제 같았다. 그 아이가 벌써 10살이라니. 몇 년 안 가서 결혼도 할 것이다.

토니와 엘리자베스가 결혼했을 때 그들은 행복했다. 함께 여행을 시작해서 같은 방향으로 가고 있었다. 하지만 어찌된 일인지 그 여행은 그들을 아무도 행복하지 않은 곳으로 데려갔다. 그리고 그는 그들이 각자 다른 방향으로 가다가 결국 헤어지게 될 것만 같았다. 인생은 원래 행복해야 하는 것 아닌가? 늘 싸움만 하기에는 인생이 너무 짧지 않은가? 비단 엘리자베스의 동생 문제뿐 아니라, 많은 부분에서 그들이 서로 맞지 않은 것은 분명했다. 엘리자베스는 사소한 일들을 가지고 그에게 트집을 잡았다. 예전에는 거슬리지 않았던 것들이 이제는 너무도 크게 느껴졌기 때문이다.

토니는 휴대폰을 들여다보다가 베로니카 드레이크가 준 명함을 꺼냈다. 병원에서 린제이를 보니, 소위 바다 속에는 물고기가 굉장히 많다는 생각이 들었다. 또한 그는 아내를 속이지 않고, 그저 바닷물에 발가락만 담가도 기분이 좋고 흥분되었다.

그 앞에 펼쳐진 넓은 광경을 바라보았다. 세상은 아름다운데 그는 그 아름다움을 보지 못하고 있었다. 만약 그가 이용하지 않는다면 기회의 창문은 닫힐 것이다. 그는 베로니카에게 전화를 걸어 신호음을 들었다. 이어서 곧바로 그녀의 음성메시지가 들렸다.

"베로니카 드레이크입니다. 메시지를 남겨주세요."

그는 웃음 섞인 목소리로 이렇게 말했다.

"베로니카, 토니 조던이에요. 며칠 전에 미스터 반스를 만난 후에 봤죠. 잘 들어요. 다음 주에 내가 그 도시에 가려고 하는데, 좋은 식당 두 곳만 추천해줄 수 있는지 해서요. 편할 때 이 번호로 전화 주세요. 그럼 이만."

토니는 전화를 끊고 다시 운전대를 잡았다. 아름다운 경치를 내다보면서……. 저 멀리, 산줄기를 향해 불길한 먹구름이 몰려들었다.

# 미스 클라라

클라라는 엘리자베스 조던을 만나자마자 그녀가 하나님이 보내신 사람이라는 걸 알았다. 엘리자베스는 아름답고 단정하고 예의 바르며, 옷을 잘 입고 능숙하고 자기 관리를 잘했다. 그녀는 〈성공 저널〉이라는 책에서 막 걸어나온 여인 같았다. 그런 책이 실제로 있다면 말이다. 그러나 클라라는 엘리자베스가 가면을 쓰고 있다는 걸 알았다. 그것은 사람의 겉에서 볼 수 있는 것이 아니라, 더 깊은 속에 있는 것이었다.

하나님은 클라라에게 처음 만난 사람들에 대해 말씀해주지 않으셨다. 사실 '하나님이 내게 말씀하셨다'는 카드를 쓰는 사람들은 그녀를 짜증나게 했다. 그녀는 하나님이 자신의 램프 요정이 될 때 곤경에 빠진다고 생각했다. 하나님은 삶의 모든 일이 우리가 원하는 대로 되기 원하고, 또 하루의 매 순간 우리에게 이야기하는 그런 요정 같은 존재가 아니다. 그러나 클라라는 엘리자베스가 그녀의 집에 발을 들여놓는 순간부터 하나님이 어떤 이유가 있어서 그녀와 만나게 하셨다고 생각했다.

클라라는 엘리자베스의 가정 또는 결혼생활에 무슨 일이 일어나고 있는지, 그 이유가 무엇인지는 알 수 없었다. 하지만 충분한 믿음이 있었기 때문에 그런 것은 알 필요가 없었다.

클라라는 자신의 벽장에 붙여놓은 목록에 엘리자베스의 이름을 추가했고, 엘리자베스에게 가장 필요한 것이 무엇인지 알게 해달라고 하나님께 기도했다.

"하나님, 제가 적당한 만큼 말하게 도와주세요. 너무 많이도 말고, 적게도 말고…. 그것이 아버지의 뜻이면, 저를 통해 그녀를 아버지께 인도해주옵소서. 그리고 저를 주님의 신실한 증인으로 삼아 주옵소서. 왜냐하면 주님은 늘 저에게 신실하셨기 때문입니다."

그리고 기도 마지막에 자신의 집을 팔도록 도와달라고 기도했다. 그 부분은 거의 잊고 있었다. 하지만 그녀는 그것이 하나님께서 그녀의 영혼에 역사하시는 일이라는 걸 알았다. 즉 매우 크게 느껴졌던 일들을 가져가시고 정말 중요한 일을 보여주신 것이다.

"오, 하나님, 제 입이 많이 수다스럽다는 것 아시지요? 하지만 무엇이든지 주님께 드리면 주님이 사용하실 수 있습니다."

하나님께 내어드리는 순간, 삶은 가장 행복했다. 그때 그녀는 하나님이 특별한 일을 행하시는 것을 보았다. 또한 그녀는 엘리자베스에게서 그런 순종의 모습을 보기 원했다.

그날 저녁에 그녀는 클라이드에게 전화를 했다. 날씨 이야기도 하고 클라이드의 일에 대해서, 그가 어떤 중요한 결정을 해야 했는지, 그리고 사라가 무엇에 관심이 있는지 등을 이야기했다. 대화 끝에 그녀가 이렇게 말했다.

"네가 차고를 개조해서 지은 집에는 무슨 색 카펫을 깔았니?"

"카펫요? 왜 색깔이 궁금하신 거예요?"

클라이드가 말했다.

"내 커튼들과 서로 색깔이 안 어울릴까 싶어서."

클라이드는 잠시 말을 중단했다.

"어머니, 지금 어머니가 하시는 말씀을 제가 제대로 이해한 게 맞나요?"

"네가 어떻게 이해했는지는 모르지만, 오늘 아침에 집에 부동산업자가 왔었다. 내일은 서류에 사인을 할 거야."

클라이드가 웃으면서 사라를 부르는 소리가 전화로 들렸다.

"지금 저한테 하신 말씀을 사라에게도 그대로 해주세요. 어머니께 직접 듣지 않으면 안 믿을 것 같아요."

오랜만에 듣는 아들의 가장 행복한 목소리였다. 그 목소리를 들으니 그녀도 마음이 따뜻해졌다.

## 식은 커피와 뜨거운 커피

엘리자베스는 클라라의 집으로 걸어 들어갔다. 왠지 자신의 집에 온 느낌이 들었다. 두 사람은 식당에 앉았다. 클라라는 커피가 다 걸러질 때까지 기다렸다. 갓 내린 커피 향기가 온 집안에 퍼졌다. 클라라는 확실히 커피를 좋아했다.

엘리자베스는 클라라 앞에 서류철을 놓았다.

"이 지역의 판매 보고서와 이 집에 대한 제안 가격을 적어놨어요."

클라라는 서류를 들고 글씨를 명확히 보려고 고개를 조금 움직이며 "음~" 하고 말했다. 계약서와 난해한 법률용어들, 그리고 특히 원하는 가격에 대해 고심하는 사람들을 재촉하지 않는 것이 중요하다. 모든 것이 표준이었지만, 나이 많은 사람들은 특히 변화를 싫어하고 누군가가 자신을 속이려는 것처럼 느끼게 마련이었다.

"어떻게 생각하세요?"

잠시 후에 엘리자베스가 말했다.

외과의사가 가슴의 상처를 들여다보듯이 서류를 살피던 클라라가 이렇게 말했다.

"남편 직업이 뭐라고 했죠?"

그 질문에 엘리자베스는 깜짝 놀랐다. 그녀는 집에 대해 질문을 할 줄 알고, 그 가격이 어떻게 나온 건지 설명하려고 했었다.

엘리자베스는 재빨리 마음을 가다듬고 대답했다.

"아, 남편은 브라이트웰 제약회사 영업사원이에요."

"으음."

클라라는 여전히 서류를 보며 말했다.

"교회는 어딜 다닌다고 했죠?"

"가끔 리버데일 커뮤니티 교회에 나가요."

"으응."

클라라는 그 말을 듣고 흡족한 듯한 소리를 냈다. 곧바로 그녀는 고개를 들고 말했다.

"그럼 주님을 안다고 할 수 있겠네요?"

엘리자베스는 혼란스러웠다. 지금이 상담시간인지, 아니면 그녀의 집을 팔려고 하는 건지 분간이 안 됐다. 하지만 그녀는 웃으며 좋은 표정을 지으려 애썼다.

"네, 주님을 알아요."

클라라가 반응이 없자 엘리자베스가 머리를 숙이며 물었다.

"이 가격을 주님이 마음에 들어하실 것 같으세요?"

클라라는 그 질문을 무시했고, 이내 콧노래를 부르는 듯한 소리가 났다.

"자녀는 있고?"

엘리자베스는 그 질문에 짜증이 나면서도 한편 재미있기도 했다. 그동안 이런 만남을 많이 가져봤지만, 매도 호가를 결정하기 전에 자신의 영적, 개인적인 삶에 대해 다그치듯 질문을 받은 것은 이번이 처음이었다.

"클라라 부인, 제 남편 토니와 저는 결혼한 지 16년이 되었어요. 딸이 하나 있고, 이름은 다니엘이에요. 열 살이고요. 대중음악과 아이스크림, 그리고 줄넘기를 좋아하죠."

새로운 정보를 듣자 그녀의 얼굴이 환해졌다.

"그래요, 알려줘서 고마워요."

클라라는 고개를 끄덕이며 웃는 얼굴로 말했다. 그런데 그 정보에 만족하고 계약서로 돌아가는 대신, 그녀는 엘리자베스의 영적 생활에 대해 더 많은 질문을 했다.

"지금 가끔씩 교회에 간다고 했죠? 혹시 목사님이 가끔씩만 설교를 해서 그런가요?"

노부인의 재미있고 조금 귀엽기도 했던 모습이 점점 불쾌해졌다. 엘리자베스는 심호흡을 하고 말을 조심스럽게 하려고 노력했다. 거래가 틀어지는 건 원치 않았지만, 분명한 선을 그어야 했다. 그녀는 명확히 말해야 했다.

"클라라 부인, 전 정말로 당신의 집을 팔도록 도와드리고 싶어요. 그게 제가 여기 온 이유이고요. 저의 신앙에 관해 말하자면, 대부분의 사람들처럼 하나님을 믿어요. 그분은 저에게 매우 중요한 분이시죠."

그녀는 고개를 숙이고 두 손을 포갠 채 괴로운 신음소리를 냈다. 그리고 의자에서 일어나며 이렇게 말했다.

"커피를 가져올게요."

엘리자베스는 그녀가 천천히 지나가는 것을 바라보면서 그것으로 영적인 심문이 끝난 것인지 궁금했다. 방을 3개나 지난 곳에 주방이 있는데도 클라라의 말이 크게 들렸다.

"그럼 당신의 기도생활이 어떤지 묻는다면 뜨겁다고 할 거예요, 차갑다고 할 거예요?"

도대체 왜 그녀는 엘리자베스의 기도생활에 대해 알고 싶은 것일까? 클라라는 계속 엘리자베스가 그어놓은 선을 넘어왔다. 하지만 그녀는 클라라가 일부러 기분을 상하게 하려고 그러는 것이 아니라는 걸 알았다.

그녀는 쾌활하고 친절했다. 분명 호들갑스럽고 중개수수료를 깎아달라고 하는 다른 고객들보다 그녀와 함께 일하는 것이 훨씬 더 편했다. 엘리자베스는 화를 억누르는 대신, 차라리 진실하게 대답을 하기로 했다. 그냥 자연스러운 흐름에 맡기기로 한 것이다.

엘리자베스는 노부인이 들을 수 있을 만큼 큰소리로 말했다. 물론 그녀는 듣는 데 아무 문제가 없어 보이긴 했지만 말이다.

"뜨겁다고 말할 수 있는 건지 모르겠어요. 제 말은, 우리는 그저 대부분의 사람들과 같아요. 하루에 스케줄이 꽉 차 있고, 일을 하고 있고요. 하지만 저 자신은 영적인 사람이라고 생각해요. 뜨겁지는 않더라도 차가운 건 아니에요. 그냥 그 중간쯤이겠죠."

그녀는 자신의 대답에 뿌듯했다. 솔직한 대답이었다. 그녀는 자신이 영적인 일에 대해 진지하다는 것, 그러나 광신주의자까지는 아니라는 걸 분명히 했다. 그리고 대화가 올바른 방향으로 흐르기를 바랐다.

클라라는 잔 2개를 가지고 식탁으로 돌아왔다.

"혹시 필요할까 싶어서 크림과 설탕을 가져왔어요."

"오, 아니에요. 감사합니다. 전 블랙을 좋아해요."

클라라가 앉자 엘리자베스는 잔을 들었다. 그리고 한 모금 마시고는 다시 내려놓았다.

"클라라 부인, 커피를 상온으로 드세요?"

클라라는 자기 앞에 놓인 머그잔을 부드럽게 잡았다.

"아뇨, 내 커피는 뜨거워요."

그녀는 호호 불면서 만족스럽게 커피를 마셨다. 엘리자베스는 화가 조금 났지만, 곧 그녀가 한 행동을 이해했다. 클라라는 몸을 좀 더 가까이 기울이고 엘리자베스의 눈을 똑바로 보며 말했다.

"엘리자베스, 사람들은 커피를 뜨겁거나 차갑게 마셔요. 미지근한 커피를 좋아하는 사람은 아무도 없죠. 하나님도 그래요."

무언가가 엘리자베스의 마음속에 빠르게 퍼졌다. 당혹감과 겸허함이 섞인 감정인 것 같았다. 뜨겁거나 차갑지 않으면 하나님이 입에서 뱉어내실 거라는 성경구절이 떠올랐다. 그것을 잘 묘사하는 상황이긴 했지만, 여전히 좀 당황스러웠다.

"알겠어요, 클라라 부인. 그런데 왜 저의 사생활을 캐려고 하시는 거죠?"

"나도 당신 같던 때가 있었으니까요."

그녀는 단호하지만 친절하게 말했다. 그녀가 하는 말이 받아들이기 힘들지만 유익한 말이라는 걸 아는 듯이 말이다.

"그리고 당신은 내가 밟았던 지뢰밭을 똑같이 밟을 필요가 없어요. 그건 시간 낭비니까."

엘리자베스는 그 방에서 공기가 빠져나가는 것을 느꼈다. 그녀는 어떤 지뢰밭을 밟았다는 걸까? 엘리자베스의 삶에 대해 뭘 알고 있었던 걸까?

클라라는 서류를 가리키며 말했다.

"그리고 이 가격은… 좋아요."

그녀는 일어나서 다시 주방 쪽으로 갔다.

"뜨거운 커피를 가져다줄게요. 아까는 내가 좀 심했죠."

그녀는 낄낄 웃으며 걸어갔다.

엘리자베스는 골절상을 입은 것 같은 기분이었다. 클라라는 아무 신호도 없이, 그녀의 사생활에서 다시 집 문제로 돌아갔다. 그녀가 다시 커피를 가지러 간 후, 엘리자베스는 잠시 생각에 잠겼다. 이제는 상처를 받기보다 호기심이 생긴 그녀가 큰소리로 말했다.

"제가 무슨 지뢰밭을 밟을 거라고 생각하세요?"

"당신이 말해보세요. 지금 당신의 삶에서 더 좋게 만들 수 있는 것이 한 가지 있다면, 그게 무엇일 것 같아요?"

좋은 질문이었다. 세미나 인도자가 소그룹의 대화를 이끌어내고 변죽을 울린 뒤 실제적인 문제로 들어가기 위해 던지는 질문 같았다.

"딱 한 가지요? 그렇다면 아마 제 결혼생활이라고 말해야 할 것 같네요. 우리가 잘하는 게 하나 있다면, 바로 싸움이거든요."

엘리자베스는 웃으며 말했다.

클라라가 곁으로 다가와 뜨거운 커피 잔을 내려놓고 앉았다.

"아뇨. 난 그렇게 생각하지 않아요."

"무슨 말씀이죠?"

"당신이 많이 싸운다고 해서 잘 싸우고 있는 건 아니에요. 모든 부부는 가끔씩 마찰이 있지만, 분명 당신은 남편과 말다툼을 하고 난 후 이겼다는 생각이 들지 않을 거예요."

클라라의 말이 정확히 맞았다. 어떤 문제에 대해 아무리 확신이 있어도, 토니의 말에 아무리 많은 반박을 해도, 아무리 자신이 100퍼센트 옳고 그가 100퍼센트 틀렸다고 해도, 그녀는 다툰 후에 기분이 좋지 않았다. 싸우고 난 뒤에는 항상 상실감이 찾아왔다. 엘리자베스는 자세를 고쳐 앉으며, 신시아의 문제와 돈을 이체한 것 때문에 남편과 싸웠던 일을 생각해보았다.

"남편을 위해 얼마나 많이 기도하는지 물어봐도 될까요?"

클라라가 말했다.

토니를 위해 기도한다고? 그녀는 긴장된 표정으로 클라라를 바라봤다. 그 순간 마치 그녀의 모든 삶이 클라라 윌리엄스의 현미경 아래에 있는 것처럼 그녀는 무방비 상태로 노출되었다.

"음, 아주 조금요."

엘리자베스가 마침내 말했다. 클라라는 그녀를 다정하게 바라보았다. 그녀의 눈에는 공감 비슷한 것이 가득했다. 엘리자베스는 클라라의 손에 자기 손을 얹고 앞으로 몸을 숙였다.

"엘리자베스, 이제 이 집에서 내가 제일 좋아하는 곳을 당신에게 보여줄 때가 온 것 같네요."

엘리자베스는 그녀를 따라 계단을 올라가 맨 위에 있는 침실로 들어갔다. 클라라는 계단 꼭대기에 이르렀을 때 스스로 힘을 내려고 팔을 더 흔들었고, 호흡이 조금씩 힘들어졌다.

침실은 작았고 1인용 침대가 깔끔하게 정리되어 있었다. 침대 옆 탁자 위에는 젊은 남자의 사진이 있었다. 클라라의 발소리에 나무 바닥이 울렸다.

그녀는 방으로 들어가서 작은 벽장문을 열고 위에 달린 등을 켰다. 엘리자베스가 조심스럽게 안을 들여다보니 구석에 있는 작은 의자만 빼면 텅 빈 벽장처럼 보였다. 옷도 없고 보관된 물건도 없고 다리미판이나 우산 같은 것도 없었다. 단지 베개 하나와 의자, 성경책, 그리고 벽에 붙은 쪽지들뿐이었다.

"이곳이 내가 싸움을 하는 곳이에요."

"여긴 벽장이잖아요."

엘리자베스가 말했다.

"이곳을 나의 워룸이라고 부르지요."

안으로 들어간 엘리자베스는 왠지 편안한 느낌이 온몸에 퍼지는 것을 느꼈다. 벽에 붙어 있는 종잇조각들에는 깔끔한 필체로 여러 이름과 문장들이 쓰여 있었다. 어떤 메모에는 성경구절들이 같이 적혀 있기도 했다. 쪽지에 사진이 붙어 있는 것도 있었다. 그리고 어떤 메모는 몇 년은 된 것처럼 보이기도 했다.

"삶의 각 영역에 대한 기도를 적어 놓으신 건가요?"

"기도 전략이에요. 맞아요. 나도 한때는 당신과 당신의 남편처럼 살았어요. 하지만 아무것도 얻은 것이 없었죠. 그래서 정말로 성경이 뭐라고 말하는지 공부하기 시작했고, 하나님은 무거운 짐을 드는 것은 나의 일이 아니라는 걸 보여주셨어요. 그건 하나님만 하실 수 있는 일이었어요. 나의 일은 하나님을 찾고, 하나님을 신뢰하고, 그분의 말씀 위에 서는 것이었죠."

엘리자베스에게 그것은 마치 어떤 거룩한 장소, 성지 같은 곳으로 걸어 들어가 일상과 거룩한 삶을 구분하는 커튼을 걷는 것 같았다. 엘리자베스는 벽장에서 나와 팔짱을 낀 채 돌아섰다.

"클라라 부인, 저는 여태까지 이런 걸 본 적이 없어요. 정말 존경스러워요. 진심이에요. 그런데 전 매일 그렇게 많이 기도할 시간이 없어요."

"하지만 분명 당신 남편과 뻔히 질 싸움을 할 시간은 있어 보이는데요."

그녀는 좀 잔인하기도 했지만 그녀의 말이 옳았다. 그들은 서로 화만 내느라 서로의 관계를 낭비했고, 결국은 서로를 원망하며 멀어졌다.

엘리자베스는 이 노부인의 통찰에 마음이 찔려서 어떻게 대답해야 할지 몰라 고개를 숙였다.

클라라는 다시 큰소리로 말했다. 그녀의 목소리에는 열정이 가득했다.

"엘리자베스, 나한테 일주일에 한 시간만 준다면 내가 올바른 무기를 가지고 올바로 싸우는 법을 가르쳐줄 수 있어요."

엘리자베스는 대답하지 않았다. 그냥 클라라를 바라보며 가만히 서서 생각에 잠겼다. 그녀는 몸을 가누려고 난간을 꼭 붙잡은 채 계단을 내려갔다. 그리고 지갑과 서류를 챙겨 현관문으로 걸어 나오며 클라라에게 커피를 잘 마셨다고 인사했다.

그녀는 현관에서 돌아서서 이렇게 말했다.

"제시한 가격이 마음에 드신다니, 제가 가서 매물 목록에 올리겠습니다. 우리가 나눈 다른 대화에 대해서도 생각해볼게요."

노부인의 얼굴에 염려가 드러났다.

"엘리자베스, 그렇게 직설적으로 말한 나를 용서해줘요. 당신 안에 깨워야 할 전사가 보여서 그랬어요. 하지만 당신이 어떤 결정을 하든 존중할게요."

"고마워요, 클라라 부인. 좋은 하루 되세요."

"당신도요."

엘리자베스는 차를 타고 떠났지만, 현관에 서 있는 그녀와 그녀의 집에 펄럭이는 깃발을 돌아보지 않을 수 없었다. 그녀는 성벽을 지키고 서 있는 군인 같았다. 엘리자베스는 그녀의 워룸의 이미지를 떨쳐버릴 수가 없었다. 그 벽의 쪽지 중에 자신의 이름이 적힌 것을 봤다는 사실도……

엘리자베스는 사무실로 가서 전화 몇 통을 하고 다른 동네에서 실적을 올렸다.

집에 도착했을 때 그녀는 매우 지쳐 있었다. 육체적으로만 지친 것이 아니었다. 클라라의 집에서 시간을 보낸 이후로 그랬다. 그녀는 침대 끝에 앉아서 편한 옷으로 갈아입지도 않은 채 깊은 생각에 잠겼다. 그녀의 휴대폰에서 진동이 울렸고 그녀는 메시지를 확인했다. 엘리자베스가 집에 왔는지 확인하는 제니퍼 어머니의 문자였다. 그녀는 답장을 보냈다.

'네, 집에 있어요.'

엘리자베스는 발을 문지르며 벽을 뚫어지게 바라봤다. 뭔가 영적, 감정적으로 마비가 온 것 같았다. 한 노부인의 몇 마디가 한 사람의 마음과 영혼을 그렇게 깊이 짓누를 수 있다는 것이 신기했다. 그녀는 선반 위에 있는 자신의 성경책을 보았다. 거의 공부해본 적이 없는 스터디바이블이었다. 그 안에 너무나 많은 정보와 내용들이 그냥 방치되어 있었다.

그녀는 현관문이 열리고 다니엘과 제니퍼가 들어오는 소리를 들었다. 제니퍼의 어머니가 줄넘기 연습을 할 수 있도록 그들을 데려다주기로 약속했었다.

"만약에 그들이 대회에서 그 묘기를 보인다면 그 팀이 이길 거야."

다니엘이 말했다.

"얘, 너희 아빠한테 우리 유니폼 구입하는 걸 도와달라고 할까?"

"아빠는 여기 안 계셔. 그리고 관심도 없으실 거야."

"그럼 너희 엄마한테 물어볼래? 우리 엄마는 벌써 돈을 일부 주셨는데."

"엄마도 없어. 집 팔러 나가셨어. 이리와, 내 방으로 가자."

엘리자베스는 그들을 맞으러 나갔지만, 둘은 벌써 이층으로 올라가 다른 대화를 나누고 있었다.

"그래서 내가 우리 아빠한테 우리랑 같이 뛰어도 된다고 했더니 아빠가 막 웃으시는 거야. 엄마가 같이 해야 아빠도 하시겠대. 당연히 엄마는 절대로 안 하시지."

제니퍼가 말했다. 엘리자베스는 그들의 순수한 목소리에 이끌려 계단을 올라갔다. 제니퍼가 계속 이야기를 했다.

"두 분이 특이한 동작에 대해 얘기하기 시작하면 너무 재미있어서 엄마는 웃다가 얼굴이 새빨개져. 급기야 숨을 제대로 못 쉬어서 이상한 소리까지 내는 거야. 진짜 웃긴다니까!"

두 소녀는 킥킥 웃었다. 엘리자베스는 다니엘의 방문 앞에 이르러 발걸음을 멈추었다. 그녀의 딸은 엎드린 채 판다인형을 안고 있었고, 제니퍼는 그

옆의 침대에 앉아 있었다.

"난 너희 집에서 살았으면 좋겠어. 우리 부모님은 같이 있으면 싸우기만 하거든."

다니엘이 말했다. 그 말이 가슴을 찔렀다. 아니, 가슴에 콱 박혀서 매우 아파왔다. 그 고통에 그런 말을 한 다니엘에게 화를 내고 싶었다. 그렇게 가정사를 드러내다니. 그러나 그녀의 딸이 사실을 말했을 뿐이라는 걸 알았다. 그 아이는 자기 부모님과 나눌 수 없었던 감정을 친구와 나누고 있었다.

엘리자베스는 다시 계단을 내려가려 했지만 다니엘이 그녀를 발견했고 제니퍼도 그녀를 보았다. 어색한 침묵이 흘렀지만, 어느 좋은 엄마들처럼 엘리자베스는 화제를 바꿈으로써 정적을 메웠다.

"제니퍼, 너희 가족은 어떠니?"

아이는 얼굴이 붉어졌다.

"좋아요."

그 아이는 뭐라고 말해야 했을까?

"우린 모두 행복하고 항상 웃고 이 가족에 비해 아주 좋은 관계를 유지하고 있어요, 조던 부인."이라고 해야 했을까?

"저녁 먹을 때까지 있을래? 같이 저녁 먹는 거 대환영인데."

"좋아요."

제니퍼는 머뭇거리며 말했다. 그 둘은 마치 진흙투성이 신발을 신고 광택이 나는 시트 위에서 뛰다가 걸린 것 같았다.

"그래, 그럼 난 옷 갈아입으러 간다. 조금 있다가 부를게."

엘리자베스가 말했다.

그녀는 곧바로 샌드위치를 만들고 접시에 감자샐러드를 담았다. 아이들은 평소보다 조용히 내려왔다. 엘리자베스는 마음을 쉽게 가눌 수가 없었다. 자연스럽게 손놀림은 거칠어졌고, 그릇들이 쨍그랑거리는 소리와 한숨소리가 식탁에 가득했다. 어색한 분위기에 아이들은 말이 없었고 엘리자베스는 말할 필요성을 찾지 못했다. 그 어색함을 메우기 위해 샐러드를 빵조각에 바르다 보니 다음날 아침까지 먹을 수 있을 정도였다.

엘리자베스는 머릿속에서 클라라의 목소리를 지울 수가 없었다. 게다가 다니엘이 자신의 가족에 대해 어떻게 생각하는지를 알게 되니 마음이 더 무거워졌다.

제니퍼의 어머니가 아이를 데려가고 다니엘이 잠잘 준비를 하자, 엘리자베스는 딸의 방으로 가서 침대에 앉았다. 그리고 그녀가 두려워서 하지 못했던 질문을 서서히 꺼냈다.

"다니엘, 우리가 너 사랑하는 거 알지?"

아이는 말없이 고개만 끄덕일 뿐, 확실한 대답을 하지 않았다.

"확실하게 말해봐."

"네, 엄마 아빠가 저를 조금 사랑하시는 것 같아요."

"조금? 다니엘, 넌 내 딸이야. 넌 나에게 세상에서 제일 중요한 존재라고. 그걸 믿어야 돼."

엘리자베스의 말에 다니엘은 다시 그녀를 쳐다보더니 질문을 던졌다.

"우리 팀 이름이 뭔지 알아요?"

그날은 클라라의 질문들만으로도 감당하기 힘들었다. 그런데 이제 또 다른 질문이 그녀의 마음을 장악했다. 질문의 답이 뭔지 확실치 않았기 때문이다.

"음… 폭죽."

"그건 작년 거였어요."

다니엘은 말을 이어가면서 감정에 북받쳐 목이 메는 듯했다.

"우리 팀 색깔은요?"

엘리자베스는 자신이 알지 못하고 관심 있게 보지 않은 것을 기억해내느라 안간힘을 쓰며 잠시 생각에 잠겼다. 마치 두 줄 넘기의 전조등에 비친 한 마리의 사슴이 된 듯한 기분이었다.

"제가 최근에 배운 줄넘기 기술은 뭐였어요? 새로운 코치는?"

다니엘의 눈에 눈물이 가득 고이자, 그녀는 어리둥절함을 넘어 매우 난처해졌다. 다니엘은 코를 훌쩍이며 턱이 일그러졌다.

"지난주에 우리 팀이 이겨서 무슨 상을 받았어요?"

엘리자베스는 이제 정신이 멍해져서 흐릿한 눈으로 딸을 쳐다보았다.

"지난주에 상을 받았어? 다니엘, 미안해. 정말 미안해."

그녀는 한 손으로 딸의 턱을 부드럽게 잡았다. 그리고 양손을 내밀었다.

"미안하다."

다니엘은 몸을 앞으로 숙였고 엘리자베스는 그녀를 꼭 안고 등을 쓰다듬으며 사과하고 또 사과했다. 어쨌든 그녀의 감정이 딸을 진정시키는 데 도움이 되었다.

나중에 그녀는 그 연약했던 순간에 두 사람에게 일어났던 일에 대해 생각했다. 그녀는 딸의 눈물을 보았고, 그것을 무시하거나 스스로 변명하려고 하지 않았다. 단순하게 다니엘의 세상 속으로 들어가 그녀의 감정을 밀어내지 않고 그대로 인정해주었다.

그녀가 토니에게 바라는 것은 무엇이었을까? 그녀는 토니가 달라지길 원했고, 그들이 인생에서 같은 방향을 향해 가기를 원했다. 그러나 그 첫 걸음은 '보는 것'이었다. 그녀가 바라는 상황이 아니라 현재 상황을 있는 그대로 보는 것이 첫 걸음이었다.

집안 정리를 마쳤을 때, 전화벨이 울렸고 그녀는 발신자가 누구인지 보았다. 토니였다. 그녀는 심호흡을 하고 곧바로 클라라의 벽장을 생각했다.

"오, 주님, 제가 그를 비난하지 않게 도와주세요."

그는 어떻게 지내고 있는지 물었고, 엘리자베스는 자신이 알게 된 사실에 대해 감정을 억누를 수 없었다. 다니엘이 원하는 만큼 긴밀한 관계를 갖지 못했던 것에 대해서…….

"단지 내가 그 아이의 유니폼 색깔을 모른다고 나를 나쁜 아빠라고 생각하는 거야?"

엘리자베스는 뒤로 물러나 문을 닫았다.

"토니, 그 아이의 유니폼 색깔을 모른 건 나였어. 당신에 관한 얘기가 아니라고."

"난 여기서 우리 가족을 먹여 살리려고 안간힘을 쓰고 있어, 엘리자베스."

"알아. 당신한테 고마워하고 있어."

"내가 전화할 때마다 날 비방할 필요는 없잖아."

"당신을 비방하려는 게 아니야."

"그럼 왜 다니엘 얘기를 나한테 하는 건데? 내가 더 노력해야 한다고 생각하는 거잖아. 안 그래? 나도 당신처럼 해야 한다고 생각하는 거겠지."

"정말 모르겠어? 나도 다니엘을 이해하지 못하고 있었어. 내가 원하는 만큼 그 아이에게 사랑을 표현하지 못했다고."

그녀는 다니엘과 제니퍼의 대화를 엿들은 것을 이야기했다.

"내가 당신한테 죄책감을 느끼게 하려고 이런다고 생각하다니, 우리가 서로 얼마나 멀어져 있는지 알겠네."

"맞아. 당신이 하고 싶은 말은 이거겠지. 내가 다니엘에게 좀 더 관심을 가졌으면, 그리고 당신 동생한테 좀 더 관심을 가졌으면……."

"이건 신시아에 대한 얘기가 아니야. 그 일과 연관 짓지 마. 내 말 좀 들어봐. 당신 딸이 우리 삶에서 뒷전으로 밀려났다고 느끼고 있어. 그 애는 우리의 관심이 필요하다고. 자신이 사랑받고 있다는 걸 알아야 해."

"결국은 항상 날 나쁜 아빠로 몰려는 거잖아. 안 그래? 나한테 이런 말 할 필요 없어."

"당신을 나쁜 아빠라고 하는 게 아니야. 이건 우리 두 사람에 대한 경종이라고!"

전화기 저편에 침묵이 흘렀다.

"토니?"

엘리자베스는 휴대폰을 보았다. 아무것도 없는 화면이 깜박거리고 있었다. 토니가 전화를 끊어버린 것이다. 그녀는 뭔가를 한 대 치고 싶었다. 누군가에게 전화기를 던져버리고도 싶었다. 고통을 잊어버리고 싶었다. 그녀는 다시 자기 안으로 들어와 문을 닫아버렸다.

희망이 없었다. 그녀의 결혼생활은 희망이 없었다. 토니도 희망이 없었다.

그리고 그녀는 그 무엇도 변화시킬 힘이 없었다.

✦　✦　✦

토니는 전화를 끊고 욕을 퍼부었다. 그는 끝없이 이어지는 드라마를 원치 않았다. 모든 대화는 그를 맥 빠지게 만들었다. 쓰레기통의 쓰레기처럼 매일매일 죄책감이 그에게 쌓여갔다. 사람이 참을 수 있는 데는 한계가 있다. 그렇게 죄책감이 쌓이다 보면 결국 붕괴되고 말 것이다.

그는 호텔 술집으로 가서 마실 것을 주문했다. 그리고 경기를 보았다. 마음이 좀 진정되어 잠을 잘 잘 수 있을 만큼 술을 마시고 싶었다. 머릿속에서 들리는 목소리들이 다 잠잠해질 만큼만…. 그는 술에 중독되지 않았다. 아직 그 정도까지 가진 않았다.

그는 다니엘을 생각해봤다. 정말 재능 있고 활동적인 아이였다. 그러니 불평해야 할 사람은 오히려 토니 자신이었다. 엘리자베스는 다니엘이 농구를 계속 하게 해야 했다. 다니엘은 편안하게 드리블을 했고 아빠만큼 경기를 보는 눈이 있었다. 그래서 졸업할 때 장학금을 받는 건 따 놓은 당상이었다. 그런데 줄넘기를 잘한다고 전액장학금을 줄 대학이 어디 있는가?

그는 고개를 저었다. 엘리자베스는 현실적으로나 논리적으로 생각하지 않았다. 그녀는 다니엘이 인정받는 느낌을 갖길 원했고, 정서적으로 건강하기를 원했다. 그러나 현실세계에선 일을 잘하면 인정을 받는다. 기분이 좋을 때가 아니라 거래를 성사시켰을 때 돈도 벌고 보너스도 받는다. 자신이 좀 더 단호했어야 했다. 어떻게든 아이가 농구를 계속 하게 만들었어야 했다.

생각할수록 화가 나서 그는 술을 더 주문했다. 그리고 휴대폰을 꺼내어 재다이얼 버튼을 눌렀다가 다시 생각했다. 무슨 일이 벌어질지 뻔했기 때문이다. 엘리자베스는 분명 그에게 고래고래 소리를 지를 것이다. 그도 소리를 지를 것이다. 그러면 드라마는 더 고조된다.

그는 더 이상 드라마를 찍고 싶지 않았다. 드라마 때문에 자신의 삶을 망치지 않으려고 부단히 노력해야 했다. 그는 휴대폰의 잠금 버튼을 눌렀다.

# 미스 클라라

클라라는 엘리자베스가 떠나는 것을 보고, 자신이 처음부터 너무 강하게 밀어붙인 것이 아니기를 기도했다. 엘리자베스의 얼굴이 그 모든 것을 말해주었다. 여전히 표정이 단단히 굳어 있었지만, 금이 가면서 갈라진 틈들이 보이기 시작했다. 클라라는 하나님께서 그들의 대화와 미지근한 커피를 통해서 그 젊은 여인의 마음을 녹여주시기를 기도했다.

클라라는 하나님을 사랑하고 그 뜻대로 부르심을 받은 자들에게는 모든 것이 합력하여 선을 이룬다는 로마서의 말씀을 전심으로 믿었다. 그러나 우리에게 일어난 모든 일이 선하다고는 믿지 않았다. 세상은 타락했고, 모든 사람의 마음속에는 죄가 있다. 그러나 하나님의 은혜는 그보다 더 컸다.

클라라가 실제 경험을 통해 믿게 된 또 다른 진리는 이것이었다. 영혼의 깊은 곳에 진정한 변화가 일어나기 위해, 하나님은 사람들을 행복하게 만들기보다 불행하게 만드시는 경향이 있다는 것이다. 하나님은 그들을 자신의 한계까지 밀어붙이시고 자신이 얼마나 무력한가를 깨닫게 하신다는 것이다. 그럼으로써 하나님이 얼마나 강한 분인지를 보여주시는 것이다.

이스라엘 백성들은 홍해를 가르지 않았다. 그들은 여리고성을 무너뜨리지 않았다. 자신이 어쩔 수 없는 절박한 상황에 이르러 자신들보다 더 큰 존재를 의지해야 했을 때 비로소 하나님이 능력으로 역사하시는 것을 본 것이다. 예수님을 따르는 우리도 그와 같다.

클라라는 하나님이 엘리자베스의 결혼생활을 회복시켜주시고 그녀의 남편의 마음을 돌이켜 주시며 하루아침에 모든 것이 해결되게 해달라고 기도하고 싶었다. 그러나 클라라가 그 상황에 대해 하나님과 대화를 나눌수록 엘리자베스의 삶이 아마 더 좋아지기 전에 더 악화될 거라는 사실을 알게 됐다. 그리고 문제는 단지 엘리자베스의 남편만이 아니었다. 엘리자베스 자신도 문제였다.

하나님께 어떤 사람의 마음을 깨뜨려달라고, 당신이 좋아하는 사람들이 한계에 이르게 해달라고 기도하는 것은 쉬운 일이 아니었다. 그러나 클라라는 기도하기 전에 하나님께 감사했다. 하나님이 그 모든 일을 하실 만큼 크신 분이고, 또 그 과정 속에서 하나님 자신이 영광을 받으실 만큼 크신 분임을 감사했다. 그녀는 하나님이 어떻게든 그 일을 하실 거라고 확신했다. 어떻게 하실지는 확실히 알 수 없지만 말이다.

그녀가 기도하는데 눈물이 흘러내렸다. 사랑하기보다 싸움하는 데 더 많은 시간을 소비하는 부모를 둔 딸을 위한 눈물이었다. 하나님이 주신 가족을 사랑하기 원하는 엘리자베스를 위한 눈물이었다. 그리고 길을 잃은 것처럼 보이는 그녀의 남편을 위한 눈물이었다.

# 워룸을 만들다

엘리자베스는 클라라의 집 앞에서 창유리에 비친 자기 모습을 점검하고 노크를 했다. 맨 앞쪽 방에서 발을 끌며 걷는 소리가 들리더니 이윽고 문이 열리고 클라라가 웃으며 반겨주었다. 그녀의 눈은 말로 표현할 수 있는 것보다 더 많은 것을 담고 있었다.

"좋은 아침이에요, 어서 와요."

클라라는 그렇게 말하며 그녀를 꼭 안아주었다. 엘리자베스는 그 순간 온몸에 온기가 퍼지는 것을 느꼈다.

클라라는 커피 두 잔을 따랐다. 그녀는 커피를 정말 좋아했다.

"오늘은 좀 더 따뜻하게 마실게요."

엘리자베스가 말하자 클라라는 빙그레 웃었다.

"어제 내가 왜 그랬는지는 알죠?"

"어젯밤 자기 전에 성경을 찾아봤어요. 요한계시록 맞죠?"

클라라는 고개를 끄덕였다.

"여사님이 생각하시는 것보다 제가 교회에 자주 갔거든요."

클라라는 엘리자베스의 눈을 똑바로 바라보았다.

"먼저 집에 대해 얘기할까요, 아니면 정말로 당신의 마음속에 있는 것을 이야기할까요? 전문가답게 당신을 제 고객으로 대하려고 애쓰는 중이에요. 저의 사생활로 당신에게 부담을 주고 싶지 않아요, 하지만……."

엘리자베스는 이 노부인과 함께 앉아 있으면서 마음속으로 깊은 아픔을 느꼈다.

"하지만 당신의 마음이 너무 아프고 어디로 향해야 할지 모르고 있잖아요? 말해보세요. 나는 조금 전문가답지 못한 대화도 잘 들을 수 있으니까요."

노부인은 웃으며 그녀의 손을 쓰다듬었다. 엘리자베스는 토니가 어떻게 행동했고 어떻게 말했는지, 다니엘에게 좋은 아빠가 되어주어야 하는데 그렇지 못하다는 이야기를 장황하게 늘어놓았다.

"토니가 집에 올 때 다니엘의 얼굴을 보면 알 수 있어요. 토니는 휴대폰이나 TV만 보고 있어요. 딸은 아빠의 관심에 굶주려 있고 마음 아파하고 있는데, 저도 그걸 잘 몰랐어요. 토니는 전혀 모르고 있고요. 그 사람도 시간이 없긴 해요. 딸은 아빠에게 매일 점점 더 냉담해지고 있는데, 아빠란 사람은 자기 세계에 빠져서 최고 영업사원이 되는 일에만 몰두하고 있죠. 그는 자기 외에는 아무에게도 관심이 없는 것 같아요. 또 한 가지 말씀드릴게요. 증거는 없지만, 그는 저한테서 원하는 걸 얻지 못하면 다른 사람에게서 얻으려 하는 것 같아요. 다른 여자들한테 조금씩 관심을 갖는 말들을 하곤 해요. 그러니까……."

클라라가 한 손을 들자 엘리자베스는 말을 하려다가 중단했다.

"엘리자베스, 무슨 말인지 알겠어요. 우리가 오늘 함께하는 한 시간 중에, 남편에 대한 불평을 늘어놓는 시간과 그것에 대해 하나님이 무엇을 하실 수 있는지 생각하는 시간을 어떻게 분배할 건가요?"

엘리자베스는 얼굴이 점점 더 뜨거워지는 것을 느꼈다.

"죄송해요, 클라라 부인. 그냥 생각할수록 화가 나서요."

"남편에 대한 당신의 생각은 거의 다 부정적이에요, 안 그래요?"

엘리자베스가 그 질문을 잘 생각해보니 그녀의 말이 옳았다. 하지만 그녀가 부정적인 데는 다 이유가 있었다. 토니는 정말로 그녀와 다니엘에게 그런 식으로 행동했다.

"그는 저한테 원수처럼 행동해요."

클라라는 몸을 앞으로 기울였다.

"잘 들어요, 당신은 잘못된 상대와 싸우고 있어요. 당신 남편한테 분명 문제가 있지만, 그 사람은 당신의 적이 아니에요."

엘리자베스는 그녀가 무슨 말을 하는 것인지 이해하기 위해 그녀의 눈빛을 살폈다. 클라라는 계속해서 말했다.

"나도 남편하고 싸울 때 내 결혼생활이나 가족과 싸우고 있었어요. 십수 년 동안 레오를 바꾸려고 해보았지만 바꿀 수 없었지요."

"네, 저도 아무 소용없었어요."

"그게 당신이 할 일이 아니기 때문이에요! 토니를 변화시키는 것이 당신의 책임이라고 누가 그랬어요? 당신이 할 일은 그를 사랑하고, 존경하고, 그를 위해 기도를 하는 거예요. 하나님은 그 사람에게 그것이 필요하다는 걸 알고 계시죠. 그리고 남자들은 여자가 자기를 변화시키려고 하는 걸 좋아하지 않아요."

그녀는 가성으로 목소리를 높였다.

엘리자베스는 곰곰이 생각했다. 그것이 자신의 일이 아니라면 누가 그를 바로잡아준단 말인가? 분명히 누군가는 개입을 해야 할 텐데……

"엘리자베스, 오직 하나님만 하실 수 있는 일을 하나님이 하시도록 당신은 기도해야 해요. 그 다음에 당신은 빠지고 하나님이 그 일을 하시게 해요."

엘리자베스는 머리가 복잡해졌다. 토니를 변화시키지 않으면 견딜 수가 없을 것 같았다. 자신이 수년 동안 그렇게 해왔지만, 그 결과 문제들이 더 악화되기만 한 것은 사실이었다. 이제 그녀는 시간과 환경의 시험을 거치면서 탄생한 삶의 해답들에 이끌리고 있는 것을 알 수 있었다. 그녀는 감정이 북받치고 목이 메어 간신히 "어디서부터 시작해야 할지도 모르겠어요."라고 말했다.

클라라는 가죽 표지로 된 일기장을 그녀에게 건넸다.

"거기에 내가 좋아하는 성경구절들이 써 있을 거예요. 가족을 위해 기도하려는 내 전투 계획이었어요. 그걸 가지고 시작해봐요."

엘리자베스는 일기장을 펼쳐서 글이 빼곡히 적힌 페이지들을 보았다.

"거기에 내가 개인적으로 적어놓은 말씀들과 곳곳에 적혀 있는 이름들이 보일 거예요. 나는 그 일기장에 내 마음을 쏟아 부었어요. 당신도 당신만의 일기를 쓰고 당신만의 기도 방을 만들어 보세요."

엘리자베스는 그 일기장을 가슴에 꼭 끌어안았다.

"집을 매매하려면… 마당의 넓이를 기록해야 하고… 또 여러 가지 세세한 부분들이 있어요."

클라라는 몸을 앞으로 기울였다.

"이 집은 하나님이 적절한 때라고 여길 때 팔아주실 거예요. 하나님이 적절한 사람을 예비해두고 계실 겁니다. 진심으로 그렇게 믿어요. 하지만 이게 더 중요해요, 엘리자베스. 앞으로 있을 싸움에 집중해요. 내가 당신과 함께 할 거예요."

엘리자베스는 집으로 돌아와 자기 방의 벽장문을 열었다. 분명 격리된 장소이긴 했지만, 너무 좁아서 밀실공포가 느껴질 것 같았다. 그녀는 옷도 많고 구두도 많았다. 결국 그 생각을 포기하고 책상에 앉아서 클라라가 적어놓은 구절들을 살펴보았다. 그녀가 어떤 번역본을 사용했는지도 확실히 몰랐지만, 마치 말씀이 종이에서 튀어나오는 것처럼 보였다. 그녀는 급히 자신의 일기장을 펴서 그것을 베껴 쓰기 시작했다.


만일 우리가 우리 죄를 자백하면 그는 미쁘시고 의로우사 우리 죄를 사하시며 우리를 모든 불의에서 깨끗하게 하실 것이요.(요일 1:9)


여호와께서는 자기에게 간구하는 모든 자, 곧 진실하게 간구하는 모든 자에게 가까이 하시는도다.(시 145:18)

항상 기뻐하라 쉬지 말고 기도하라 범사에 감사하라 이것이 그리스도 예수 안에서 너희를 향하신 하나님의 뜻이니라.(살전 5 : 16~18)

이것을 읽는데 머릿속에서 클라라의 목소리가 들리는 듯했다. 그녀가 경외심을 가지고 너무도 경건하게 '하나님'이라고 말하는 그 목소리가……. 그녀는 아마 '깨끗하게' '항상' '쉬지 말고'라는 단어를 강조했을 것이다.

엘리자베스는 그 다음으로 예레미야 33장 3절을 보았을 때 거의 숨이 멎는 줄 알았다.

너는 내게 부르짖으라 내가 네게 응답하겠고 네가 알지 못하는 크고 은밀한 일을 네게 보이리라.

정확히 엘리자베스가 원하는 것이 그것이었다. 그녀는 클라라처럼 하나님에 대해 더 많이 알고 싶었다. 하나님을 경험하고 싶고, 하나님께 이야기하고 싶고, 또 하나님이 그녀에게 말씀해주시길 원했다.

물론 그녀의 주된 관심은 토니였다. 그것이 제일 중요한 기도제목이었다. 하지만 단지 토니가 개선되길 원하는 것보다 그녀의 마음속에 더 많은 일들이 일어나고 있는 것 같았다. 하나님이 그녀를 끌어당기고 계셨다. 이제 그것이 그녀에게 분명해졌다.

마태복음 6장 6절에 이르렀을 때 그 모든 것이 하나로 합쳐지는 것 같았다.

너는 기도할 때에 네 골방에 들어가 문을 닫고 은밀한 중에 계신 네 아버지께 기도하라 은밀한 중에 보시는 네 아버지께서 갚으시리라.

엘리자베스는 다시 벽장을 보았다. 클라라의 거룩한 장소에는 뭔가 특별한 것이 있었다. 그녀는 그곳에 홀로 있었고, 문을 닫으면 나머지 세상은 고요했다. 그리고 벽이 있었다. 거기에 잊지 말아야 할 것들을 붙여놓을 수 있었다. 물론 하나님은 어디에서 기도하든 들으실 수 있다. 하지만 자신이 진심으로 그와 같은 장소를 만드는 데 전념한다면, 애써 그곳을 청소하고 무릎을 꿇는다면, 아마 하나님이 보시고 그 열정적인 마음에 보상해주실 것이라는 생각이 들었다.

그녀는 자리에서 일어나 벽장으로 가서 걸려있는 옷들을 전부 꺼냈다. 그리고 반대편 벽에 기도제목을 붙여놓고는, 무릎을 꿇고 앉아서 그것을 바라보았다. 앞에 구두상자들이 쌓여 있었다. 그래서 그녀는 눈을 감았다.

"사랑하는 주님, 저는 어떻게 해야 하는지 모릅니다. 그렇지만 주님이 기도하기 원하신다는 것을 압니다. 주님은 제가 주님과 함께 시간을 보내기를 원하십니다. 그리고 저는 지금 저의 기도제목들을 주님께 가지고 가려고 합니다."

벌써 무릎이 아팠다. 그녀는 다시 양반다리를 하고 앉았다.

"주님, 지금 토니는 제가 원하는 그 사람의 모습이 아니라는 것 아시지요. 하나님도 그의 그런 모습을 원치 않으실 겁니다. 그래서 저는 제일 먼저 그를 위해 기도하려고 합니다."

이제는 다리가 아프기 시작했다. 뭔가 앉을 곳을 찾아야 할 것 같았다. 그녀는 뚜껑이 달린 튼튼한 보관상자 하나를 다시 가져와서 그 위에 앉았다. 그리고 눈을 감고 기도를 계속했다.

"오, 하나님, 하나님도 아시겠지만 그는 화만 내고 다니엘과 저에게는 관심을 갖지 않습니다. 어린 다니엘의 마음에 너무 심한 상처를 주었어요."

그녀는 몸을 뒤로 젖혔다가 하마터면 뒤에 있는 서랍장에 머리를 부딪칠 뻔했다. 그래서 앞으로 좀 더 나와서 다리를 꼬고 앉았다. 그리고 다시 기도제목들을 보았다. 어디까지 했더라? 아직도 토니였다.

팔걸이가 있는 흰 의자를 가져오면 더 편할 것 같았다. 그래, 그게 도움이 되겠다. 뭔가 등을 받쳐줄 것이 필요했다. 그녀는 상자를 치우고 의자를 가져와서 기도제목 옆에 놓고 다시 앉았다.

처음부터 다시 시작해야 하는지 확신이 없었다. 하나님은 바로 기도를 시작하기 원하실까, 아니면 차츰 늘려가는 것을 원하실까? 클라라는 기도제목들을 죽 나열하기보다 하나님을 찬양하며 시작하라는 얘기를 했었다.

"하나님, 이 의자를 주셔서 감사합니다. 그리고 우리에게 집을 주셔서 감사합니다. 딸을 주신 것도, 클라라를 통해 저에게 가르쳐주신 것들도 감사합니다."

그녀는 잠시 말을 중단했다.

"토니와 저를 하나 되게 해주셔서 감사합니다, 주님. 한동안 그것에 대해 생각하지 않았던 것 같아요. 하나님께서 아주 오래전에 우리 두 사람을 엮어주셨다고 믿습니다."

토니에 대해 하나님께 감사한다는 것은 생각만 해도 어색했지만, 실제로 그랬다. 마치 의도치 않게 그럴 자격이 없는 사람을 칭찬하듯이 불쑥 튀어나온 말이었다. 어쩌면 이런 식으로 하나님과 함께 시간을 보내는 것이 정말 도움이 될 것 같았다. 그녀는 조금씩 희망이 생기기 시작했지만, 딱딱한 의자 때문에 엉덩이에 감각이 없어지기 시작했다. 그래서 그녀는 흰 의자를 갖다놓고 다니엘의 벽장에서 사용하지 않는 빈 백(bean bag)을 찾아냈다. 그것을 벽장 바닥에 던져놓고는 그 위에 털썩 앉았다.

"하나님, 예수님을 보내서 구원해주셔서, 예수님이 우리를 위해 희생하심으로 제가 용서받을 수 있게 해주셔서 감사합니다."

그때 앞에 있는 구두가 눈에 띄었다. 전부터 검정색 드레스와 함께 신으려고 찾았던 구두였다. 그녀는 그 구두를 들고 찬찬히 살펴보았다. 구두에는 많은 사연들이 담겨 있었다. 그녀는 그 구두를 보았던 가게를 기억했다. 그녀의 친구 미시와 그날 함께 쇼핑을 하다가 그 작고 귀여운 가게를 우연히 발견했다. 그때 그 구두가 엘리자베스를 불렀다. 그녀가 통로를 지나 그 구두를 발견하고 신어볼 때까지 작은 소리로 그녀의 이름을 불렀다.

그녀는 구두를 가까이 가져와 냄새를 맡아보았다. 얼마나 지독한지, 정말 그녀의 발 냄새는 어떻게 하지 않으면 안 될 것 같았다. 인터넷에서 찾아보면 오렌지 껍질로 문지르는 것 같은 자연요법들을 발견할 수 있을 것이다.

스컹크가 개한테 가스를 분사했을 때 토마토소스를 어떻게 사용한다는 방법도 들은 적이 있었다.

엘리자베스는 다시 기도제목들을 보았다. 어디까지 갔더라? 진득하게 앉아서 기도를 하는 것이 왜 이리도 힘들까? 그녀는 발 냄새에 대해서도 기도를 해야 할 것 같았지만, 발 냄새를 없애는 건 토니와의 관계를 치유하는 것만큼 가능성이 없어 보였다.

그녀는 기도할 때 너무나 쉽게 정신이 산만해진다는 사실에 놀랐다. 하나님과 대화를 시작하기만 하면 곧 다른 생각이 슬그머니 끼어들었다. 집과 관련해서 아직 해결되지 않은 일들, 직장에서의 일들이 떠올랐다. 처리해야 할 청구서들, 추가해야 할 장보기 목록들도 생각났다. 애써 그런 생각들을 떨쳐내면 이제는 배가 고파졌다. 그녀는 다니엘과 제니퍼가 앞마당에서 줄넘기 연습을 하는 소리를 들으며 살금살금 주방으로 가서 과자를 들고 다시 들어왔다.

현관문이 열렸다. 다니엘과 제니퍼가 주방에서 이야기하는 소리가 들렸다. 이 벽장의 단점 중 하나는 집안에서 나는 소리들이 다 들린다는 것이었다. 음악을 틀면 어떨까? 아니, 그것은 그녀가 가려는 방향이 아니었다. 클라라는 기도하는 데 음악이 필요하지 않았다. 하나님께 가까이 가기 위해 사운드 트랙이 필요했을까?

"우리 엄마 아빠가 너희 엄마만 허락하시면 밤에 같이 자도 된다고 하셨어. 우린 수영장에서도 뛸 수 있어."

"가서 엄마한테 물어볼게."

다니엘이 말했다. 엘리자베스는 아랫배가 팽팽해졌다. 그녀의 기도 방을 비밀로 하고 싶었지만, 세팅을 완료한 지 겨우 몇 분 만에 그 방으로 들어오는 발소리가 들렸다.

"엄마?"

엘리자베스는 눈을 감고 마치 벽장 안에 있는 것이 자연스러운 일인 것처럼 말했다.

"엄마 여기 있다, 다니엘."

문이 천천히 열리고, 다니엘이 그녀를 빤히 쳐다보았다. 거의 다 먹은 음료수 병과 열린 과자봉지도…. 다니엘의 얼굴에 모든 것이 드러났다.

"엄마, 괜찮아요?"

"응. 뭐 필요한 거 있니?"

그녀는 빈 백 의자에 앉아서 또 다른 과자를 오도독 씹어 먹었다.

"왜 벽장 안에서 과자를 먹고 있어요?"

그 순간 과자가 목 어딘가에 걸려서 힘들게 삼켰다.

"그냥 나만의 시간을 좀 갖고 있는 거야, 알겠지?"

다니엘의 얼굴 표정이 가관이었지만, 엘리자베스는 평상시와 같은 표정을 지으려고 노력했다.

"알겠어요."

다니엘이 뭔가 불안한 목소리로 말했다.

"제니퍼가 오늘 밤에 같이 자도 되는지 알고 싶어 해요. 제가 해야 될 일은 이미 다 했고, 제니퍼 부모님은 허락하셨어요."

뒷부분이 좀 불평하는 듯이 들렸지만, 그녀는 그냥 넘어가기로 했다.

"좋아, 대신 내일 점심까지는 집에 오면 좋겠다."

"알았어요, 엄마."

다니엘이 가려고 돌아설 때 엘리자베스는 과자를 입에 가득 넣은 채 씹으며 말했다.

"저기, 다니엘, 내가 이 벽장 안에서 과자를 먹고 있었다는 거 아무한테도 말하지 마. 알았지?"

다니엘은 고개를 끄덕였고, 어깨 너머로 말했다.

"우리 엄마가 벽장 안에서 과자를 먹고 있었다는 거 아무한테도 말하지 마, 알았지?"

엘리자베스는 몹시 당황하며 똑바로 앉았다.

"누구한테 얘기하는 거니?"

"제니퍼요."

아이는 무표정한 얼굴로 말했다.

엘리자베스는 한숨을 쉬었다.

"제니퍼?"

제니퍼는 멋쩍은 표정으로 다니엘 옆에 서 있었다.

"네, 아줌마."

엘리자베스는 과자 봉지를 옆으로 내려놓았다. 제니퍼가 거기서 듣고 있는지는 몰랐던 것이다.

"내가 벽장 안에서 과자를 먹고 있었다는 거 아무한테도 말하지 마라. 알았지?"

제니퍼는 고개를 끄덕였다.

"고맙다."

둘은 거기서 멍하니 그녀를 쳐다보았다. 그러더니 제니퍼가 이상한 표정을 지었다.

"그런데 무슨 냄새예요?"

"내 구두 냄새일 거야, 제니퍼."

엘리자베스는 얼른 단호하게 말했다.

"너희들이 친절하게 그 문을 닫아준다면 더 이상 냄새를 맡지 않아도 될 거야."

다니엘이 천천히 문을 닫자 경첩이 삐걱거리는 소리가 났다. 엘리자베스가 해야 할 일이 한 가지 더 있었다. 경첩에 기름칠을 하는 것이었다.

엘리자베스는 아이들이 나가면서 속삭이는 소리를 들었다.

"너희 엄마는 과자를 먹으면 안 되는 거야?"

그러자 엘리자베스가 큰소리로 말했다.

"내가 원하는 과자는 다 먹을 수 있어. 여긴 내 집이니까!"

그녀는 한숨을 쉬며 기도제목들을 찬찬히 뜯어보았다. 생각했던 것보다 기도는 훨씬 더 어려운 일이었다. 그곳에서 과자 한 봉지를 다 먹으면서도 자존심을 꼭 붙잡고 있는 것도 매우 힘든 일이었다.

✦　✦　✦

토니는 샬롯에 있는 브라이트웰 회사 건물 복도로 걸어갔다. 최고의 가구와 옷을 잘 갖춰 입은 사원들, 그리고 밝은 미래가 있는 우아한 건물이었다. 그는 전망 좋은 고급 사무실을 발견하고 미소를 지었다. 지금까지 해온 대로 일이 잘된다면 그도 언젠가 주차공간까지 갖춘 이곳에 자리를 잡게 될 것이다.

콜맨 영의 비서인 줄리아가 그를 맞으며 사무실 안으로 안내했다. 그녀는 희끗한 머리에 짙은 색 안경이 부드러운 인상을 주는 여자였다. 그녀는 항상 미소를 띠고 있는 것 같았다. 부드러우면서도 유능했고, 상사의 행복을 부러워했다.

"콜맨이 당신을 기다리고 있습니다. 톰도 저 안에 있고요."

그녀가 말했다.

"알려주셔서 감사합니다."

그러자 그녀는 "천만에요."라고 말하며 웃었다.

토니는 숱이 별로 없고 희끗희끗한 머리카락, 깔끔하게 정돈된 턱수염을 보고 콜맨이 40대 후반일 거라고 추측했다. 그의 사무실은 도시의 경관을 볼 수 있는 위치에 있었다. 잘나가는 회사의 회장실에 걸맞은 경관이었다. 콜맨이 그를 맞으러 일어나자 토니는 맨 위의 단추를 채웠다. 브라이트웰의 여러 부사장들 중 한 명인 톰 베넷은 좀 더 천천히 일어났다.

"토니! 내가 제일 좋아하는 영업사원, 잘 지냈어요?"

콜맨은 웃으며 말했다.

"잘 지냅니다. 회장님은 어떠세요?"

토니는 힘껏 악수를 하며 말했다.

그의 눈이 번득였다.

"홀컴과 계약을 했다고 들었어요."

상사에게 그런 말을 들으니 기분이 좋았다. 그의 밝은 얼굴을 보니 더더욱 좋았다.

"네, 저희가 해냈습니다."

"훌륭해요! 또 해냈군요."

"감사합니다."

"톰도 감명을 받았어요. 정말 어려운 일이라는 걸 아니까요."

토니는 톰 베넷과 교류를 많이 하지 않았다. 그 사람은 태도가 별로 우호적이지 않고 약간 의혹을 갖는 편이었다. 그는 마르고 강단이 있으며 항상 약간 신경질적이었다. 그는 정말 편견이 있었을까 아니면 단지 내성적인 사람이었을까? 아무도 모르는 일이었다. 솔직히 토니는 관심도 없었다. 그저 될 수 있으면 톰을 가까이 하지 않으려 했고, 계속 브라이트웰에서 영업 실적을 올리며 사다리를 오르는 일에만 몰두했다.

톰은 악수를 하며 "잘했어요."라고 말했다. 아무리 좋게 봐도 미온적인 반응이었다. 악수도 의무적으로 하는 것 같았다.

"고맙습니다."

"아, 당신이 집에 가는 길이라는 걸 알지만, 고맙다는 말을 하고 싶었어요. 그리고 보너스도 두둑이 받게 될 거예요."

토니는 웃음을 감출 수가 없었다.

"좋네요."

"와, 정말 좋겠는데요!"

콜맨이 다시 한 번 손을 내밀며 말했다.

"엘리자베스는 잘 있죠?"

"네. 잘 있습니다."

"안부 전해주세요."

"네, 그러지요."

"만나서 반가웠어요."

콜맨은 그렇게 말하고 톰에게로 갔다.

짧은 만남이었고, 몇 번 안 되는 회사 회장님과의 만남 중 한 번이었지만, 토니는 들뜬 기분으로 그곳을 나왔다.

거래를 성사시키고 나서 회사 사람들이 그의 업적에 대해 알게 됐을 때가 제일 기분이 좋았다. 집으로 오는 길은 마치 우승 후 트랙을 한 바퀴 도는 것 같은 기분이어야 했다. 그의 최고의 날이 되었어야 했다. 그러나 엘리자베스를 볼 생각을 하니 마음이 무거웠다. 집에 들어서는 순간 듣게 될 잔소리와 말다툼을 또 겪고 싶지 않았다. 게다가 그녀에게 보너스에 대한 얘기도 하고 싶지 않았다. 또 다른 구실로 그녀의 여동생에게 돈을 줄 게 뻔했기 때문이다.

엘리자베스의 잔소리보다 더 나쁜 것은 그가 인정받지 못하고 있다는 것이었다. 결혼생활을 처음 시작할 때 토니와 엘리자베스는 서로에 대해 동일한 갈망을 갖고 있었다. 그녀는 영화를 보고 저녁을 먹고 그 후에 모든 일들을 제안하면서 로맨틱한 저녁을 주도했다. 일을 마치면 얼른 집으로 가서 그녀와 함께 있고 싶고, 그녀에 관한 모든 것을 탐색하고 싶었다.

그녀는 안과 밖이 다 아름다운 여자였다. 하지만 다니엘이 태어나면서 달라졌다. 엘리자베스는 더 신중해졌고, 직장 스케줄 때문에 따로 떨어져 지내는 시간이 더 많아졌다. 매일 떨어져 있다가 그가 돌아오면 다시 하나가 되어야 하는데, 그들은 계속 떨어져 있었다. 토니는 마지막으로 그들이 친밀한 관계를 가졌던 적이 언제였는지 기억도 나지 않았다. 한 달 전이었나? 아니 두 달 전이었나?

그는 차고로 들어가면서 긴장감에 자기 볼 안쪽을 깨물었다. 그가 다른 데로 눈을 돌리는 것도 놀랄 일이 아니었다. 그는 그것이 옳지 않다는 걸 알았다. 아내에게 충실하기로 서약했다는 것도 알았다. 하지만 만일 그런 일이 일어난다면 그건 그녀의 잘못이었다. 그녀는 아주 여러 가지 방법으로 그를 밀어냈다. 그가 그녀의 기대에 부응하지 못한다고 말했다. 그렇게 돈 때문에 싸우고 다니엘의 양육방식 때문에 싸우는 부부가 헤어지지 않고 같은 집에 살고 있는 것이 기적이었다.

그는 집으로 오면서 그 생각을 할수록 속이 답답해졌다. 시동을 끄고 차고 문 버튼을 누르는데, 정말 집에 들어가고 싶지가 않았다. 또 어떤 새로운 불평을 늘어놓을까? 가장 최근에 딸에게 상처를 준 행동은 무엇이었을까? 분명 저녁을 먹으면서 그 얘기를 듣게 될 것이다. 그리고 그녀의 여동생에게 돈이 얼마나 필요한지도……

엘리자베스는 자신의 벽장에 들어가 기도에 전념했고, 나와서는 발 냄새를 해결하는 데에 주력했다. 하나님과 함께 시간을 보내면, 대부분 다른 할 일이 발견되었다. 그래서 설령 그녀가 기도에 성공하지 못한다 해도, 적어도 다른 실제적인 일은 성취할 수 있었다. 그녀는 열 켤레가 넘는 구두들을 죽 나열해놓고 발에 뿌리는 스프레이를 찾았다. 그리고 하나씩 손을 보기 시작했다.

전화벨이 울렸고, 그녀의 여동생 번호임을 확인했다. 얼마 안 있어 신시아는 문제의 핵심으로 들어갔다. 바로 그녀의 남편이었다. 그녀는 그들의 상황에 대해 불평을 늘어놓았다. 마치 엘리자베스가 클라라에게 토니에 대한 불평을 이야기했던 것처럼 말이다. 그들이 항상 느끼는 재정적인 압박이 너무나 컸다. 신시아는 대런에게 동기를 부여하려고 노력했지만 아무런 소용이 없었다.

"신시아, 그것에 대해 싸워봐야 너한테 좋을 게 아무것도 없어. 네가 취업을 시켜줄 수도 없고."

"내가 그걸 몰라서 이래?"

엘리자베스는 스스로 마음을 가라앉히려고 노력했다.

"그래, 그럼 제부는 노력은 하고 있는 거니? 이력서를 보내거나 전화라도 하고 있어? 뭐라도 하고 있냐고?"

"그럴 거야. 아침에 나가서 저녁에 들어오긴 하는데, 난 그가 어디 있었는지, 뭘 했는지 몰라. 그냥 너무 힘들어, 언니."

"알아."

그녀는 최대한 연민을 품고 말했다. 그리고 구두에 발 파우더를 조금 더 뿌리고 내려놓았다.

"그 사람도 쉽지 않을 거야."

신시아가 말했다. 그 말이 신경을 건드렸다.

"그런데 이렇게 말해서 미안하지만, 그는 너뿐만 아니라 네 주위의 모든 사람을 힘들게 만들고 있어."

"그래서 도와주지 않겠다는 말이야? 그래?"

"아니, 도와주지 않겠다는 말이 아니잖아. 아직 의논 중이야, 알겠지?"

그때 엘리자베스는 뒤에서 무슨 소리가 나서 돌아보았다. 뜻밖에도 토니가 주방 조리대에서 우편물을 훑어보고 있었다. 신시아와 통화를 하다가 그를 보니 가슴이 철렁 했다. 그는 이미 그녀가 동생과 전화를 붙들고 있을 거라고 생각하고 있는 듯했다. 공교롭게도 딱 그 순간에 그가 들어온 것이다.

"잠깐, 토니가 집에 왔어. 나중에 전화해야겠다."

"알았어, 언니. 얘기해줘서 고마워. 사랑해."

"나도 사랑해."

엘리자베스가 말했다.

토니는 징병영장을 살피듯이 모든 우편물을 꼼꼼히 살폈다. 엘리자베스는 전화를 끊고는 한숨을 돌리고 그와 이야기를 해야겠다고 생각했다. 먼저 편하게 넘어갈 것부터, 바로 직장 얘기 같은 게 좋을 것 같았다.

"출장은 어땠어?"

그는 고개를 숙이고 찡그린 눈으로 우편물을 보면서 말했다.

"좋았어. 동생이랑 통화하는 것 같던데."

"응. 맞아."

"대런은 취직했대?"

"아직."

"노력은 하는데 아직 못했다는 거야? 아니면 여전히 소파에 앉아 비디오 게임이나 하느라 아직 안 했다는 거야?"

너무나 빨리 대화의 흐름이 갈등의 국면으로 치달았다.

"토니, 그가 뭘 하든 그건 신시아의 잘못이 아니야. 신시아는 그저 한 달 치 월세와 자동차 할부금이 필요할 뿐이야. 우리가 적어도 그 정도는 도와줘야 한다고 생각해."

토니의 얼굴이 굳어졌다.

"신시아는 실패자와 결혼했어. 알겠어? 모든 사람이 말릴 때 그녀가 스스로 선택한 거야. 그건 그녀의 잘못이라고."

엘리자베스가 그를 마주보자 토니는 주방에 가까이 다가왔다. 그녀의 목소리에 담긴 힘이 결국 그를 구석에서 불러낸 것이다. 시합을 시작하려고 준비 중인 두 권투선수처럼 그들은 서로를 평가하고 있었다.

"토니, 내 동생은 자기 남편을 통제할 수 없어. 일자리를 구했지만, 그걸로 충분치가 않아. 잘 들어봐. 이젠 5천 달러를 달라는 게 아니야. 한 달 치 월세와 자동차 할부금만 도와달라는 거라고."

"그리고 다음 달이면 당신은 똑같은 걸 요구하겠지. 대답은 언제나 같아. 그건 안 돼."

토니는 고개를 돌리고 다시 노려보았다.

"여기서 나는 냄새는 뭐지?"

엘리자베스는 좌절감과 당혹감에 눈길을 돌렸다. 그녀는 다시 어린 소녀가 된 듯한 기분이었다. 그녀를 비난하는 아버지와 함께 살던 집으로 돌아간 것 같았다. 그녀에게 새 옷이 필요하거나 안 좋은 성적표를 받아왔을 때 아버지에게 들었던 목소리와 토니의 목소리 톤이 똑같았다.

"내 구두에 파우더를 뿌리고 있었어."

그녀가 말했다.

그는 현관 앞에 일렬로 놓여 있는 구두들을 힐끗 쳐다보았다. 그녀는 그가 사과하거나 그녀를 위로해줄 줄 알았다. 괜찮다거나, 그녀의 잘못이 아니라거나, 그를 위해 그렇게 할 필요가 없다고 말해주길 바랐다. 그런데 토니는 마치 죽은 물고기들을 보듯이 그 구두들을 쳐다보며 말했다.

"밖에서 할 수 없어?"

그녀는 자존심이 상하고 어이가 없기도 해서 기가 죽은 채로 말했다.

"알았어."

그때 그녀는 신시아를 생각했다. 전화기 너머로 그녀의 목소리가 얼마나 외롭고 슬프게 들렸던가. 다시 한 번 토니와 이야기해봐야겠다고 생각했다.

"토니, 내 동생을 위해 못해주겠으면 나를 위해서 좀 해줘."

그것은 그에게 사랑을 표현해달라는 요청이었다. 그녀 스스로 상처받을 각오를 한 것이다. 마치 죽을 각오를 하고 사냥꾼이 노리고 있는 목초지로 뛰어 들어가는 사슴처럼 말이다.

토니의 얼굴은 더욱 굳어졌다.

"싫어."

그 말과 함께 그는 돌아서서 침실로 들어갔다. 엘리자베스에게 남은 건 그녀의 생각들과 구두들뿐이었다. 그녀는 자신과 토니가 너무 멀어져 있다는 걸 알았다. 그들의 관계에 희망이 별로 없다는 것도…. 그가 사랑스럽게 그녀를 만지거나 긍정적인 말을 해준 지가 너무 오래된 것이다. 그 순간 눈물이 고이고 마음이 아파오면서, 그녀는 그 벽을 허물기 위해 자신이 할 수 있는 일이 없다는 걸 깨달았다. 아무리 달려가 큰소리로 외쳐도 무너지지 않을 성벽 같았다. 아무리 지팡이를 쳐들어도 그들의 관계를 덮고 있는 바닷물이 갈라지지 않을 것이다.

그녀는 자기가 들 수 있는 만큼 구두를 들고 뒷문으로 가져가 난간에 던져 버렸다. 한 번 더 가서 나머지 구두들도 가져와서 던졌다. 그러고는 문을 닫고 난간 위에 서서 팔짱을 낀 채 먼 곳을 바라보았다. 그녀는 싸움에 지쳤고 전쟁에 진절머리가 났다. 다니엘이 이 모든 중압감을 느끼며 사는 걸 보는 것도 신물이 났다. 다른 길을 찾아야 했다. 세 사람 모두를 위해 더 나은 길을 찾아야 했다.

# 미스 클라라

수년간 사람들은 클라라가 기도의 전사라는 걸 알게 되었다. 그들은 누군 가의 이름을 휘갈겨 쓴 종이를 그녀에게 살짝 건네주거나 교회에서 봉헌 시 간에 자기 가족에 대한 얘기를 속삭이기도 했다. 클라라는 그런 일이 있을 때마다 영광으로 여겼다.

하지만 때로는 슬프기도 했다. 어떤 사람은 그녀가 하나님과 특별히 친한 관계라고 생각한다는 것을 알았기 때문이다. 그녀가 기도 방에서 하는 일은 다른 사람들이 하지 못할 일이 아니었다. 그녀가 뭔가 방법이 뛰어나서 하나 님의 손에서 기도응답을 낚아채듯 받아내는 것이 아니었다. 그녀가 가진 능 력은 누구나 가질 수 있는 것이었다.

그녀의 여자 친구들과 함께 만나는 금요일 모임에서 그런 문제가 대두되 었다. 공식적으로 결성한 적이 없는 모임인데 정기적으로 모이는 4명이 있 었다. 세실리아 존스, 율라 케닝턴, 트레샤 가워는 오래전에 우연히 클라라 를 알게 되어 몇십 년 동안 그녀의 곁을 지켜왔다.

그들은 배우자와 자녀들과 애완동물의 죽음, 이혼, 몇 번의 유산, 그리고 두 번의 소송을 겪었으며 모두 성도들이었다. 비록 때로는 클라라가 너무 확신을 갖는 모습에 약간 적대감을 느끼는 것처럼 보이기도 했지만 말이다.

"어떤 일에 대해 많은 사람이 기도하면 더 효과가 크다고 생각해?"

세실리아가 모임에서 말했다. 그녀는 곁눈질로 클라라를 보았다. 마치 그녀가 먼저 싸움에 뛰어들도록 미끼를 놓는 것처럼 말이다.

이런 식으로 한 사람이 난상토론을 시작했다. 즉 어떤 질문이나 생각을 툭 던져놓고 다른 사람들의 반응을 지켜보는 식이었다. 세실리아는 특히 클라라를 자극하는 데 선수였으나, 이번에는 클라라가 바로 대꾸를 하지 않았다.

"내 생각엔 더 많은 사람들이 어떤 일에 대해 기도하면 하나님이 들으실 가능성이 더 커지지 않을까 싶어."

트레샤가 말했다.

"몇 년 전에 모든 천사들이 싸우는 장면이 들어있던 책이 뭐였지? 우리가 기도하기 시작할 때 사람들과 천사들에게 어떤 일이 일어나는지 읽었잖아."

트레샤가 그 책의 제목을 말하자 세실리아가 저자를 기억해냈다. 그들 모두 수긍하며 고개를 끄덕였다. 트레샤가 계속 말했다.

"내 생각엔 그런 것 같아. 우리가 더 많이 기도할수록 다른 사람들도 더 많이 기도하게 만들고, 그러다 보면 하늘나라 어딘가에 있는 저울 위에 기도가 쌓여가겠지. 그러면 하나님이 들으시는 거야. 끈질긴 과부는 재판관의 집 문을 계속 두드렸다고 하잖아. 그 비유 기억나?"

율라는 자신의 커피 잔을 내려놓았다.

"난 하나님을 그런 식으로 움직일 수 있다고 생각하지 않아."

그녀는 하나님이라는 단어를 말할 때 끝을 더 길게 강조했다. 마치 전능자의 이름에 또 하나의 음절을 추가하면 더 경건하게 표현되는 것처럼 생각했나 보다.

"중요한 건 우리가 어떤 일에 대해 얼마나 많이 기도하는지, 또는 얼마나 많은 사람들을 기도하게 만드는지가 아니라, 우리가 하나님의 뜻대로 구하고 있느냐는 것이야."

그 말에 클라라가 고개를 끄덕였고, 테이블에 둘러앉은 모두는 동의하는 듯했다. 그러나 세실리아는 거기서 끝내지 않았다.

"기도체인을 만들 이유가 없다는 뜻이야? 온 성도가 어떤 일에 대해 기도한다 해도 한 사람이 기도하는 것과 다를 바 없다는 거네?"

"의인의 간절한 기도는 효과가 크다고 했어."

율라가 말했다. 그녀는 킹제임스 성경의 지지자였지만, RSV와 NASB도 용인하는 편이었다.

"그렇다면 네가 충분히 거룩하면 하나님이 네 기도를 들으실 거라는 뜻이야? 그런 거야?"

트레샤가 말했다.

세실리아는 몸을 앞으로 기울이며 말했다.

"클라라, 네가 너무 조용하다."

클라라는 커피를 한 모금 마셨다.

"많은 사람이 어떤 일에 대해 기도하는 것은 하나님이 들으시거나 행동하시도록 강요하는 게 아니야. 하나님은 모든 것을 알고 계시니까… 하나님은 우리에게 무엇이 필요한지, 왜 우리가 부르짖는지 이미 알고 계시기 때문에 기도는 하나님께 정보를 드리는 게 아니야."

"그럼 왜 기도하는 건데?"

세실리아가 말했다.

클라라는 손을 들며 말했다.

"너희가 나한테 답변을 요청했으니 내가 한번 말해볼게."

세실리아는 웃으며 등을 기대고 앉으면서, 또한 클라라의 발언을 듣는 청중처럼 손을 들었다.

"하나님은 우리가 기도하는 걸 들으셔. 하나님의 관심을 끌기 위해서 확성기가 필요하거나 수많은 사람들을 동원할 필요는 없어. 하지만 기도의 목적은 우리가 원하는 걸 얻는 것이 아니야. 기도는 기도하는 그 사람을 변화시키지. 자녀가 곧고 좁은 길을 가게 해달라고 기도하는 부모가 있어. 나도 클라이드에게 그런 부모였다는 거 너희도 알 거야. 우리는 모두 자녀들에 대해 이런 저런 일로 맘고생을 했지. 하지만 내가 발견한 사실은 이거야. 내가 클라이드에 대해 걱정할 때마다 하나님은 내 안에 어떤 일을 행하셨어. 하나님은 내 아들만큼 내 마음도 변화시키길 원하셨던 거야. 결국 그 아이 때문에, 또 그 아이로 인해 겪은 일들을 통해 내가 생각했던 것보다 훨씬 더 하나님을 의지하고 신뢰하도록 도와주셨지."

"아들이 네 속을 많이 썩였지."

트리샤가 말했다.

"으음."

율라가 동의했다.

"그럼 내 질문은?"

세실리아가 답변에 만족하지 못하고 말했다.

"많은 사람이 기도한다고 해서 더 큰 능력이 나타나지 않는 이유는 그 능력이 사람이 아니라 하나님으로부터 오기 때문이야. 하지만 많은 사람이 같은 것을 위해 기도할 때 일어나는 일은 하나님의 영광을 나타낼 기회가 돼. 모든 것은 하나님의 영광으로 돌아가지. 역사 속의 모든 일, 우리 삶의 목적이 다 하나님의 영광에 있어. 우리의 모든 호흡도."

"하지만 하나님이 영광을 받기 원하시는 건 이기적인 것 아냐? 그건 겸손과 정반대잖아."

세실리아가 말했다.

클라라는 지금 친구들이 더 깊이 파고들도록 그녀를 자극하고 있다는 걸 알 수 있었다.

"내가 얘기해줄게. 충분히 인정받을 자격이 있는 사람이 인정을 받는 게 잘못일까? 하나님은 모든 것을 만드셨어. 어머니의 자궁 속에 어린 아기를 만드셨고, 별들의 자리를 정해주신 분이야. 그분이 우리를 구원하시고 십자가에서 그의 사랑과 선함과 자비를 나타내기 위해 한 가지 계획을 실행에 옮기셨어. 그로 인해 모든 영광이 본래 그 영광의 소유자이신 주님께 돌아가도록 하신 거지. 다른 사람이나 사물에게 영광을 돌리는 건 다 가짜(sham)야.

거기에 e를 붙이면 부끄러움(shame)이 돼. 세상이 공을 잘 잡거나 무대 위에서 몸을 잘 흔드는 사람들에게 영광을 돌리니까 그렇게 된 거야."

세실리아는 미소를 지었고 클라라는 이것이 그녀의 의도였다는 것을 알고 있었다. 즉 클라라가 깊이 몰두하여, 그녀들이 '클라라주의'라고 부르는 해답을 제시하도록 하는 것이었다.

"그럼 클라라, 한 그룹이 같은 것을 놓고 기도하기 시작할 때 어떤 일이 일어나는지 말해줘."

세실리아가 말했다.

"음, 무엇보다 더 많은 사람들이 그 필요에 대해 알게 돼. 더 많은 사람들이 어떤 사람이나 상황을 하나님 앞에 가져오는 일에 관여하게 되지. 하나님은 모든 것을 아시기 때문에 우리가 무엇을 상기시켜드릴 필요가 없어. 하지만 그분은 우리가 사람들의 삶에, 또 우리 주변에서 일어나는 일들에 관심을 갖고 동참하길 원해서. 우리가 하나님과 협력하여, 사람들을 하나님께로 이끄려는 하나님의 계획을 함께 이루길 원하시는 거지. 따라서 많은 사람들이 같은 것을 놓고 기도함으로써 얻는 결과는 하나님께 더 큰 영광을 돌리는 거야. 결국 그렇게 되는 거지. 우리가 기도하는 것도 하나님이 하시는 일에 동참하는 거야. 하나님은 영광을 받으시고, 우리는 하나님과 동행하는 특권을 얻고, 또 그 과정에서 우리가 변화되는 거지. 그 변화를 통해 또 어떤 일이 일어날까? 하나님이 영광을 받으시는 거야."

"넌 그걸 어떻게 알아?"

율라가 말했다.

"빌립보서 2장에서 바울은 예수님과 같은 마음을 품는 것에 대해 이야기하고 있어. 예수님은 이곳에 오셔서 그의 생명을 버릴 필요가 없으셨어. 순종하여 십자가에서 죽으실 필요도 없으셨지. 하지만 그는 자신을 낮추셨어. 그 구절 끝 부분에 무슨 일이 일어나는지 보렴. 하나님이 그를 가장 높은 영광의 자리로 올려주시고, 모든 이름 위에 뛰어난 이름을 주셔서 모든 무릎을 그 앞에 꿇게 하고, 모든 혀가 예수 그리스도를 주로 선언하게 하신 거야. 그리고 그것은 바로 아버지 하나님의 영광이 되는 것이지. 예수님의 사역의 모든 요점, 그가 죄 없는 삶을 사신 이유, 하나님이 예수님을 죽은 자 가운데서 살리신 것과 기적들의 이유는 다 하나님의 영광이었어."

"예수를 찬양하라!"

트레샤가 말했다.

"정말 훌륭해."

율라가 말했다.

"그래 맞아."

세실리아가 말했다. 그러자 클라라가 말했다.

"다음에 힘든 싸움을 만나거든 마음을 단단히 먹어. 기도의 목적은 우리가 원하는 것에 대해 하나님의 마음을 바꾸는 게 아니야. 기도의 목적은 우리 자신의 마음을 변화시켜, 하나님의 영광을 위해 하나님이 원하시는 것을 하도록 만드는 거야."

# 칼을 든 노상강도

토니는 무조건 체육관으로 향했고, 체력 단련실에서 만나자는 마이클의 초청을 받아들였다. 토니가 턱걸이를 하는 동안 마이클은 실내자전거에 올라탔다. 땀을 내며 운동하면서 집에서 있었던 갈등을 잊으려고 애쓰다 보면 기분이 좋아졌다. 근육을 키우려면 화끈거리며 아플 만큼 자신을 채찍질해야 한다는 것을 그는 알았다. 애석하게도 그의 결혼생활은 그와 같지 않았다. 아픔이 그렇게 많았는데도 키워진 것은 거의 없었기 때문이다.

그들의 대화는 일로 향했고, 토니는 전날 있었던 일을 이야기했다. 자랑하려는 것이 아니라, 마이클에게 상황을 이해시키기 위한 것이었다.

"또 보너스를 받았어? 와, 난 아무래도 직업을 잘못 택한 것 같아."

토니는 운동을 계속 하면서 말했다.

"대신 난 응급구조 요원은 못했을 거야."

"잘 알고 있군."

"그리고 넌 영업을 하기엔 너무 차분하지."

마이클은 웃었다.

"그래, 하지만 내가 누군가의 생명을 구할 때마다 보너스를 받는 걸 상상할 수 있겠니? 자, 들어봐. 하임리히 구명법 실시에 200달러, 심폐소생술? 400달러, 그리고 만약 상대가 못생겼으면 1000달러를 받을 거야."

토니는 아령들이 놓여있는 선반으로 옮겨가면서 웃었다. 그는 마이클이 진지한 얼굴로 말하는 유머가 좋았고, 그가 응급구조 요원으로서 만난 사람들에 대한 이야기를 듣는 것도 좋았다.

"마늘을 잘못 삼켜서 목에 걸린 여자한테 구강 대 구강 인공호흡법을 실시해야 했던 거 기억나? 그건 하와이 휴가를 포상으로 받아야 했어."

토니는 25파운드짜리 덤벨을 돌리기 시작했다.

"나라면 못했을 거야."

"아니, 너도 할 수 있었을 거야. 네가 샐러드를 먹는 동안 누군가가 네 앞에서 죽게 내버려두진 않을 테니까."

"난 인공호흡은 안 해, 마이크. 그냥 911에 전화를 하겠지."

"너무 냉정한데? 사람을 죽게 내버려둔다고? 그게 네 아내라면?"

토니는 역기를 자기 허벅지 위에 올려놓고 그대로 잡고 있었다. 만일 엘리자베스가 숨이 막혀서 도움이 필요하다면? 그녀에게 심폐소생술이 필요하다면? 그녀는 아마 나에게 자기 가슴을 잘못 누르고 있다고 할 거라고 그는 생각했다.

마이클은 페달을 밟다 멈추고는 토니의 얼굴에 비친 슬픈 표정을 보았다.

"잠깐만, 자네 무슨 일 있지?"

"무슨 일?"

토니는 평소에 하던 운동을 계속하면서 말했다.

"너와 리즈 사이에 무슨 일 있는 거야?"

토니는 다시 한 번 안간힘을 쓰며 역기를 들어올렸다.

"아무 일도 없어."

"아무 일도 없다고? 팽팽하게 긴장된 네 모습 좀 봐. 전에 있지도 않았던 핏줄들까지 다 튀어나왔어. 야, 도대체 너희 부부관계에 무슨 일이 벌어지고 있는 거야?"

토니는 누구에게도 자신의 힘든 일을 이야기하고 싶지 않았다. 특히 매우 완벽한 마이클 같은 사람에게는 더욱더 그랬다. 하지만 엘리자베스와의 관계가 파국에 가까워지고 있었기 때문에 조만간 설명을 해야 한다고 생각하고 있었다. 그래서 그냥 자연스럽게 얘기하기로 했다.

"마이크, 난 그냥 그녀가 싫증났을 뿐이야. 그래, 내가 말했잖아. 항상 그녀의 잔소리를 듣고 싶지 않아. 그리고 그녀의 문제들도 지긋지긋하고."

마이클은 매우 집중해서 들었다. 자전거 운동기구는 완전히 멈췄다.

"그녀의 문제들? 이봐, 넌 그녀와 결혼했어. 그녀의 문제들도 다 포함해서…. 결혼은 네가 원하는 것만 골라 먹는 뷔페 같은 게 아니라고. 넌 그녀의 모든 걸 가졌어."

그는 다음 말이 충분히 이해되도록 잠시 말을 멈추었다.

"그리고 다른 여자는 가까이하지 않는 게 좋을 거야."

토니는 역기를 든 팔을 뻗었다. 마이클은 어떻게 그런 생각을 한 걸까? 나를 따라다니기라도 하는 건가? 그게 뻔히 보인 걸까?

"이제 내 사생활에 심폐소생술을 하려고 하는 거야?"

그것은 방어하는 말이었지만, 토니는 적어도 태연한 척이라도 해야 했다. 그가 무슨 말을 해야 했겠는가? 다른 사람을 찾고 있다고?

마이클은 운동을 다시 시작했다.

"그래, 난 응급구조 요원이야. 하지만 그리스도인이기도 해. 그건 내가 사람들을 돕는다는 뜻이지."

"마이크, 우린 오랜 친구야. 하지만 어떤 일들은 상관하지 않으면 좋겠어."

"맞아. 그리고 우린 오랜 친구이기 때문에 더더욱 너의 결혼생활이 죽어가는 걸 그냥 보고 있지 않을 거야. 옆에서 피가 철철 나는데 샐러드만 먹고 있지 않을 거라고."

토니는 역기를 내려놓고 일어나 운동가방을 집어 들었다. 그는 알 수 없는 미소로 마이클을 보며 약간 빈정대는 말투로 말했다.

"교회에서 보자."

마이클은 나가는 그의 뒤에서 소리쳤다.

"네 안에 있는 교회를 봐, 친구."

토니는 대꾸를 하기 싫어서 계속 걸어갔다. 마이클까지 자신에게 죄책감을 갖게 할 필요는 없었다. 그는 문을 박차고 나와 주민센터 로비를 지나며 프런트에 있는 접수원을 지나쳐갔다. 그녀는 엘리자베스의 친구였다. 이름이 뭐였더라? 그가 그녀에게 고개를 까닥하고는 지나가는데 그녀에게서 냉기가 느껴졌다. 엘리자베스가 자기 친구에게 그에 대해서, 또 그들의 결혼생활에 대해서 뭐라고 말했는지 궁금했다.

차에 올라타서 가는 동안 마이클에게 반박할 말들이 몇 가지 생각났다. 하나님에 대한 믿음이 위태롭게 흔들리게 만드는 의문들도 떠올랐다. 전능하신 하나님은 결혼생활을 행복하고 활기차게 만드셨다. 그것이 하나님께서 그의 자녀들에게 원하시는 것이 아니었는가? 그런데 토니는 행복하지 않았고 엘리자베스도 마찬가지였다.

사실 엘리자베스가 행복하지 않은 주된 원인 중 하나가 토니였다. 그리고 그가 집에 들어갔을 때 귀에 거슬리는 소리가 계속 들리는 주된 이유가 그녀였다. 두 사람이 각자의 길을 가는 것이 오히려 사랑과 배려를 나타내는 방법일지도 모른다. 힘들겠지만 결국은 그 길이 행복한 길일 것이다.

'다니엘은 어떻게 하고?'

마이클의 목소리가 그의 머릿속에서 들렸다.

다니엘은 이해하지 못할 것이다. 그것을 이해하기엔 너무 어렸다. 하지만 주말과 특별한 행사 때마다 딸아이의 삶 속에 있을 것이다. 생일과 졸업식 때도……. 같은 집에서 잠만 자는 것보다 차라리 멀리 있으면 더 좋은 아빠가 될 것 같았다. 그리고 그는 마침내 무거운 의무감에서 해방될 것이다. 온갖 잔소리와 불평을 계속 들어야 할 의무와 바보가 된 듯한 느낌에서 해방될 것이다.

엘리자베스는 그를 존중하거나 그가 제공해준 것, 열심히 일한 것에 감사하는 대신, 그를 늘 모자란 사람처럼 취급했다. 따라서 자신이 가족과 떨어저 살면 행복할 것이고, 그 행복이 다니엘에게 흘러가서 결국 아이도 더 좋아질 것이라는 생각이 들었다.

여기서 결정을 내리는 것이 사랑을 표현하는 길이었다. 엘리자베스는 그가 가정에서 리더가 되길 원했고, 그가 바라는 것도 바로 그거였다. 체육관에서 운동할 때처럼 잠깐의 고통은 장기적인 유익을 가져다준다. 가족들과 친구들로부터 오는 심문들을 견뎌내고 행복한 삶을 향해 나아갈 것이다.

토니가 차고 문을 열 때 다시 한 번 홀컴에서 만났던 베로니카 드레이크가 떠올랐다. 어쩌면 거래의 세부사항들을 논하기 위해 계획보다 더 일찍 그곳에 다시 가야 할지도 모른다. 저녁식사를 하게 될 수도 있다. 하룻밤을 보내게 될 수도 있다. 어쨌든 자신의 행복에 대해 생각하기에 절대 이르지 않다고 그는 생각했다.

엘리자베스는 한 번도 거래보다 그녀의 삶에 더 관심이 있어 보이는 사람의 집을 팔아본 적이 없었다. 그런데 클라라는 그녀와 토니의 관계에 대해, 다니엘에 대해, 그들의 전반적인 가정환경에 대해 더 많이 알기를 원했다. 엘리자베스는 오후에 시간이 빌 때 다니엘에게 같이 시내 공원에 가서 줄넘기를 하거나 비둘기에게 먹이를 주자고 했다. 그리고 클라라를 초대하면 좋겠다는 생각이 들었다.

그녀는 두 번 생각할 필요도 없어서 클라라에게 말했다.

"정말 좋겠는걸. 당신이 올 때까지 준비하고 있을게요."

클라라가 말했다.

다니엘은 엄마의 고객을 만나는 것에 대해 약간 긴장했지만, 곧 클라라의 집에 이르렀고 노부인은 다니엘을 마치 친손녀처럼 대해주었다. 그들은 시내 공원에 가서 벤치에 앉아 샌드위치를 먹었다. 다니엘이 클라라에게 줄넘기로 할 수 있는 묘기를 보여주자, 그녀는 깜짝 놀라는 듯했다.

"네가 줄넘기를 한다고 했을 때 그냥 줄만 넘는 줄 알았는데 세상에나! 넌 내 커피 그라인더보다 더 빠르구나! 정말 놀라워!"

다니엘은 샌드위치보다 클라라의 관심에 더 열중했다. 그리고 빵 껍질과 부스러기들을 근처의 다람쥐와 새들에게 주었다.

"정말 대단한 아이에요. 이 작은 아이에게서 당신이 보여요."

클라라가 말하자 엘리자베스는 미소를 지었다.

"저 아이의 에너지가 저한테 있으면 좋겠네요."

클라라는 웃었다.

"당신한테서 저 아이에 대해서 많이 들었지만, 이렇게 직접 보니 기도하는 데 도움이 될 것 같아요. 더 많은 걸 알게 됐어요."

"무슨 뜻이에요?"

"난 하나님이 구체적인 기도를 들어주신다는 걸 알게 됐어요. 당신은 하나님께 이 아이를 축복해달라고 기도할 수 있어요. 너무 포괄적이어서 하나님이 하품을 하실지도 모르죠. 아니면 다른 사람이 겪고 있는 일의 중심에 다다르는 화살기도를 드릴 수도 있어요. 내 말 뜻을 알겠어요?"

엘리자베스는 고개를 끄덕였다.

"저는 하나님과 함께 최대한 구체적으로 대화하려고 노력해왔어요. 그런데 때로는 하나님이 제 말을 듣고 계신 것 같지가 않아요."

"음, 하나님은 누군가가 저 아이를 위해 기도하는 걸 들으셨어요."

클라라는 다니엘을 향해 고개를 끄덕이며 말했다.

"이 만남이 나한텐 정말 특별한 선물이었어요, 엘리자베스. 여기 와서 정말 즐거워요. 당신 딸은 정말 귀한 아이에요."

"그렇죠. 저 아이한테 동생이 있었으면 하는 생각이 들 때가 있어요. 우린 그저 일만 하느라 너무 바빴죠. 그게 현명한 일이었는지 잘 모르겠어요."

"당신의 일이 즐겁지 않아요?"

"즐거운 날도 있어요. 오늘 아침에 집을 한 채 팔았는데, 정말 좋았어요. 그런데 저는 돈보다 행복한 결혼생활을 더 원해요."

다니엘이 뛰어오자 클라라는 부드러운 눈길로 아이를 바라보았다.

"엄마, 아이스크림 먹어도 돼요? 저기서 팔아요."

다니엘은 근처에 있는 아이스크림 가게를 가리켰다.

엘리자베스는 클라라에게 물었다.

"아이스크림 드시겠어요?"

클라라는 다니엘에게 이렇게 말했다.

"자, 이렇게 하자. 네가 가서 아이스크림을 사오고, 네 엄마가 차까지 나와 함께 걸어가게 해주면, 내가 아이스크림을 값을 내줄게."

"오, 아니, 아니에요. 제가 낼 거예요."

엘리자베스가 말하자 클라라는 자신의 지갑에 손을 넣었다.

"나한테서 축복을 빼앗아가려고요? 내가 내고, 우리 다 같이 먹을 거예요. 나는 버터 피칸 두 스쿱 부탁해. 컵으로."

그녀는 다니엘에게 20달러 지폐를 건넸다.

"난 쿠키앤크림 한 스쿱."

엘리자베스가 말했다.

"그리고 우리가 차를 가지고 널 태우러 갈 테니, 거기 그대로 있으렴."

"알겠어요."

다니엘이 활짝 웃으며 말했다.

"지렁이모양 젤리랑 초콜릿 시럽을 얹은 딸기 서벗 먹어도 돼요?"

말만 들어도 속이 메스꺼운 조합이었지만, 그녀는 딸에게 고개를 끄덕여 주었다. 아이가 떠나자 클라라는 웃음을 보였고, 그들은 다니엘이 조심스럽게 길을 건너는 걸 지켜보았다.

"그럼 평일에는 주로 어떻게 보내세요?"

차를 주차해놓은 곳으로 천천히 걸어가면서 엘리자베스가 말했다.

"음, 주중에 아들이 한두 시간 정도 들러요. 장을 보러 가고, 가끔 병원도 가고. 교회 예배에 참석하고 주중 기도 모임도 해요. 때론 차를 몰고 남편이 묻힌 묘지를 보살피러 가기도 하죠. 그리고 금요일 오후엔 친구들과 모여서 커피를 마셔요. 그 외에는 책을 많이 읽고 예수님과 함께 시간을 보내요."

그들은 엘리자베스가 차를 주차해놓은 골목의 끝에 가까이 왔다.

"전에는 친구들과 보내는 시간이 아주 많았어요. 전에는 내 일이……."

그때 한 젊은 남자가 갑자기 그들 앞에 나타나 칼을 꺼내들며 소리쳤다.

"어이!"

그는 야구 모자를 뒤로 쓰고 눈빛이 정상이 아닌 백인이었다.

"당장 돈을 내놔!"

엘리자베스는 순전히 본능적으로 클라라를 보호하기 위해 그녀 옆으로 붙었다. 둘 다 그 사람을 보고 깜짝 놀라서 뒤로 한 걸음 물러섰다. 엘리자베스는 클라라를 진정시키고 그녀가 넘어지지 않도록 붙잡아주려 했다. 순간 다니엘이 생각났고, 그 애가 같이 있지 않은 것이 다행이라고 생각했다. 그녀는 항상 이런 상황에서는 상대가 원하는 것을 주어야 아무도 다치지 않는다고 들어왔다.

"들었어? 둘 다 당장 돈을 내놓으라고!"

엘리자베스는 그를 진정시키기 위해 한 손을 들었다.

"알았어, 알았어, 돈을 줄게. 그러니까 제발 그 칼만 내려놔."

"어서, 당장 내놓으라고."

강도가 칼을 눈높이로 들면서 말했다.

엘리자베스는 지갑을 열었다. 정말 순식간에 일어난 일이었다. 어떻게 그가 숨어있는 것도 못 봤을까? 고개를 저으며 그 젊은이가 그들을 공격하지 않기를 기도했다. 둘 다 그냥 무사히 살아남기만을 기도했다.

그때 옆에서 아주 강하고 단호한 목소리가 들렸다.

"안 돼. 당장 그 칼을 내려놔. 예수님의 이름으로 명한다."

조금도 두려운 기색도, 긴장한 기색도 전혀 없었다. 그저 분명하고 강한 목소리가 골목이 떠나갈 듯 울려 퍼졌다.

강도는 클라라를 빤히 쳐다보더니 다시 엘리자베스를 향해 눈길을 돌렸다. 그는 혼란스러우면서도 화가 난 듯했다. 그리고 골목을 흘긋 쳐다보고 다시 그들을 보고는 마침내 칼을 내렸다.

"클라라 부인, 그냥 돈을 줘요. 그렇게까지 할 필요 없어요."

하지만 클라라는 꿈쩍도 하지 않았다. 그녀가 완강히 버티자 강도는 그녀의 시선을 견디지 못하고 눈길을 돌렸다.

잠시 후 그의 얼굴이 변하더니 공황상태에 빠진 듯했다. 그는 옆으로 두 걸음 비켜서 그들을 지나쳐 거리로 뛰어갔다.

엘리자베스는 휴대폰을 꺼내 911에 전화를 걸었다. 그때 다니엘이 그들을 향해 걸어오고 있는 것이 보였다. 아이스크림은 이미 녹고 있었다.

"무슨 일 있었어요?"

다니엘이 엄마의 두려움에 질린 얼굴을 보고는 말했다.

"저 골목 뒤에서 강도 같은 젊은 남자와 한바탕 싸웠단다. 내 버터 피칸 사왔니?"

클라라가 말했다.

엘리자베스는 클라라의 그 담대했던 모습에 고개를 저었고, 그들은 경찰차가 올 때까지 기다렸다. 경찰관 두 명이 그들의 이야기를 들었다.

"그 남자가 20대 초반으로 보였나요?"

한 경찰관이 물었다.

"네, 아마 스물다섯쯤."

엘리자베스가 말했다.

클라라는 배가 고파 죽을 지경이었던 사람처럼 아이스크림을 퍼먹었다.

"그럼 제가 정리해보겠습니다. 그가 당신들에게 칼을 겨누고 있었는데, 당신이 예수님의 이름으로 칼을 내려놓으라고 했습니다."

두 번째 경찰관이 말하자, 클라라는 고개를 끄덕이며 한 손을 뻗었다.

"맞아요. 그걸 기록할 때 예수님을 빼면 안 돼요. 사람들은 항상 예수님을 빼다니까. 우리가 이렇게 엉망이 된 이유가 바로 거기에 있어요."

그녀는 다시 아이스크림을 먹으며 컵을 다 비웠다. 경찰관들은 어떻게 대답해야 할지 모르겠다는 눈빛으로 서로를 쳐다보았다.

"아시다시피, 걱정스러운 건 당신들이 쉽게 죽을 수도 있었다는 겁니다."

"그래요. 그래서 많은 사람들이 아마 그에게 돈을 줬을 거예요. 이해해요. 하지만 그건 그들이 결정한 일이에요."

경찰관들이 보고를 위해 정보를 기록하는 동안 클라라는 그들이 앉은 벤치에서 엘리자베스와 다니엘에게 더 가까이 기대며 말했다.

"그 아이스크림 안 먹을 거예요, 엘리자베스?"

"네, 먹고 싶은 마음이 다 사라졌어요."

"그럼 내가 도와줄게요."

클라라는 컵으로 손을 뻗었다.

"완벽하게 맛있는 아이스크림을 버릴 이유가 없지."

경찰관들은 쿠키앤크림 아이스크림을 열심히 먹는 클라라를 유심히 쳐다보았다.


경찰 보고서가 완성된 후, 엘리자베스는 클라라를 집까지 태워다주었다. 그녀는 두 사람에게 안으로 들어오라고 했다. 엘리자베스는 토니에게 전화를 걸어 일어난 일을 알렸다.

토니는 전화를 받았을 때 다른 일에 정신이 팔린 듯한 목소리였다. 그녀는 그가 또 출장을 가고 있다는 걸 알았고, 아마 회의하러 가는 길일 거라고 생각했다. 그래도 그녀는 계속 이야기했다.

"당신을 귀찮게 하려는 건 아니야. 다만 내가 오늘 강도를 만난 걸 당신이 알아야 할 것 같아서……."

"강도를 만나?"

"그런 거나 다름없어. 그 남자가 칼을 들고 있었거든."

"뭐! 당신이 어디 있었는데?"

엘리자베스는 클라라의 집 현관을 걸으며 그에게 이야기했다. 다니엘은 무릎 위에 책을 놓은 채 혼자 그네에 앉아 있었다.

"음, 그곳은 도시에서 가장 좋은 곳이 아니군. 그래서 뭘 가져갔어?"

"아니."

"다행이네."

"그게 다인가? 그가 물어볼 게 그것밖에 없는 건가?"

"무슨 문제 있어?"

토니가 말했다.

"당신은 괜찮은 거잖아, 그렇지?"

"응, 우린 괜찮아. 하지만 토니, 당신이 좀 더 관심을 보일 줄 알았어."

"이봐, 내가 할 수 있는 일이 아무것도 없잖아. 난 지금 여기서……."

"당신이 그 일에 대해 아무것도 할 수 없었다는 건 나도 알아."

그녀가 말을 끊고 말했다.

"난 다만 너무 무서웠다고 말하는 거야. 그리고 다니엘이 우리와 함께 있었다고 생각해봐."

"정말 무서웠겠네. 하지만 진정해. 당신은 무사하잖아."

"그래, 난 그저 당신이 알고 싶어할 줄 알았어."

"나도 알고 싶어. 하지만 이제 끝난 일이야, 리즈."

"알았어. 나중에 얘기해. 안녕."

무감각함, 냉담함, 그 느낌이 전화선을 통해 전해졌다. 토니는 관심도 없는 걸까? 언제 관심을 가진 적은 있었던가?

그녀는 순간 전화기를 집어 던지고 싶었다. 하지만 심호흡을 하고 딸에게 눈을 돌렸다.

"다니엘, 엄마가 클라라 부인과 이야기하는 동안 책 좀 읽고 있을래?"

"엄마 전화기로 제니퍼에게 문자메시지 보내도 돼요?"

다니엘의 얼굴이 갑자기 밝아졌다.

엘리자베스는 잠시 생각한 다음 말했다.

"그래, 하지만 너무 길게는 하지 마. 난 네가 책을 읽기 원해, 알겠지?"

"네, 엄마."

클라라는 종이와 펜을 들고 거실에서 기다리고 있었다.

엘리자베스는 그녀와 마주보고 앉았다.

"미안해요. 토니에게 전화를 해야 한다고 생각했어요."

"이해해요."

"아마 그가 더 놀랄 거라고 생각하셨을 거예요. 하지만 그는 계속 우리 다 괜찮으니 그만 진정하라고만 하네요."

클라라는 입술을 씰룩거리고 고개를 좌우로 흔들며 얼굴을 찌푸렸다.

"나도 아직 진정이 안 돼요."

"정말이에요? 당신은 아까부터 침착해 보였는데요."

"네, 하지만 아이스크림에서 엄청난 당을 섭취했잖아요. 그 블록을 몇 바퀴 뛰고 싶었다니까요."

클라라는 팔꿈치를 들고 올림픽에 출전한 운동선수처럼 달리는 시늉을 했다. 그러자 엘리자베스는 미소를 지었다. 그녀는 정말 놀라운 사람이었다. 엘리자베스는 그녀를 만날 때마다 그녀에 대해 새로운 사실을 알게 되었다.

"오, 우린 토니에 대해 이야기하던 중이었죠."

클라라가 말했다.

"당신이 할 일이 있어요."

그녀는 엘리자베스에게 종이와 펜을 건넸다.

"이게 뭐예요?"

"그가 잘못한 일에 대해서 떠오르는 대로 다 적어보세요."

그녀는 고개를 저으며 얼굴을 찌푸렸다.

"그걸 다 쓰려면 한참 걸릴걸요?"

"그럼 중요한 것들만 적어 봐요. 조금 있다가 확인하러 올 게요."

클라라는 가버렸고, 엘리자베스에게 남은 건 종이와 그녀의 생각들뿐이었다. 그녀는 분한 마음, 자신이 통제받고 있고 원치 않는 일을 하도록 강요받고 있다는 유치한 감정을 억눌렀다. 그리고 대신 클라라가 시킨 일을 했다.

작년에 우리의 기념일을 잊어버렸다.

일을 가족보다 더 우선시한다.

집안에서 애완동물 키우는 걸 반대한다.

나의 감정을 나누려 할 때 방해한다.

말다툼을 하는 동안 나가버린다.

다른 여자들을 쳐다본다.

믿음의 가정을 만드는 데 관심이 없다.


일단 시작하니 홍수처럼 밀려들었다. 그녀는 발생순서대로 적지 않고 생각나는 대로 적었다. 때로는 너무 빨리 떠올라서 잊어버리지 않으려고 급히 적었다. 첫 번째 페이지를 다 채우고 다음 장으로 넘어갔다. 그런데 쓸수록 더 많은 것들이 떠올랐다. 너무 사적인 부분이라 글로 쓸 수 없는 것들도 있었다. 그래서 그냥 '말하기 민망함'이라고 썼다. 그녀가 막 탄력을 받아서 적고 있을 때 클라라가 돌아와서 앉았다.

"거의 세 페이지가 되는군요."

"더 쓸 수도 있어요. 하지만 읽어보시면 요점이 보일 거예요."

"난 읽지 않을 거예요."

엘리자베스는 어리둥절해서 고개를 갸웃했다. 이건 다 토니가 잘못한 일을 그녀에게 말하기 위한 것이 아니었나?

클라라는 앞으로 몸을 기울이며 말했다.

"내가 당신한테 묻고 싶은 건, 이 모든 잘못들을 볼 때 하나님은 여전히 토니를 사랑하신다고 생각하나요?"

엘리자베스는 그 질문에 대해 생각했다. 신학적인 대답은 하나님이 모든 사람을 사랑하신다는 것이었다. 그녀는 유감이 담긴 목소리로 말했다.

"그렇다는 거, 우리 둘 다 알잖아요."

"당신은?"

엘리자베스는 시선을 다른 데로 돌리지 않고 클라라만 쳐다보려고 노력했다. 그리고 웃음을 애써 참았다.

"저를 참 곤란하게 만드시네요."

클라라는 미소를 지으며 기다렸다. 엘리자베스는 사랑이란 바로 이것이라고 생각했다. 미소 지으며 기다려주는 것······.

"제 마음속엔 토니를 향한 사랑이 있어요. 하지만 많은 좌절감 밑에 묻혀 있죠."

묻혀 있다, 참 적절한 말이었다. 그들의 관계는 오래전에 묻혀버렸고, 그 위에 돌도 없었지만 그녀는 차가운 흙 밑에서 앙상해진 뼈들을 상상만 할 수 있을 뿐이었다.

클라라는 고개를 끄덕였다.

"그래서 그에게 은혜가 필요해요."

"은혜요? 그가 은혜를 받을 자격이 있는지 모르겠네요."

또 한 번 마음속을 꿰뚫어보는 듯한 눈빛이 보였다.

"당신은 은혜 받을 자격이 있나요?"

갑자기 엘리자베스는 자신이 노출된 느낌이 들었다. 이 여자는 칼을 든 강도를 다루는 법을 알고 있다. 그녀는 또한 질문으로 정곡을 찌르는 법도 알고 있었다.

"클라라 부인, 당신은 저를 코너로 몰아서 당혹스럽게 만드는 습관이 있군요."

"나도 그렇게 느꼈어요. 하지만 다시 한 번 묻습니다. 당신은 은혜 받을 자격이 있나요?"

엘리자베스는 자기가 토니에 대해 쓴 글들로 빽빽한 종이를 보았다. 만약 그에게 똑같은 기회를 준다면 뭐라고 썼을지 궁금해졌다.

"성경은 이렇게 말하죠 '의인은 없나니 하나도 없으며' 실은 우리 중 누구도 은혜 받을 자격이 없어요. 하지만 모두들 하나님의 용서를 받기 원하죠."

그것은 엘리자베스가 주일학교에서 배운 모든 교훈들을 한마디로 요약한 것이었다. 지금까지 삶 속에서 하나님은 엘리자베스에게 중요한 주제였다. 하지만 클라라의 말을 들으면 하나님이 하나의 주제가 아니라 모든 것인 듯했다. 그녀의 단어장에서 '은혜'는 하나님에 대해 이야기할 때 사용하는 좋은 단어였다. 하지만 클라라는 그 단어를 개인적으로 사용하여, 그녀를 진리로 끌어당기고 있었다.

"엘리자베스, 요약하면 이거예요. 예수님은 십자가 위에서 피를 흘리셨어요. 당신이 그럴 만한 자격이 없을 때 당신을 위해 죽으셨어요. 그리고 무덤에서 부활하셔서, 그에게 나아오는 자들은 누구에게나 용서와 구원을 베풀어주시죠. 하지만 성경은 또한 우리가 다른 사람들을 용서하지 않으면서 우리를 용서해달라고 구할 수 없다고 말해요."

엘리자베스는 고개를 끄덕였다.

"알아요, 클라라 부인. 하지만 그렇게 하기가 힘드네요."

"맞아요, 그거예요! 맞아요! 하지만 바로 거기에 은혜가 들어온답니다! 하나님은 우리에게 은혜를 주시고, 우리가 그 은혜를 다른 사람들에게 나누도록 도와주세요. 그들이 받을 자격이 없을 때에도 말이죠. 우리 모두 심판을 받아야 마땅한 존재들이에요. 실제로 우리가 회개하고 하나님의 아들을 믿지 않으면 거룩하신 하나님이 우리를 심판하시지요. 나도 레오를 용서해야 할 일들이 몇 가지 있었어요. 물론 쉽지 않았죠. 하지만 그것이 나를 자유롭게 해주었어요."

자유, 엘리자베스가 너무도 간절히 원했던 단어였다. 그리고 마침내 그 단어들이 서로 잘 어울리는 것 같아 보였다. 은혜, 자유, 물론 그 뒤를 잇는 좋은 단어들이 더 있었다.

"엘리자베스, 당신의 마음의 왕좌에는 당신과 하나님 둘 다 있을 공간이 없어요. 하나님이 계시거나 아니면 당신이 있는 거예요. 당신이 내려와야 해요. 지금 당신이 승리를 원한다면 먼저 항복해야 할 거예요."

엘리자베스는 그런 생각을 떨쳐버렸다.

"하지만, 클라라 부인. 제가 그냥 뒤로 물러나서 용서하는 것은 좋아요. 그런데 그가 저를 깔아뭉개도록 내버려두어야 한다는 거예요?"

"하나님께 맡기면, 그분이 얼마나 좋은 피고 측, 즉 당신의 변호사인지 알게 될 거라 믿어요. 그 문제를 하나님께 맡기세요. 그러면 진짜 적에게 당신의 초점을 돌릴 수 있어요."

"진짜 적?"

"계속 숨어 있기 원하는 적이 있죠. 당신을 산만하게 하고, 속이고, 하나님과 남편에게서 격리시키려고 하는 적 말입니다. 그게 그가 일하는 방식이에요. 사탄은 훔치고, 죽이고, 파괴하러 오지요. 그리고 그는 당신의 기쁨을 훔치고, 당신의 믿음을 죽이고, 당신의 가정을 파괴하려 하고 있어요."

그녀는 점점 흥분해서 설교단을 세게 치려고 하는 옛날 설교자처럼 격렬해 보였다.

"내가 당신이라면, 하나님과 함께 내 마음을 바로잡을 거예요. 그리고 당신은 기도로 당신의 싸움을 해야 해요. 하나님의 말씀으로 진짜 적을 당신의 집에서 내쫓아야 해요."

엘리자베스가 하루 동안에 나눈 많은 대화들은 그저 왔다 갔다 하는 말과 개념들에 불과했다. 실제로 그녀는 많은 대화를 주의 깊게 듣지 않았다. 분위기를 잡기 위한 배경음악처럼, 대화도 그런 것이었다. 하지만 클라라와 나눈 대화는 보통의 대화와 달랐고, 단지 두 사람 사이에 몇 가지 생각들을 주고받는 것 이상의 의미가 있었다.

그녀는 클라라를 뚫어지게 쳐다보았다.

"이젠 당신이 싸워야 할 때가 됐어요, 엘리자베스. 당신의 결혼생활을 위해 싸워야 해요! 진짜 적과 싸워야 해요. 기를 쓰고 달려들어 싸워야 해요."

엘리자베스는 힘과 투지가 생기는 걸 느꼈다. 은혜를 이해함으로써 그녀가 한 번도 경험하지 못했던 사랑할 자유가 찾아왔다.

그녀는 클라라의 성경책을 힐끗 보았다. 그녀는 항상 성경책을 이야기들로 가득한 책으로 생각해왔다. 악전고투 끝에 성공한 사람들의 이야기와 교훈들이 담긴 책 말이다. 그러나 클라라의 말이 옳다면, 그것은 단순한 이야기책이 아니었다. 그것은 전투 설명서였다. 하나님으로부터 오는 깊은 용서와 사랑을 향해 가는 길로서, 그녀가 다른 사람들을 용서하고 사랑할 수 있게 해주는 책이었다.

그녀는 자신에게 뭔가 활기가 생기는 것 같았다. 무언가가 되살아났다. 참으로 오랜만에 엘리자베스는 자신이 잃어버린 것을 발견했다. 바로 그녀 자신에 대한 희망이었다. 토니와 다니엘에 대한 희망, 상황이 달라질 수 있다는 희망, 바로 그녀의 가족을 위한 희망이었다.

그녀는 클라라의 어깨에 손을 얹었고, 클라라는 그녀를 꼭 안아주었다.

"내가 한 말을 잘 생각해봐요."

"그럴게요."

엘리자베스는 멍한 상태에서 말했다.

그녀는 집으로 오는 내내 눈물을 닦았다. 다니엘이 질문을 하지 않은 것이 다행이었다.

## 토니의 외도

토니는 자신의 휴대폰을 빤히 쳐다보았다. 엘리자베스의 이야기에 마음이 흔들렸다. 그의 아내가 강도를 만났다. 중대한 위험에 처했던 것이다. 어쨌든 그녀의 말로는 그랬다. 그렇지만 엘리자베스는 평소에도 약간 호들갑스러운 편이었다. 어쩌면 그냥 노숙자였는데 칼을 들고 있다고 그녀가 착각했을지도 모른다. 그리고 그냥 동전이나 좀 달라고 했을 수도 있다.

그는 베로니카 드레이크의 사무실로 돌아갔다. 회의 중에는 휴대폰을 받지 않았지만, 어쩌다 보니 엘리자베스가 전화한 것을 보게 되었고, 갑자기 죄책감이 들어 밖으로 나와 전화를 받은 것이었다.

"죄송합니다."

그가 말했다.

"괜찮아요. 중요한 전화였나 봐요."

베로니카가 말했다.

그녀의 목소리는 벌꿀만큼 달콤했다. 매혹적인 미소에 한눈에 반할 만한 몸매를 가졌다. 게다가 그녀는 토니를 세상에서 가장 중요한 사람처럼 대해주었다. 커피를 가져다주고, 바쁜 스케줄에도 그를 위해 시간을 내주었다.

"여기서 중요한 것은 정확히 당신 회사에 필요한 것을 브라이트웰 제약회사에서 얻을 수 있다는 겁니다. 정확한 시간에 말이죠. 지금 우리가 어디까지 얘기했죠?"

토니가 말하자 그녀는 책상 위에 있는 서류들을 넘겨보았다.

"계약서 서명, 선적 일자, 대금 지불 일정이 있네요."

그녀는 그를 올려다보며 아랫입술을 살짝 깨물었다.

"당신의 개인 휴대폰 번호를 알고 있으니 언제든 필요할 때 연락할게요. 우리는 잘 맞는 것 같아요."

그는 두 손을 책상에 얹고 서류 위로 몸을 구부렸으나 시선은 그녀의 눈으로 향했다. 베로니카는 아름다운 여자였다. 게다가 그녀의 눈빛은 그의 마음을 흔들리게 했다.

"우린 상대에 대해 이야기하지 않았어요."

토니가 말했다.

"저요?"

"물론 난 영업 중이에요. 하지만 코치 역할도 브라이트웰을 위한 내 일의 일부로 여기고 있어요."

"코치요?"

베로니카가 머리를 살짝 숙이며 말했다. 그녀의 눈빛이 반짝거렸다.

토니는 그녀의 의자 귀퉁이에 앉았다.

"스포츠에 대한 경험에서 나온 생각이에요. 삶에서 가장 중요한 것은 한 팀의 일원이 되는 거죠. 사람들을 같은 방향으로 움직이게 하는 거예요."

"그러니까 모든 것이 경쟁이라는 뜻이네요? 영업이 다 그런 거 아니에요? 그래서 당신이 일을 잘하는 건가요?"

그녀의 말에 토니는 미소를 지었다.

"경쟁은 아무 잘못이 없습니다. 실제로 경쟁은 한 사람 안에 있는 가장 좋은 것을 이끌어낼 수 있죠. 당신은 가능할 수 있는 최고가 되기 위해 노력합니다. 그리고 당신이 최고가 될 때 다른 사람들도 그 길로 끌어들이는 거죠."

베로니카는 의자에서 몸을 뒤로 젖히며 턱 밑에서 손가락을 꼬았다.

"좀 더 말해주세요, 조던 코치님."

"그러니까, 코치로서 난 말하는 것보다 듣는 걸 더 많이 하려고 노력해요. 그 사람의 희망과 꿈들을 찾아내는 거죠. 예를 들어, 당신은 홀컴에서 일한 지 얼마나 됐죠?"

베로니카는 그에게 이야기하며 자신의 사생활에 대한 정보를 주었다. 그는 계속해서 그녀의 이성관계에 대해 물었다.

"당신같이 매력적인 사람은 분명 오래 사귄 남자친구가 있을 텐데요"

그녀는 웃음을 참으며 얼굴이 붉어졌다.

"당신이 말하는 게 그런 뜻이라면, 뭐 남자친구들이 있었죠. 하지만 지금은 적절한 상대가 나타나길 기다리고 있어요."

"그게 현명한 겁니다. 많은 사람들이 적합한 상대를 기다리질 못해요. 그저 처음으로 사랑한다고 말해주는 사람을 덥석 붙잡죠. 당신은 똑똑하고, 지혜롭고, 젊고, 아름다우니 밝은 미래가 보이는군요."

"코치가 선수에게 아부하는 것 말고 더 하는 일이 있나요?"

토니는 웃었다.

"이건 아부가 아닙니다. 사실이죠. 하지만 팀원들은 자기 자신을 정확하게 볼 필요가 있어요. 강점과 약점을 현실적으로 파악해야 하거든요."

그녀는 시계를 보더니 팔짱을 꼈다.

"음, 제가 그걸 발견하도록 도와주시려면 더 많은 시간이 필요할 것 같네요. 그런데 전 10분 뒤에 다른 회의가 있는데요."

"아직 이야기해야 할 것이 많이 있어요. 저녁을 먹으면서 이 이야기를 계속할 기회를 저에게 주지 않으시겠어요?"

토니가 말했다. 그녀의 눈이 휘둥그레지더니 이내 미소를 지었다.

"저에게 저녁을 사주고 싶으세요?"

그는 고개를 끄덕였다.

"더 할 얘기가 많아서요. 게다가 그건 제 일이거든요. 함께 편안하게 일하게 해준 당신에게 감사를 표하기 위해 제가 대접하는 겁니다."

"조던 코치님, 당신 손가락에 낀 반지가 문제가 될 것 같네요?"

그는 자기가 끼고 있는 결혼반지를 내려다보았다. 실제로 그것이 그의 행복을 가로막고 있는 거라는 생각이 들었다.

"제 아내와 좀 힘든 시간을 보내고 있어요. 아주 오랜 싸움을 하고 있죠."

"그럼 어쩌면 제가 당신을 도와드릴 수도 있겠네요. 말씀하셨죠. 팀 플레이어가 되라고……."

베로니카는 자신의 스케줄을 보더니 다시 그에게 말했다.

"좋아요. 저녁 괜찮아요."

엘리자베스는 집에 와서 곧장 벽장으로 향했다. 단단히 결심을 하고 빈 백의자를 치우고 그녀의 옷가지들도 다른 벽장으로 옮겨놓았다. 구두 상자들도 같은 곳으로 옮겼다.

그녀는 책상으로 가서 성경책과 클라라로부터 받아 적은 종이를 펼쳤다. 그걸 읽자 그녀의 목소리, 격려, 조언이 들리는 듯했다.

"당신이 기도하는 장소에 마법 같은 건 없어요. 하지만 성경은 골방에 들어가 은밀하게 기도하라고 말하죠. 그리고 하늘에 계신 아버지께서 은밀하게 이루어지는 일을 보시고 당신에게 보상해주실 겁니다. 산만하게 하는 것들은 다 치우고, 당신의 마음과 생각을 하나님께 집중시키세요. 그분이 하나님이시고 당신은 그분이 절실히 필요로 하는 사람이라는 것을 인정하세요."

클라라는 엘리자베스에게 성경에서 몇 가지 기도문을 찾아 묵상할 것을 제안했다. 클라라가 제일 좋아하는 기도문은 다윗 왕이 생애 마지막에 드린 기도였다.

"이건 당신이 암기하고 몇 번이고 되뇌어볼 수 있는 기도문이에요. 무엇을 기도해야 할지 생각이 안 나거나 하나님께 감사할 거리가 떨어졌을 때 이 기도문을 외워보세요."

그 기도는 역대상 29장에 나와 있었다. 엘리자베스는 그 말씀을 적으면서 마음으로 기도했다.

여호와여 위대하심과 권능과 영광과 승리와 위엄이 다 주께 속하였사오니 천지에 있는 것이 다 주의 것이로소이다. 여호와여 주권도 주께 속하였사오니 주는 높으사 만물의 머리이심이니이다. 부와 귀가 주께로 말미암고 또 주는 만물의 주재가 되사 손에 권세와 능력이 있사오니 모든 사람을 크게 하심과 강하게 하심이 주의 손에 있나이다. 우리 하나님이여 이제 우리가 주께 감사하오며 주의 영화로운 이름을 찬양하나이다.

엘리자베스는 하나님이 어떤 분이신지를 생각하고 곧바로 그 기도를 드리는 것이 기도를 시작하는 좋은 방법이라고 생각했다.

클라라는 또한 죄 고백에 대해 이야기하는 걸 빼놓지 않았었다.

"먼저 당신이 받은 축복들에 감사하고, 당신의 필요와 요청을 하나님께 올려드리세요. 고백해야 할 것이 있으면 고백하세요. 주님께 용서를 구하세요. 그리고 나서 하나님이 당신을 사랑하시고 보살펴주실 거라고 말씀하실 때 믿기로 결단하세요."

엘리자베스는 그녀가 써놓은 대로 기도하기 시작했고 새로운 생각이 떠올랐다. 토니가 자신에게 잘못한 일들에 초점을 맞추는 대신, 자신이 토니에게 상처 준 일들을 적어보기로 한 것이다. 한번 적기 시작하니 수문이 열린 듯 눈물이 쏟아졌다. 그리고 자신의 부족한 면들이 보이기 시작했다.

남편의 잘못들을 기억해내는 게 훨씬 더 쉬운 일이었지만 자신의 잘못을 적다 보니 무언가 성찰하게 되었고, 자신의 부족했던 점들을 인정하게 될 뿐만 아니라 그것을 하나님께 말씀드리고 죄책감과 수치심을 덜어달라고 기도해야만 했다. 그녀는 또한 언젠가 토니에게도 사과를 해야 한다는 걸 알게 되었다.

재미있는 것은 그렇게 쓰면서 눈물을 흘리는 동안 자유롭고 홀가분해지면서 마음이 편안해졌다는 것이다.

클라라는 하나님께 진리를 구하라고 했다.

"하나님에 관하여 그가 누구신지, 어떻게 역사하시는지, 얼마나 사랑하시는지에 대한 진리를 발견하세요. 그러고 나면 당신 자신에 대해, 당신의 죄와 하나님을 불쾌하게 한 행동들에 대해 진실을 알게 될 겁니다. 언제나 당신의 삶에 대한 진실은 비록 상처가 되더라도 아는 것이 더 좋습니다."

그래서 엘리자베스는 하나님께 진리를 구했다. 참된 것들이 생각날 때마다 적었다. 그리고 각 항목에 대해 기도하며 간구했다.

"아버지, 제가 수도 없이 남편에게 소리 지르고 훼방했던 것을 고백합니다. 그에게 너무 화가 나서 실제로 그의 말을 잘 듣지 않았습니다. 저의 목소리 톤과 그에게 불친절하게 대했던 것을 용서해주시겠습니까? 토니에게 사랑과 존중을 나타내며 정말로 그의 말을 듣기 원하는 마음을 제 안에 생기게 해주시겠습니까? 제 마음속에서 그 일을 해주시겠습니까, 주님?"

"당신의 남편과 딸의 마음을 위해, 그리고 주님께서 생각나게 해주시는 사람을 위해 기도하세요. 서두르지 말아요. 천천히 하세요. 그리고 잘 들어보세요."

클라라는 그렇게 말했었다.

하나님의 음성을 듣는다, 멋진 개념이다. 하나님이 말씀하시는 것을 적극적으로 경청하기 위해 충분히 오래 기다린다는 것은 너무도 좋은 생각이었다. 엘리자베스는 자신이 귀로 어떤 음성을 듣는 것이 아니라 성경을 읽고 하나님이 그녀에게 다가오시기를 갈망하는 과정에서 좋은 생각들이 떠오르리라는 것을 알았다.

그녀는 자신의 벽장 벽에 붙일 종이 3장을 준비했다. 한 장은 토니를 위한 것, 한 장은 다니엘을 위한 것, 그리고 나머지 한 장은 그녀 자신을 위한 것이었다. 토니의 종이에는 그의 직장, 아버지와 남편으로서의 역할, 친구관계, 그리고 그의 마음을 위한 기도제목들을 적었다. 그에게 진실을 말해줄 사람을 그의 삶 속에 보내달라고 기도했다.

아버지, 우리가 부부로서 하나 되게 해주시고, 또 부모로서 하나 되어 우리 딸을 위해 가장 좋은 일을 할 수 있게 해주세요. 원수가 우리를 갈라놓지 못하게 해주세요. 자기 자신에게 의존하는 저와 남편의 마음을 어떻게든 고쳐주십시오. 무슨 일이 있어도 우리가 하나 되어 주님을 의지하게 해주십시오. 클라라가 말한 것처럼, 우리가 하나 되어서 하나님께 영광을 돌릴 수 있게 해주세요.

그녀는 자세를 고쳐 앉고는 자기가 방금 쓴 글을 보았다. 정말 진심으로 쓴 글일까? 그녀는 정말 굴복할 준비가 되었을까? 종이에 적힌 글은 그럴 듯해 보였지만, 그것이 실제 삶에서 어떤 효과가 있을까?

그것이 효과는 있을까? 토니가 반응을 보이기는 할까? 약간 의심이 생겼다. 그녀가 이렇게 하는 것이 단지 노부인이 실에 꿴 당근처럼 희망을 보여주었기 때문이었을까? 아니면 그런 느낌이 그녀에게 실제로 다가왔기 때문일까? 만일 토니가 변하지 않는다면, 상황이 더 나빠진다면, 자신은 믿음을 버릴 것인가? 기도를 중단할 것인가?

그녀는 클라라가 적어준 글에서 의심에 관한 구절들이 적힌 부분을 보았다. 히브리서 11장의 한 부분이 눈에 띄었고, 그녀는 그것을 베껴썼다.

믿음이 없이는 하나님을 기쁘시게 하지 못하나니 하나님께 나아가는 자는 반드시 그가 계신 것과 또한 그가 자기를 찾는 자들에게 상 주시는 이심을 믿어야 할지니라.

그녀는 눈을 감고 목소리를 높여 천장을 향해 말했다.
"하나님, 저는 믿음을 갖기 원합니다. 하나님이 존재하시는 것을 믿습니다. 진심으로 주님을 찾는 자들에게 상 주시는 것을 믿습니다. 그리고 그것이 제가 지금 하는 일입니다. 전심으로 주님을 알기 원합니다. 그리고 지금 주님이 원하시는 사람, 아내, 어머니가 되기 위해 필요한 믿음을 저에게 주시기를 간구합니다. 이러한 마음의 부르짖음에 응답해주심을 감사드립니다.

저는 클라라 부인의 말처럼 하고 싶습니다. 저의 모든 것을 주님의 뜻에, 주님의 인자하심과 자비와 은혜에 굴복시키기 원합니다. 주님께 내어드리지 않은 부분들을 밝히 보여주옵소서. 또한 저의 삶 속에 이 여인을 보내주셔서 감사합니다. 예수님의 이름으로 기도합니다, 아멘."

그녀는 승리한 것 같았다. 하나님을 향해, 또 그녀의 가족을 향해 나아가고 있는 것 같았다. 그녀 자신이 작은 조각으로 나눠지는 대신 온전해지는 것 같았다. 그리고 하나님이 이미 그녀의 삶 속에서 이루어주신 일들이 보이기 시작했다. 하나님은 그녀에게 가족을 주셨는데, 그녀는 그것에 대해 좀처럼 감사하지 않았다.

하나님은 또한 그녀가 즐겁게 일할 수 있는 직업을 주셨다. 자신의 도움으로 한 가족이 자신들의 집으로 이사하는 것을 볼 때 그녀가 느끼는 뿌듯함은 매우 컸다. 또한 그녀는 다른 사람들을 도우며 살 수 있는 기회를 주신 것에 감사했다. 같이 일하는 맨디와 리사, 친절했던 고객들이 생각났다. 그녀는 그들을 위한 기도문을 쓰기 시작했다. 그랬더니 그녀를 골치 아프게 했던 고객들이 생각났다. 그들을 향한 그녀의 분노, 상처, 원망을 어떻게 할 것인가? 물론 하나님이 그들에 관해서 그녀를 다루셔야 할 것이고, 그녀는 고통스럽더라도 기꺼이 문을 열어드려야 할 것이다.

다니엘과 저녁을 먹은 후 엘리자베스는 자신의 벽장으로 가서 3개의 종이를 벽에 붙였다. 그때 그녀의 휴대폰에서 문자메시지 알림이 울렸다. 그녀의 이 새로운 기도생활을 방해하는 휴대폰을 어떻게 할 것인가? 클라라에게 물으면 휴대폰 소리를 꺼놓고 나중에 확인하라고 말할 것 같았다.

메시지를 보니 그녀의 친구 미시에게서 온 것이었다. 전에 그녀가 보낸 메시지들은 주로 시내에 새로 생긴 가게들에 관한 것이었다. 하지만 이번에 온 메시지는 달랐다.

"리즈, 나 미시야. 지금 롤리에 있어. 방금 식당에서 토니가 어떤 여자와 같이 있는 걸 봤어. 너도 아는 사람이니?"

엘리자베스는 심장이 멎는 듯했다. 그녀는 그 메시지를 빤히 보며 다시 읽었다. 어쩌면 그녀가 토니에 대해 불안해하던 것이 사실이었는지도 모른다. 어쩌면 교회에서 다른 여자를 쳐다본 것은 그가 밖에서 하는 행동에 비하면 아무것도 아니었을 것이다.

그녀는 다리가 후들거려 선반에 몸을 기댔다. 휴대폰을 가슴에 꼭 끌어안았다. 급소를 한 대 맞은 것 같은 기분이었다. 폐에서 공기가 다 빠져나가고 머리가 핑핑 도는 느낌이었다. 그녀는 다시 균형을 잡고, 확실치 않은 일들을 상상하지 않으려 했다.

그녀가 남편을 위해 기도하고, 그의 마음속에 하나님이 역사하시기를 기도하며 자신의 죄를 고백하는 동안, 토니는 다른 여자를 만나고 있었다. 그녀의 마음속에서 공포가 홍수처럼 차올랐다. 당장 토니에게 전화를 걸어, 그가 뭘 하고 있는지 정확히 안다고 말하고 싶었다. 그녀는 이런 일이 있을 때 삶을 엉망으로 만들고 분노를 쏟아내면서 앙갚음을 하는 여자들을 본 적이 있었는데, 문득 그 생각이 떠올랐다. 그녀도 그의 삶을 진짜 불편하게 만들 수 있었다. 하지만 휴대폰을 내려놓았을 때 자신의 성경책이 보였다.

그녀는 가죽 제본의 성경책을 들고 바닥에 앉아 서랍장에 등을 기댔다. 아무것도 집중할 수 없고, 생각할 수도 없고, 숨을 쉴 수도 없어서 멍한 눈빛을 하고 있었다. 그때 그녀가 기도했던 것이 떠올랐다. 하나님께 믿음을 달라고 기도했었다. 자신을 하나님의 손에 맡겼었다. 어쩌면 이것이 홀로 걷기가 너무 힘든 곳에서 하나님과 함께 걸을 기회였는지도 모른다.

그녀 자신에게서 나오지 않는 능력에 온전히 의지하여 위를 올려다보며 기도했다.

"하나님, 저에게 하나님이 필요합니다. 제가 마땅히 해야 하는 기도를 하지 않았다는 걸 압니다. 주님을 제대로 따르지 않았다는 걸 압니다. 하지만 지금 저에겐 주님이 필요합니다."

홀로 그 벽장 안에서, 전쟁실에서, 그녀의 마음이 흘러넘쳐 하나님의 발 앞에 쏟아졌다.

✦   ✦   ✦

베로니카가 추천한 식당은 꽤 비쌌지만, 토니는 분위기가 완벽하다고 생각했다. 그녀도 그렇게 생각했다. 그녀는 광택이 나는 흰색 옷에 머리카락은 어깨까지 늘어뜨리고 있었다. 마치 환상처럼, 그녀의 얼굴에서 환한 빛이 났다. 식당은 사람들로 붐볐지만, 그 두 사람만 있는 것 같은 기분이 들었다.

토니는 그녀를 보며 미소를 지었다.

"오늘 밤 나를 만나줘서 고마워요. 주어진 임무 이상의 일을 해주어서요."

"먼저 제안해줘서 고마워요, 코치님."

그녀가 말했다.

토니는 아내나 딸 생각은 하지 않았다. 자신이 했던 약속도 생각하지 않았다. 그는 그저 그 순간에 충실했다. 그것이 바로 그가 삶에 대해 배운 것이었다. 자신이 어디에 있든, 농구코트에 있든, 영업 현장에 있든, 아내가 아닌 아름다운 여자와 함께 식당에 있든 그 자리에 충실한 것이 좋을 것 같았다. 여기서 자신이 그녀를 바라보는 것을 아무도 보는 이가 없었고, 그는 그녀의 모든 것에 반했다.

종업원이 그들에게 왔다. 머리를 뒤로 넘긴 젊고 예쁜 20대 아가씨였다. 그녀는 레몬 조각이 담긴 물과 메뉴판을 주며 몇 분 후에 다시 오겠다고 말했다.

베로니카는 자신의 메뉴판을 살펴보며 말했다.

"좀 비싸네요, 그렇죠?"

"소중한 고객에게는 전혀 비싸지 않죠. 당신은 이런 좋은 식사를 할 가치가 있다고 믿으셔야 해요."

"정말요?"

"당신이 최고로 가치가 있다고 믿지 않으면, 다른 사람들도 그렇게 믿지 않을 거예요. 뭐든 드시고 싶은 걸로 드세요."

그녀는 그를 흘낏 쳐다보았다. 그는 그녀가 관심 받는 걸 즐기고 있다는 걸 알 수 있었다. 그 역시 관심 받는 것이 즐거웠다. 무엇보다 이 여자에겐 특별한 것이 있었다. 그녀의 눈빛에는 갈망과 총명함이 보였다. 그녀는 자기가 원하는 것을 갖고야 마는 사람 같았다. 틀림없이 그녀는 이미 그의 신호를 이해했을 것이다. 토니는 그녀의 코치 이상의 존재가 되길 원했다.

그들은 음료를 주문했고, 토니는 둘이 나눠먹을 애피타이저를 시켰다. 그는 새우 칵테일을 가장 맛있게 먹는 법을 그녀에게 알려주며, 꼬리를 떼어 그녀가 살만 먹을 수 있게 해주었다.

"제 음식 코치도 되어 주시게요?"

베로니카가 말했다.

"당신이 원한다면 어떤 코치도 되어 드리죠."

토니가 눈썹을 치켜 올리며 말했다.

"그건 좀 위험할 것 같은데요."

"삶은 원래 위험한 거예요. 선택들로 가득하죠. 마음껏 즐기기에 너무 짧아요."

"그게 당신의 인생철학인가요? 그냥 즐겨라?"

"내 인생철학은 다른 사람들이 승자가 되도록 도와주는 거예요. 당신도 승자가 될 거예요."

"그게 토니 코치의 원칙인가요?"

"베로니카, 당신 안에 많은 잠재력이 보여요. 분명 홀컴도 그걸 보았을 거예요. 그렇지 않으면 지금 그 자리에 있지 않겠죠. 난 당신 같은 능력과 지성과 매력을 겸비한 사람을 보면……."

"매력요? 그런 말 들은 지 정말 한참 됐어요. 매력은 동화 속에 나오는 공주님한테나 있는 거라고 생각했는데……."

그녀가 웃으며 말했다.

"매력은 소수의 사람들만 가지고 있는 타고난 자질이에요. 주변 사람들한테 주문을 걸죠. 그래서 벌들이 꽃에 몰려들듯이 사람들이 그에게 모여드는 거예요."

그녀는 음료를 한 모금 마시더니 입술을 핥았다.

"지금 여기에 돌아다니는 벌들이 꽤 많은 것 같네요."

토니는 웃었다. 마음속에서 어떤 감정이 끓어오르는데 억누를 수가 없었다. 오래전에 죽은 줄 알았던 감정이 되살아나고 있었다. 그리고 그날 저녁의 다음 일정이 궁금해서 견딜 수가 없었다.

✦　✦　✦

엘리자베스는 벽장 안에서 하나님과 토니, 그리고 자신의 마음과 싸웠다.

"하나님, 저는 토니에게 정말 화를 많이 냈습니다. 그리고 지금도 그에게 화가 나 있습니다. 하지만 저의 결혼생활을 잃고 싶진 않아요. 주님, 저를 용서해주세요. 용서해주세요. 저는 그의 재판관이 아닙니다. 심판은 하나님이 하십니다. 하지만 주님께 간청합니다."

그녀는 두 손을 내밀고 탄원하다가 이내 주먹을 쥐었다.

"제발 그이가 나쁜 일을 하지 않게 해주세요. 주님께 맡깁니다. 저의 마음과 이 모든 분노를 주님께 내어드립니다. 그가 저를 다시 사랑하도록 도와주세요. 그리고 제가 그를 사랑하도록 도와주세요."

그때 그녀의 머릿속에 어떤 이미지가 스치고 지나갔다. 토니가 저녁을 먹고 있는 모습이었다. 그 다음엔 다른 여자와 함께 차를 타고 호텔로 향하는 모습이 보였다. 이것이 하나님으로부터 온 것일까? 이것이 사실일까? 그녀는 눈을 깜박이며 그 이미지를 떨쳐냈다.

"그가 잘못된 일을 하고 있다면 그 상황에서 빠져나가게 해주세요. 그의 길을 막아주세요. 제발, 하나님께 간구하오니 저를 도와주세요."

다시 눈물이 흘러내렸다. 그녀는 몸을 공처럼 작게 말아서 구석에 들어가고 싶은 심정이었다. 그녀의 삶과 결혼생활에서 모든 것이, 모든 싸움이 사라져버리길 원했다. 심박동이 빨라졌고 작은 공간이 그녀를 압박해왔다. 앞으로 나아가는 길은 오로지 하나님과 함께 가는 것뿐임을 알았다. 하지만 앞에 놓인 길은 너무나 좁은 길처럼 보였다.

그녀는 울면서 조용히 하나님께 말했다.

"저는 이해가 안 갑니다, 주님. 저는 하나님께 돌아가 도움을 구한 것 같은데, 하나님은 이런 상황을 보여주시네요. 저에게 벌을 주시는 건가요?"

눈물이 뺨을 타고 흐르는 것이 느껴졌다. 그녀는 벽을 쾅쾅 두드리며 누군가의 손을 붙잡고 싶었지만 그곳엔 아무도 없었다.

진실.

귀로 음성을 들은 것은 아니지만, 마음속에 어떤 느낌이 왔다. 진실, 그녀는 자기 자신에 대해, 그리고 하나님에 대해 진실을 구하는 기도를 했다. 그녀가 상상할 수 있는 것 말고, 진실을 다루고 싶었다. 클라라는 이렇게 말했었다.

"언제나 당신의 삶에 관한 진실은 상처가 되더라도 아는 것이 더 좋아요."

성경에 우리를 자유롭게 하는 진리에 대한 말씀이 있었던가? 그녀는 예수님이 그렇게 말씀하셨다고 확신했다. 그렇더라도 그것이 다른 여자와 함께 있는 남편에 대한 진실을 아는 것을 뜻하지는 않았을 것이다. 당연히 그것은 자신을 자유롭게 해주지 못하기 때문이다.

그렇지만 진실을 아는 것이 어둠 속에서 사는 것보다는 더 나았다. 자신이 바라는 삶의 모습을 가지고 사는 것보다 진실과 함께 사는 것이 훨씬 더 나았다. 자신의 질병이나 은행계좌, 결혼생활에 대한 진실을 아는 것이 거짓을 사실로 믿는 것보다 훨씬 더 나은 것이다.

엘리자베스는 기도했다.

"오, 주님, 저는 두렵습니다. 토니에 관한 이 메시지가 사실이라면, 그가 다른 여자를 만나고 있고 이것이 우리가 처한 상황이라면, 저에게 그것을 알려주셔서 감사합니다. 받아들이기 힘들더라도, 나중에 알게 되는 것보다 지금 진실을 알게 해주셔서 감사합니다. 하지만 제가 뭘 어떻게 해야 할지 모르겠습니다."

그녀는 마음속에서 그 말을 반복했다.

"뭘 어떻게 해야 할지 모르겠습니다."

그것은 사실이 아니었다. 그녀는 뭘 해야 할지 알았다. 그녀가 기도를 멈춘 그 자리에서 다시 시작하면 되는 거였다. 그녀는 벽에 붙은 종이를 보았고, 클라라가 자신의 성경책에서 옮겨 적은 글이 눈에 들어왔다.

도둑이 오는 것은 도둑질하고 죽이고 멸망시키려는 것뿐이요, 내가 온 것은 양으로 생명을 얻게 하고 더 풍성히 얻게 하려는 것이라.

토니는 아마 다른 관계를 쫓는 것이 그에게 생명을 가져다줄 거라고 생각했을 것이다. 더 예쁘고, 혹은 더 젊은 누군가가 그를 행복하게 해줄 거라고 생각했을 것이다. 하지만 사실 그것은 사망으로, 즉 결혼생활의 사망으로 인도할 뿐이다. 그는 아마 엘리자베스처럼 늘 싸우고 다투는 일에 넌더리가 났을 것이다. 그가 어떻게 그런 거짓말을 믿게 되었을까?

그녀는 벽을 보면서 다음 성경구절을 큰소리로 읽었다.

"주는 미쁘사 너희를 굳건하게 하시고 악한 자에게서 지키시리라."

주님은 미쁘시다, 그가 굳건하게 하실 것이다, 그가 지켜주실 것이다.

그녀가 그 말씀에 초점을 두자 마음이 조금 가벼워진 것 같았다. 하나님께서는 어떤 일이 벌어지고 있는지 알고 계셨다. 그리고 그녀의 필요한 것이 무엇인지를 아셨다. 그리고 그녀가 우려하는 일이 사실이라면, 토니가 남은 평생 후회할 길로 향하고 있다는 걸 하나님은 아셨다.

그녀는 벽에 손을 대고 자신이 베껴 쓴 다음 성경구절을 보았다.

그런즉 너희는 하나님께 복종할지어다. 마귀를 대적하라 그리하면 너희를 피하리라.

그녀가 그 구절을 반복해서 읽으며 눈물을 닦는데 어떤 강한 감정이 밀려들어왔다. 불같은 의지, 결단, 그런 비슷한 감정이 일어나면서 그녀는 마침내 깨달았다. 지금 그녀가 한 것처럼 하나님께 복종하고 자신의 삶을 다스려

달라고 기도하면 마귀를 대적할 수 있다는 것이다.

그녀는 분노와 원망 또는 하나님 자신이 아닌 다른 것으로 향하려는 충동을 뿌리치고 있었고, 가족의 삶을 위해 남편의 마음을 지키고 있었다. 그것들이 다 사실이라면, 원수는 의지할 것이 없었다. 그리고 그녀는 그것이 정말 사실이라고 믿었다. 원수를 이길 수 있는 일은 단 하나밖에 없었다. 바로 피하는 것이었다. 그녀는 다시 눈물을 닦고 일어났다. 그리고 거실로 걸어나가, 마치 보이지 않는 적들이 숨어 있기라도 한 것처럼 노려보았다. 그녀는 클라라와 함께 공부를 시작하기 전에 그녀가 했던 말을 생각해냈다.

"당신 안에 깨워야 할 전사가 보여요."

지금 엘리자베스는 여기에 서서, 완전히 깨어 싸울 준비가 되어 있었다.

그녀는 큰소리로 말했다.

"마귀야, 난 네가 어디 있는지 몰라. 하지만 네가 내 말을 들을 수 있다는 거 알아."

그녀는 방에 있는 돌 난로와 가구를 보았다.

"넌 내 마음을 가지고 놀았어. 그리고 오랫동안 네 마음대로 해왔어. 더 이상은 안 돼. 넌 이제 끝났어!"

그녀는 안으로 들어가 문을 쾅 닫았다. 그때 갑자기 마음속에 무언가가 떠올라, 다시 문을 열고 걸어 나갔다.

"그리고 또 하나! 내 기쁨을 빼앗아가는 너한테 아주 진저리가 나. 하지만 그것도 달라지고 있어. 내 기쁨은 내 친구들로부터 오는 것도 아니고, 내 일에서 오는 것도 아니고, 심지어 내 남편으로부터 오는 것도 아니야. 내 기쁨은 예수님 안에 있고, 혹시 네가 잊었는지 모르겠는데 예수님이 이미 너를 이기셨어. 그러니 네가 원래 있어야 할 지옥으로 돌아가. 내 가족을 떠나서 너혼자 가라고!"

엘리자베스는 다시 문을 쾅 닫았고, 그녀의 선언에 감탄부호를 붙인 것 같았다! 마침내 그녀가 주도권을 잡았다. 아니, 그것은 사실이 아니었다. 그녀는 비켜나고 하나님이 주도권을 잡으시게 했다. 그녀는 하나님과 함께했고,

그녀의 원수 대신 하나님의 뜻을 따랐다. 더 이상 두려움이나 다른 누구의 행동에 지배되지 않을 것이다.

그녀가 다시 집안으로 들어가 위층을 흘끗 보니 다니엘이 어리둥절한 눈으로 쳐다보고 있었다. 이 변화를 어떻게 설명할 방법이 없었다. 그래서 그녀는 설명하려 하지 않았다. 그냥 계속 걸어서 자신의 벽장으로, 전쟁실로 돌아갔다. 긴급하게 해야 할 말이 있었고, 무릎 꿇고 해야 할 일이 있었기 때문이다.

그녀는 벽장에 들어가 무릎을 꿇고 문을 닫았다.

"아버지, 지금 저를 위해 중재해주시기를 간구합니다. 저는 이런 일이 어떻게 이루어지는지 잘 모릅니다. 하나님이 천사들을 보내주시는지, 아니면 주의 성령이 이렇게 역사하시는 것인지 모릅니다. 하지만 그 일이 어떻게 일어나는지 알 필요가 없습니다. 다만 제가 간구하는 일을 하나님이 해주실 수 있다고 믿는 것입니다. 또한 믿음으로, 제 남편이 후회할 일을 하지 않게 막아주시기를 간구합니다. 어떻게든 그를 막아주세요, 하나님. 만약 토니가 하나님을 공경한다면 그를 축복해주세요. 하지만 그가 잘못된 행동을 하고 있다면 그 일이 성공하지 않게 해주세요. 그를 막아주세요, 예수님."

그녀는 그 말이 하늘을 향해 올라가게 했고, 뭔가 변화가 일어난 것을 느꼈다. 놀랍고 확실한 어떤 일이 그녀에게 일어났다. 그것은 단순한 느낌을 넘어서, 그녀가 더 이상 혼자 삶을 헤쳐 나가고 있지 않다는 뿌리 깊은 확신이었다. 하나님이 그녀와 함께 계셨다. 어쩌면 그동안 계속 계셨는데 그녀가 몰랐을지도 모른다. 하지만 이제는 이 모든 일을 이겨내는 동안 자신과 동행하실 것이라는 생각이 들었다. 그녀는 하나님이 어떤 일을 하실지 얼른 보고 싶었다.

## 토니를 위해 기도하다

토니는 자기 접시를 밀어놓고 냅킨으로 입을 닦았다. 종업원이 디저트를 주문하겠느냐고 묻자 베로니카가 정중히 거절했다.

"정말이에요? 내가 낼게요. 크렘브릴레를 같이 먹으면 되겠네요."

토니의 말에 베로니카는 미소를 지으며 고개를 저었다.

"전 더 이상은 못 먹겠어요. 드시고 싶으면 주문하세요."

토니는 계산서를 가져다달라고 했고 종업원은 사라졌다.

베로니카는 앞으로 몸을 기울였다.

"지금 내가 정말로 원하는 게 뭔지 알아요?"

"말해 봐요."

"내가 제일 좋아하는 와인 한 잔."

"좋아요, 그걸 마시면 되겠네요."

그는 주저 없이 말했다.

"어떤 와인인데요?"

"여기 없어요. 제 아파트에 있죠."

그녀가 토니를 똑바로 보며 말하자, 토니도 그녀의 눈을 똑바로 들여다보았다. 그는 저녁식사부터 시작해서 그녀를 점점 더 잘 알아가고, 그 다음엔 신중한 속도로 진도를 나가야 한다고 생각했었다. 그러나 그녀의 말은 명백했다. 그녀는 준비가 되어 있었다.

토니는 웃으며 말했다.

"당신이 제일 좋아하는 와인이라면 맛보고 싶네요."

"당신도 마음에 들 거예요."

종업원이 다시 와서 토니에게 계산서를 건네주었다.

"여기 있습니다, 손님. 즐거운 저녁시간 보내세요."

"고마워요."

베로니카가 말했다. 그리고 토니를 보며 말했다.

"그럴게요."

토니는 학교에서 가장 예쁜 여학생을 파티에 초대해서 수락을 받아낸 고등학생처럼 들뜬 마음으로 지갑을 꺼냈다. 그냥 파티가 아니라 온 밤을 같이 보낼 수도 있는 거였다. 그는 어서 베로니카의 집에 가고 싶었다. 와인 한 잔을 마신 후 일어날 일이 너무도 기대되었다.

그는 자리에서 몸을 움직이는데 배에서 신호가 오는 것이 느껴졌다. 그것은 사소한 통증이 아닌 뭔가 큰 문제 같았다. 그가 처음 회사에 들어가서 컨퍼런스에 참석했던 때 이후로 경험해보지 않았던 괴상한 통증이었다. 그 당시 그룹의 몇 명이 연회에서 질긴 닭고기를 먹고는 모두 대가를 톡톡히 치렀었다. 하지만 지금 먹은 음식은 완전히 익힌 것이었다. 식중독 같은 걸 걸릴 리가 없었다.

토니는 계산서에 사인을 하고 팁도 후하게 주었다. 아마 긴장해서 속이 울렁거리는 것이라고 생각했다. 하지만 신용카드를 집어넣는데 속이 뒤집어지는 것 같은 느낌이 들었다. 마치 놀이기구에 탄 것처럼, 또는 얼굴이 아주 뚱뚱하거나 길게 보이는 마술 거울을 보는 것처럼 주변이 흔들리며 빙빙 돌았다.

"베로니카, 잠깐만."

토니는 고통이 점점 더 커지는데도 애써 태연한 척하며 말했다.

"잠깐만 실례할게요. 곧 돌아올게요."

그녀는 그가 일어나는 것을 보았다.

"알았어요."

그는 화장실로 들어가 거울에 비친 자기 모습을 보았다.

'너 정말 이럴 거야? 바로 지금 젊은 여자가 널 집에 데려가려고 기다리고 있어.'

토니는 생각했다.

거울에 비친 자기 모습을 바라보는데 머리가 어질어질하면서 순간적으로 엘리자베스의 모습이 떠올랐다. 눈을 깜박이니 이번엔 다니엘이 보였다. 배의 통증은 더 심해졌고, 그는 신음소리를 내면서 물을 틀어 얼굴을 씻었다. 들끓던 속이 갑자기 뒤틀리면서 그는 참을 수가 없었다.

엘리자베스는 여전히 무릎을 꿇고 기도하고 있었다. 천국 문을 두드리는 일을 멈출 수가 없었다. 마음의 짐이 너무 무거워서 견딜 수가 없었다. 마치 그녀의 온 존재가 확신에 차오르는 것 같았다.

"예수님, 당신은 주님이십니다. 토니의 마음을 당신께 돌이키실 수 있습니다. 어떻게 해서라도 그렇게 해주세요, 주님. 당신을 믿습니다."

오늘밤 기도하는 가운데 엘리자베스의 마음은 다른 때처럼 이리저리 헤매지 않았다. 하나님께 토니를 붙잡아달라고 기도하다가 할 말이 없어지면, 친구 미시와 그녀의 문자메시지 등에 감사하는 기도를 드렸다.

"주님, 그 친구가 토니와 같은 장소에 있을 확률이 얼마나 될까요? 그녀가 그 장면을 볼 확률은요? 분명 하나님이 어떤 이유가 있어서 그녀를 그곳에 보내셨고, 이 사실을 제가 알게 하신 것입니다. 그것에 대해 하나님께 감사드리고, 그것을 토니의 유익을 위해 사용해주시길 기도합니다. 행여 그 사람이 저와 다니엘에게 잘못을 저지르더라도 그를 벌하지 말아주세요. 다만 그가 좋은 선택을 할 수 있도록 도와주세요. 그가 하나님을 의지하도록 도와주세요. 그의 마음속에서 원수가 승리하지 않게 해주세요. 주님, 어떻게 해서든 그가 정신을 차리게 해주세요."

기도에 보장된 약속은 없었다. 그녀는 하나님이 기적적인 일을 행하실지, 혹은 기도를 듣기는 하셨는지 알 길이 없었다. 하지만 믿음으로, 하나님이 기도를 들으셨을 뿐 아니라 바로 그때 토니의 마음속에서 역사하고 계심을 믿었다.

토니는 두 번 화장실에서 나오려고 했다가 다시 들어가 또 한 바탕 배를 움켜쥐며 씨름을 했고 그 비싼 음식을 다 토해냈다. 그는 자기가 내는 소리가 전혀 로맨틱하지 않았기 때문에 베로니카가 밖에서 들었을까 궁금했다. 한 남자가 잠깐 들어왔다가 토니가 내는 소리에 나가버렸다. 그 남자를 탓할 수가 없는 상황이었다.

어릴 때 토니는 토하는 것을 정말 싫어했다. 밤늦게 침대에서 속이 울렁거리는 걸 느끼면 복도로 뛰어가 엄마한테 갔다가 다시 화장실로 뛰어가서 문밖으로 머리를 내밀고 카펫 위에 토했다고 한다. 그의 어머니가 즐겨 하던 이야기로, 다니엘이 할머니를 보러 가면 항상 그 이야기를 또 해달라고 했다. 그때마다 다니엘과 엘리자베스는 웃고 또 웃었다. 토니도 그것이 웃긴 이야기라는 걸 인정했지만, 어린 그에게 아픈 것은 정말 끔찍했다. 어른이 되어서도 그는 어떻게든 그것만은 피하고 싶었다. 그래서 다니엘이 아프면, 그 부분에서만큼은 엘리자베스가 다니엘을 보살피게 했다.

토니는 겨우 한숨 돌리고 눈을 닦았다. 대체 어떻게 된 걸까? 정말 아무렇지도 않았던 그가 순식간에 토네이도가 그의 배 속을 강타한 것처럼 격렬하게 아팠다. 거울에 비친 자신의 모습을 보니 프로 권투선수와 몇 번 시합을 한 듯한 얼굴이었다. 그는 다시 얼굴을 씻고 자신을 똑바로 바라보며 정신을 바짝 차리고 식당 문으로 향했다.

베로니카가 문 앞에서 걱정스러운 표정으로 기다리고 있었다.

"괜찮아요?"

그런데 그의 속이 다시 뒤집어졌다. 그래서 얼른 그의 차로 가야 했다. 차 안에 들어가 앉으면 괜찮아질 것 같았다.

"베로니카, 정말 미안해요. 내 호텔 방으로 돌아가야겠어요."

"그럼 내가 같이 가줄게요."

"아뇨, 제가 지금 상태가 좀 안 좋아서요. 가서 누워 있어야 할 것 같아요."

그녀는 뾰로통한 얼굴로 그를 쳐다보았다.

"왜요, 내가 보살펴줄게요."

그녀가 화장실에서 나는 소리를 들었다면 그렇게 따라오고 싶어하지 않았을 것이다.

"아니, 괜찮아요. 나중에 전화할게요. 지금은 가봐야겠어요."

토니는 천천히 밖으로 걸어 나왔다. 그의 발 앞에 있는 인도가 빙글빙글 돌았다. 차에 가까이 가서는 눈을 감고 심호흡을 했다. 뒤를 돌아보니 베로니카가 상처받은 혼란스러운 표정으로 자기 차로 향하고 있었다.

엘리자베스는 얼마나 오래 벽장에 있었는지 모르지만 어느 순간에 이르자 자신의 일이 다 끝났다는 느낌이 들었다. 토니에게 전화를 걸거나 문자를 보내 누구와 함께 있는지 묻고 싶었다. 찾아낼 수 있다면 그가 있는 호텔로 전화를 걸고 사람을 보내어 그의 방문을 노크해보라고 하고도 싶었다.

'그냥 문자메시지를 보내 볼까' 하고 생각했다. 가령 '당신을 위해 기도하고 있어요' 같은 것으로…. 아니, 그러면 그녀가 감시하고 있다는 말로 들릴 것이다. 그녀는 하나님을 온전히 의지하고 싶었다. 오늘 밤 동안은 이 일에 대해 걱정하지 않기로 했다. 그녀는 그 일을 하나님의 손에 맡겼다. 토니가 생각나면 기도하고, 그렇지 않으면 그냥 앞으로 나아가면 된다. 자신에게 주어진 일만 열심히 하면 된다.

엘리자베스는 세수를 하고 건조기에서 꺼낸 빨랫감들을 바구니에 담아 방으로 가져왔다. 빨래를 개려고 침대 위에 쏟아놓았을 때 다니엘이 벌써 파자마를 입은 채 들어왔다.

"벽장은 어떻게 된 거예요?"

다니엘이 말했다.

엘리자베스는 웃으며 침대 끝에 걸터앉은 다니엘에게 옆에 앉으라는 손짓을 했다. 다니엘은 시키는 대로 했다. 아이는 점점 성인으로 자라고 있었다. 그 아이와 함께 살 날도 8년, 아니 그보다 더 적게 남았을지도 모른다. 곧 대학에 갈 것이고, 한 남자를 만나 결혼해서 가정을 꾸릴 것이니 말이다.

"오래전에 했어야 하는 일을 지금 하고 있어. 기도하고 싸우고 신뢰하는 법을 배우고 있는 거란다."

엘리자베스가 말했다.

다니엘은 엄마의 말을 이해하기 힘든 표정이었다.

"벽장을 청소하면서요?"

"아니. 그래, 맞아. 하지만 그건 아니고, 뭐냐면……."

엘리자베스는 자신도 겨우 이해하게 된 것을 딸에게 이해시킬 가장 좋은 방법을 생각해내려 했다.

"물론 벽장을 청소해야 했어. 하지만 그게 이유는 아니야. 기도하며 싸우려고 벽장을 치운 거지."

다니엘은 찡그린 얼굴로 말했다.

"하나님과 싸우고 있는 거예요?"

"아니, 그건 아니야. 때로는 하나님과도 싸우지. 하지만 하나님이 항상 이기시기 때문에 그러면 안 돼. 그래서 하나님께 나를 위해 싸워달라고 기도한단다. 나는 지는 데 신물이 났으니까. 하지만 하나님과의 싸움에선 내가 져야만 해."

그녀는 설명을 그리 잘하지 못했다. 그래서 다른 방법으로 다시 설명을 해보았다.

"다른 영역에선 내가 혼자 싸우다가 늘 지기만 하니까, 이젠 질린 거야. 너무 지치고. 그래서 하나님과 싸우는 것이 아니라 하나님이 나를 위해 싸우시게 하는 법을 배우고 있는 거야. 그래야 우리 모두 이길 수 있으니까. 이해가 가니?"

다니엘은 찌푸린 얼굴로, 마치 믹서기 속에서 머리가 빙글빙글 돌아가는 것 같은 표정으로 쳐다보며 말했다.

"아뇨."

"그거 아니? 피곤할 때는 더 횡설수설하게 돼."

"정말 피곤하신가 봐요."

엘리자베스는 웃음을 참을 수가 없었다.

"가서 야식 좀 먹고 다시 설명해볼게, 알겠지?"

다니엘은 벌떡 일어나 그녀를 따라 주방으로 갔다. 그들은 과일 스무디를 만들었다. 늦은 밤이라 엘리자베스가 지렁이모양 젤리나 초콜릿 시럽을 얹는 건 못하게 했지만 말이다. 바나나를 자르고 얼린 베리와 요거트와 약간의 그래놀라를 추가하며 다니엘이 말했다.

"아빠는 또 출장이에요?"

"응, 롤리에 가야 한다고 했어."

"왜 그렇게 출장을 많이 다녀야 해요?"

"아빠가 하는 일이니까. 영업사원에겐 일상적인 일이란다."

"아빠가 집에 좀 더 많이 있었으면 좋겠어요. 어느 정도는."

"어느 정도라니, 그게 무슨 뜻이니?"

"아빠가 집에 계시는 건 좋아요. 하지만 두 분이 싸우는 건 싫어요."

엘리자베스는 스무디를 유리컵에 부었다. 진하고 걸쭉해서 스푼을 꽂으니 똑바로 서 있었다.

"나도 우리가 싸우는 게 싫어. 정말로 곧 달라지기를 바란다."

"그래서 벽장을 비운 거예요?"

"뭐, 어느 정도는."

"어느 정도라니, 무슨 뜻이에요?"

엘리자베스는 웃음으로 답했다.

이렇게 명랑한 아이인데. 자신과 토니가 사이좋게 지낼 수만 있다면, 함께 그 아이가 성장하는 것을 지켜보면서 좋은 본보기가 되어줄 수 있을 텐데, 화목한 것이 어떤 것인지를 보여줄 수 있을 텐데 말이다.

"다니엘, 난 너에게 제대로 엄마 역할을 못한 것 같아. 아내 역할도 마찬가지고. 네 아빠한텐 잔소리만 하고, 잘못한 일만 지적하려 했고, 내가 상처 준 많은 일들은 생각해보지도 않았어. 그래서 하나님께 용서를 구했단다. 내가 벽장을 청소한 것처럼, 하나님이 내 마음에 들어오셔서 깨끗하게 해주시기를 기도했어."

다니엘은 엄마가 말하는 동안 자신의 스무디만 쳐다보았고, 들으면서 차가운 스무디를 한 숟가락씩 퍼먹었다.

"아빠가 집에 오면 사과할 거야. 하지만 너에게도 사과를 해야 할 것같아."

다니엘은 엄마를 올려다보았다.

"저한테 사과하고 싶다고요?"

엘리자베스는 미소를 지었다.

"미안하다, 아가야."

다니엘은 이마를 찡그리며 말했다.

"엄마, 엄마는 잘못한 게 없어요. 엄마가 아빠한테 화가 난 건 당연했어요. 아빠가 엄마한테 소리를 많이 질렀잖아요."

"아빠가 한 일에 대해 화를 낸 건 맞지만, 그렇다고 내가 잘 처신했다고는 할 수 없어. 화만 많이 냈으니까. 내 말은 사랑으로 대하지 못했다는 거야. 하나님이 나를 사랑하신 것처럼 나도 너와 네 아빠를 사랑해야겠다는 거야. 하나님은 우리 모두에게 너무나 좋은 분이셨어. 그래서 나도 그 사랑을 너와 네 아빠에게 보여주고 싶어. 이해가 가니?"

다니엘은 반응이 없었다. 다만 스무디를 또 한 입 먹고 스푼을 내려놓았다. 그리고 자기 앞에 있는 테이블 위에 팔짱을 꼈다.

좋은 부모가 되려면 무엇을, 언제 말해야 할지 알아야 한다고 엘리자베스는 생각했다. 부모노릇 중에 가장 어려운 것이 아무 말도 하지 않고 들어주어야 할 때를 아는 것이었다.

마침내 다니엘이 약간 후회하는 듯한 표정으로 엄마를 올려다보았다.

"그렇게 사랑해야 할 사람은 엄마뿐이 아니에요."

"그게 무슨 말이니?"

"저도 엄마가 원하는 딸이 되었던 적이 드물었어요."

다니엘의 턱이 흔들리고 입술이 떨리기 시작했다.

아이가 마음속에 억누르고 있던 말들을 죽 털어놓기 시작하자, 엘리자베스는 아이를 꼭 안아주었다. 그 테이블 앞에서 그동안 있었던 크고 작은 일들, 학교에서 있었던 이런저런 일들을 다 꺼내놓았다. 엘리자베스는 아이의 머리를 쓰다듬어주며 더 이야기를 하게 했다. 다니엘이 마음속에 있던 말들을 다 털어놓자, 엘리자베스는 눈을 감고 얼굴을 하늘로 향하며 속삭이듯이 말했다.

"감사합니다, 주님."

둘은 그 자리에서 함께 기도했다. 스무디를 다 먹고 나자, 다니엘은 무거운 짐을 내려놓은 듯했다.

"엄마 지금 나 좀 도와줄 수 있어요?"

설거지를 마친 후 다니엘이 말했다.

"그래. 무슨 일인데?"

"제 벽장 치우는 일 좀 도와주실래요?"

그 질문에 엘리자베스는 울면서 동시에 소리치고 싶었다. 당장 클라라에게 전화를 걸어 또 한 명의 기도 전사가 생겼다고 말해주고 싶었다.

"내가 어떤 생각을 하고 있는지 알겠니? 클라라 부인처럼 너도 기도 일기를 쓰게 할 거야. 어때?"

딸의 벽장을 정리하면서 엘리자베스가 말하자, 다니엘의 눈이 커지더니 엄마를 또 한 번 꼭 안아주었다.

　　　✦　　✦　　✦

　　토니는 잠에서 깼을 때 머리가 깨질 듯이 아프고 배도 아팠다. 겨우 복도로 나가 속을 달래기 위해 자동판매기에 가서 탄산음료를 샀다.

　　전날 밤 그가 베로니카를 위해 식사를 주문했고 둘은 같은 음식을 먹었다. 혹시 그녀도 아팠는지 궁금했다. 바로 전화를 해보면 궁금증을 해결할 수 있었지만, 그러지 않기로 했다.

　　음식 때문이었을까? 어쩌면 어떤 병에 감염되었을 수도 있다. 공중에 떠다니는 세균들 때문일지도 모른다. 독감에 걸린 사람과 같은 주유기를 사용했거나, 식료품점 계산대 줄에 서 있던 사람에게 옮았을 수도 있다. 지난 며칠 동안 악수를 한 사람만 해도 100명은 될 것이다.

　　그는 방으로 돌아와 뉴스를 보며 탄산음료를 마셨다. 조금 진정이 되는 듯했다. 오랫동안 뜨거운 물로 샤워를 하고 하루를 시작할 준비를 했다. 휴대폰으로 메시지와 스케줄을 확인했다. 영업 일정이 미친 듯이 바쁜 것은 아니었지만, 적어도 이틀은 더 있어야 했다.

　　베로니카에게서 온 문자메시지가 있었다. 시간을 보니 그가 자고 있을 때 온 것 같았다.


　　—당신이 기분이 안 좋은 것 같아서 안타까웠어요. 오늘은 더 나아지길 바라요. 아직 롤리에 있죠? 전화 주세요.


　　그는 답장을 보냈다.


　　—제 몸에 문제가 있었나 봐요. 그렇게 와버려서 정말 미안해요. 나중에 꼭 갚을게요.


　　그가 보내기 버튼을 누르려 할 때 다시 고통이 몰려왔고 그는 화장실로 뛰어갔다. 그의 몸속에 심각한 문제가 있는 것 같았다.

몇 분 후에 돌아와 전화기를 보니 다니엘에게 온 메시지가 있었다. 엄마의 휴대폰으로 보낸 것이었다.

"사랑해요, 아빠. 좋은 하루 보내시기 바랄게요. 곧 봬요."

그는 미소를 지었다. 그의 어린 딸이 자라고 있었다. 그 메시지를 보니 딸의 미래에 대해 생각하게 되었다. 그는 한 부모 가정에서 자랐다. 아버지가 집을 나갔고, 그 후에 두 분은 이혼을 했다. 그와 그의 아버지는 지금도 가끔 연락을 하고 지내지만, 항상 어머니와 더 가까웠다. 그래서 자기 자식만큼은 그와 같은 일을 겪게 하지 않겠다고 맹세했었다. 하지만 생각만큼 쉽지 않았고, 다니엘이 그동안 많이 힘들었을 거라는 생각이 들었다.

다니엘을 위해 엘리자베스와 함께 사는 게 나을까 아니면 헤어지는 게 더 나을까? 그의 삶에 새로 들어온 여자에게 다니엘은 어떤 반응을 보일까? 베로니카 같은 여자에게…….

그는 자기가 썼던 답장으로 다시 돌아가 삭제 버튼을 눌렀다. 베로니카에게는 나중에 전화해서 설명을 하기로 했다.

그가 집에서 느낀 갈등과 베로니카에게 느낀 매력은 그의 마음속에서 태동하고 있던 또 다른 것, 즉 그의 뇌리에 머물던 먹구름이 그를 이끌었던 것이다. 그의 마음속에서 자라온 무언가가 밤에 그를 깨웠다. 그가 교회에 가는 것이나 친구 마이클과 이야기하는 것을 싫어한 이유도 거기에 있었다.

그는 견본품을 훔치지 않겠다고 백 번은 스스로 다짐했다. 처음엔 실수로 한 일이었다. 다소 비싼 약 한 상자가 견본품 상자 맨 밑에 끼워져 있었는데, 연구실에 있는 의사는 서류를 잘 보지도 않고 사인을 했다. 의사가 알아볼 수 없는 글씨로 서명을 했고 토니는 그 자리를 떠났다. 그런데 나중에 그 상자 하나가 빠져있는 걸 발견한 것이다. 다음에 가면 의사에게 돌려줘야겠다고 생각했지만, 어쩌다 보니 아는 사람을 통해 그것을 거래하게 되었고 꽤 수익이 남는 것 같았다. 그는 재정적인 문제로 힘들었는데, 여윳돈이 생기니 약간 편안해졌다. 그 돈이 없었다면 누리지 못했을 여유였다.

하지만 한 번의 사건이 두 번째 사건으로 이어졌고, 그것은 우연이 아니었다. 그때부터 모든 것이 악화되었던 것 같다. 어차피 회사는 돈을 많이 벌고 있으니 약 몇 병쯤은 잃어버려도 손해가 아니라고 합리화했다. 게다가 회사는 실제로 그가 일하는 만큼 보상을 해주지 않았다. 그러니 이렇게 해서 약간의 보너스를 더 챙기는 것이었다. 실제로 회사에서 받는 돈이 아니니 세금을 낼 필요도 없었다. 그가 생각하기로는, 정부가 지나치게 세금을 많이 받고 있었다.

토니는 호텔을 체크아웃하고 조식 뷔페식당을 급히 지나쳤다. 아무것도 먹을 생각이 없었다. 첫 번째 약속 장소인 병원으로 차를 몰고 갔다. 이른 아침이지만 매우 분주하게 움직이는 곳이었다. 그는 트렁크를 열고 병원에 줄 견본품을 꺼냈다. 그리고 주차장을 둘러본 다음 2개를 따로 챙겨두었다. 차 문을 잠그고 병원 안으로 걸어 들어가며, 그의 배달을 기다리고 있는 접수담당자와 의사의 이름을 떠올렸다.

# 미스 클라라

클라라는 전날 엘리자베스에게 너무 큰 확신을 가지고 강압적으로 말한 것 같아 마음에 걸렸다. 그녀는 한밤중에 침대에서 내려와 미끄러지듯 바닥에 앉았다.

"오, 주님, 그녀는 마치 소화전 옆에 서 있는 갈급한 어린아이 같았습니다. 그녀는 저를 영적인 거인으로 생각하지만, 주님은 제가 얼마나 연약한지 아십니다. 제가 얼마나 흠이 많은 사람인지……."

"기도의 전사."

그녀는 혼자 속삭이며 빙그레 웃었다.

"주님은 제가 기도의 전사가 아니라는 걸 아십니다. 전 그저 자신의 한계를 깨닫고, 스스로 변화시킬 수 없다는 걸 알게 된 사람일 뿐입니다."

몇십 년 동안 기도해왔지만 달라지지 않은 것들도 있었다. 그렇다고 해서 그녀는 기도를 중단하지 않았다. 그녀가 기도목록을 처음 작성했을 때부터 계속 그 목록에 있는 사람들도 있었다. 그녀는 단지 다 닳고 눈물로 얼룩진 종이에서 다른 종이로 그 이름들을 옮겨 적었을 뿐, 계속 기도했고 하나님이 개입해주시기를 간구했다. 여전히 하나님이 역사하고 계신다고 믿었다.

엘리자베스에게 하나님을 전심으로 신뢰하는 것에 대해 말하고 싶었지만, 나중에 그 얘기를 할 시간이 있을 것이다. 그녀는 신뢰가 기도의 본질이라는 것을 알고 있었다. 하지만 이제 막 시작한 사람에게 그것을 어떻게 전달할 수 있을까? 아무리 좋은 계획이라도 하나님을 신뢰하지 않은 채 나아간다면 아마 실망하고 떠나게 될 거라고 엘리자베스에게 말해주고 싶었다.

성도의 일은 굴복하는 마음으로 하나님께 나아가는 것이다. 매일 아침 빈손으로 나아가는 것이다. 그 이유는 당신이 원하는 걸 얻기 위해서가 아니라, 하나님에 관한 것과 하나님이 당신에게 주기 원하시는 것들을 받기 위해서다.

아침에 세실리아에게 전화가 왔다. 경찰서에 지인을 둔 사람이 다른 사람에게 전화를 했고, 그러면서 소문이 세실리아의 집까지 퍼진 것이다.

"괜찮으세요, 어머니? 그 사람한테 그냥 돈을 주지 그러셨어요?"

"얘야, 네가 어제 아침 내 기도시간에 같이 있었다면, 내가 왜 그 사람한테 맞섰는지 알 거야."

"지금 무슨 말씀 하시는 거예요? 어서 말씀해보세요."

"나는 무덤에서 지내는 남자에 관한 누가복음 말씀을 읽고 있었다. 너도 알다시피 그는 귀신 들린 사람이었지. 마을 사람들은 그가 가까이 오지 못하게 쇠고랑을 채워두었어. 그런데 예수님이 오셔서 그 사람을 발견하고는 권위 있게 말씀하셨지. 귀신들에게 그들의 날은 끝났다고 말씀하셨어. 그리고 예수님이 왕의 왕, 주의 주이시기 때문에 그들이 복종했지. 예수님의 능력은 참으로 놀라운 것이야."

"어머니, 이런 말씀 드리기 죄송하지만, 어머니는 예수님이 아니에요."

"나도 안다. 하지만 그 젊은이가 뛰어나와 칼을 들었을 때 그의 눈 속에서 그걸 볼 수 있었다. 그는 무덤가의 귀신들린 사람과 같았지. 그래서 나는 이렇게 화살기도를 했단다. '주님, 제가 무엇을 해야 할지 알려주세요.' 그리고 응답이 왔어. 모든 이름 위에 뛰어난 이름을 그에게 말하라는 거야. 그래서 그렇게 했지. 만일 그가 도망치지 않았다면, 내가 가지고 있던 성경책을 주

165

었을 거야."

"어머니는 지금쯤 차디 찬 송장이 되었을 수도 있어요. 아세요?"

"음, 네 말이 맞다. 하지만 난 예수님의 이름을 말하고 싶었어. 그리고 하나님이 그 젊은이를 따라가서서 그가 생명의 말씀을 듣게 해달라고 기도했단다."

"어머니랑은 절대 시내에 가면 안 되겠어요."

두 사람은 웃음을 터뜨렸다. 하지만 클라라는 엘리자베스를 생각하지 않을 수 없었다. 그녀의 마음에 쇠사슬이 있었고, 원수는 그녀와 그녀의 가족을 노리고 있었다. 하지만 자신의 집 거실에 함께 있는 동안, 깜박거리는 믿음의 불빛을 보았고 곧 엘리자베스가 자신의 가정에 하나님의 능력이 나타나게 할 것임을 알았다.

그들의 문제는 곧 하나님이 역사하실 기회였다. 하지만 때로는 하나님께서 상황이 좋아지기 전에 더 나빠지게 하신다는 것을 클라라는 알고 있었다.

# 하나님 감사합니다

엘리자베스는 다음날 약간의 희망이 그녀의 영혼 속에 스며드는 것을 느꼈다. 토니로부터 온 연락도 없었고, 하나님이 그를 움직이고 계신다는 확신도 없었지만, 그녀는 한 젊은 부부에게 집을 팔면서 토니와의 신혼시절이 많이 떠올랐다. 한 가족에게 열쇠를 건네주고 그들과 함께 현관문을 걸어 들어갈 때가 부동산 중개업자에게 가장 좋은 순간이었다.

다니엘은 두 줄 넘기 팀에 푹 빠져서, 평소에도 열심히 연습하며 몇 가지 기술을 익혔다. 제니퍼, 조이, 사만다는 매우 재능 있는 소녀들이었고, 그 팀은 놀라울 정도로 호흡이 잘 맞았다. 엘리자베스는 주민센터의 관람석에서 그들을 지켜보며 응원해주었다. 다니엘은 몇 번이나 그녀를 올려다보며 엄마가 같이 있다는 사실에 흐뭇한 미소를 지었다.

어떤 가치 있는 시도나 바람직한 목표, 결과를 얻으려면 팀워크가 필요했다. 다니엘은 삶에서 어떤 일에 열중하며 연습하는 것과 끈기의 중요성에 관해 중요한 교훈들을 배우고 있었다. 엘리자베스가 기도에 대해 배우고 있었던 것처럼 말이다.

엘리자베스는 토니가 다음날 집에 올 거라 예상하고, 아침 일찍 하나님께 기도했다. 그녀가 그를 보았을 때 친절하게 말하게 해달라고, 그리고 그들이 애쓰는 가운데 토니가 그녀의 사랑을 느끼게 해달라고 기도했다. 겉으로만 그런 척하는 것이 아니라, 그녀의 진심에서 우러나는 사랑과 이해를 그가 느끼게 해달라고…….

그녀는 다니엘의 방을 정리하다가 딸의 벽장으로 들어가 보았다. 그런데 벽에 붙어 있는 종이 2장을 보고는 걸음을 멈추지 않을 수 없었다. 한 장에는 간단히 '예수님은 나를 사랑하신다'라고 적혀 있었다. 그러나 그녀를 깜짝 놀라게 한 건 또 다른 종이였다. 각 기도제목 앞에 빈 칸을 두어 체크를 하게 만든 기도 목록이었다.

사랑하는 하나님,
□ 우리 부모님이 다시 사랑할 수 있게 도와주세요.
□ 두 줄 넘기 연습을 잘하게 도와주세요.
□ 클라라 부인의 집을 좋은 가족에게 팔게 해주세요.
□ 예수님을 더 많이 사랑하는 법을 알려주세요.
□ 어려움에 처한 다른 사람들을 도울 수 있게 해주세요.

엘리자베스는 한 손을 가슴에 얹고 미소를 지었다. 하나님은 이미 다니엘에 대한 그녀의 기도에 응답해주고 계셨다. 비록 부족한 부모를 두었지만, 아이를 하나님께로 이끌고 계셨던 것이다. 아니, 하나님은 실제로 그들이 직면한 어려움들을 통해 다니엘을 이끄셨다. 그렇게 어린 아이에게도 하실 수 있는 일이라면, 분명 토니에게도 그 일을 해주실 것이라는 믿음이 생겼다.

"하나님, 감사합니다. 주의 자비와 선하심을 감사드립니다. 응답해주셔서 감사합니다. 그리고 제가 볼 수 없는 것들 대신에, 제가 볼 수 있는 하나님의 역사에 초점을 두도록 도와주세요."

그녀는 속삭이듯이 기도했다.

클라라의 집에 관해서는 어떤 움직임도 없었다. 집을 보자는 사람도, 걸려

오는 전화도 없고, 인터넷 조회 수만 몇 번 있을 뿐이었다. 부동산 중개업을 하면서 처음으로, 엘리자베스는 고객의 집에 사람들이 관심을 갖지 않는 것이 반갑게 느껴졌다. 이것은 클라라와 더 많은 시간을 보낼 수 있고 함께 커피를 마시며 삶에 대해 이야기할 수 있다는 뜻이었기 때문이다. 집을 파는 일이 이렇게 즐거웠던 적은 없었다. 그러다가 결국 클라라가 이사를 가면 무슨 일이 생길까 궁금했다.

그녀는 클라라의 집으로 갔다. 그리고 둘은 현관에 앉아 어제 만난 이후로 어떤 일들이 있었는지 이야기를 나누었다. 그녀는 하나님께 더 가까이 가면서 자신의 기도생활에 발전이 있는 것 같다고 클라라에게 말해주었다. 그녀는 정말로 하나님이 그녀에게 더 가까이 다가오고 계심을 느꼈다.

"하지만 놀라운 건 그 일이 다니엘에게 일어났다는 거예요. 다니엘이 여러 질문을 했어요. 그리고 자신의 기도제목들과 몇 가지 성경구절들을 적어놓기 시작했어요. 그 아이에게 기도 일기를 써보라고 했더니, 글쎄 자신만의 기도 방을 만든 거예요!"

클라라의 얼굴은 기쁨에 겨워 환한 빛이 떠올랐다.

"봐요, 당신은 벌써 딸에게 영향을 미치고 있어요. 이것이 그 아이의 모든 걸 변화시킬 수 있어요!"

엘리자베스는 미소를 지었다.

"솔직히 처음 그곳에서 기도를 시작했을 땐 10분이 영원한 시간처럼 느껴졌어요. 그런데 이제는 그 자리를 떠나고 싶지가 않아요."

"그 시간들이 점점 더 달콤해질 거예요. 당신이 다른 것을 사랑하게 될 때랑 비슷해요. 더 깊이 들어갈수록 더 많이 갈망하게 될 거예요. 하나님은 추적당하는 걸 좋아하세요, 엘리자베스. 그리고 우리가 그렇게 할 때, 하나님은 예상치 못한 방법으로 나타나시죠. 성경말씀에도 '너희가 온 마음으로 나를 구하면 나를 찾을 것이요 나를 만나리라'라고 했어요."

"네, 저는 찾고 있어요. 저를 위해, 다니엘을 위해, 그리고 특별히 토니를 위해……."

"나도 토니를 위해 기도하고 있어요. 성경에 두세 사람이 주의 이름으로 모인 곳에 주님이 함께 계신다고 했죠. 그러니 우리가 집단으로 토니를 공격합시다."

클라라는 몸을 기울이며 두 손을 내밀었다. 엘리자베스는 그 손을 잡고 함께 고개 숙여 기도하기 시작했다.

"주 예수님, 이 젊은 여성을 저의 삶 속에 보내주셔서 감사합니다. 주님이 우리의 모든 문제들 위에 계시고, 또 주님이 해답이 되어 주시는 것을 감사드립니다. 주님은 단지 해답을 갖고 계실 뿐만 아니라, 주님이 곧 해답이십니다. 주의 성령을 보내주셔서 감사합니다. 주의 보혈로 우리를 눈보다 더 희게 씻어주셔서 감사합니다. 우리의 삶 속에 들어와 우리를 주님께로 이끄심을 감사드립니다."

다음으로, 엘리자베스가 기도를 계속 이어갔다. 잠시 후 그녀의 관심은 토니에게로 향했다.

"주님, 토니가 저의 가장 큰 문제가 아니라는 것을 압니다. 저 자신의 문제들이 있다는 것을 알고, 또 그것들을 제게 보여주셔서 감사합니다. 겹겹이 쌓인 막들을 친절하게 벗겨주셔서 감사합니다. 하지만 저는 토니를 위해 기도합니다. 그를 하나님께 가까이 이끌기 위해 하나님이 하셔야 하는 일들을 모두 해주시기를 간구합니다."

"그렇습니다, 주님."

클라라가 거의 가로막듯이 말했다.

"이 자매의 말에 동의합니다! 주님께서 강력한 일을 하고 계신다고 믿습니다. 계속 역사하셔서 그가 정신을 차리고 하나님께 돌아오게 해주시옵소서. 또 이 자매에게 그와 함께 어려움을 이겨낼 수 있는 능력을 주옵소서. 어려운 일을 겪지 않고 정신을 차리는 사람은 본 적이 없기 때문입니다. 그러니 주님의 때에 주님의 일을 하시고, 주께서 역사하시는 동안 우리가 믿음을 지키도록 도와주옵소서."

엘리자베스는 다니엘과 함께 침대에 누워서 결혼에 관한 책을 읽다가 잠이 들었다.

그녀는 세 식구가 함께 차를 타고 난간도 없이 흔들리는 다리 위를 지나는 꿈을 꾸었다. 그 다리는 얼음으로 덮여 있었는데, 차의 뒷부분이 미끄러져서 그만 차디찬 물속에 차가 빠지고 말았다. 엘리자베스는 뒷자리에 있던 다니엘을 끌어당겨 안전한 곳으로 옮겼지만, 토니를 구하려고 했을 때 그를 잡을 수가 없었다. 그는 거칠게 숨을 쉬며 가라앉는 차 속에 갇혀 있었다.

잠에서 깼을 때 심장이 거칠게 뛰었고, 그 책은 여전히 그녀의 손에 들려 있었다. 일종의 사인일까? 하나님으로부터 오는 경고일까? 그녀는 다시 잠들 수 없을 것 같아 자신의 벽장으로 가서 그 꿈에 대해 하나님과 대화를 나누기 시작했다. 토니가 다른 사람과 얽힐 것 같은 두려움, 그리고 마음속에 있는 모든 것을 털어놓았다. 성경을 읽고 클라라가 준 성경구절들을 다시 보니 마음이 좀 가라앉았다. 그녀는 토니를 구할 필요가 없었다. 그것은 그녀의 일이 아니었다. 그녀는 하나님이 그녀에게 하라고 하신 일들에 충실하면 되는 거였다.

그 생각은 그녀를 올바른 방향으로 이끌었고, 그녀는 하나님이 이미 이루신 일들에 대해 감사하기 시작했다. 그리고 곧 다니엘에게로 초점을 옮겨서, 그녀의 딸이 하나님의 마음에 더 가까이 이끌리고 있는 것에 감사했다.

그 후에 벨소리가 들렸다. 천사가 그녀의 머릿속에서 징을 울린 걸까? 사람들이 깊이 기도할 때 하나님께서 천국의 종소리를 듣게 하시는 걸까? 눈을 떠보니 침실 창문에서 빛이 들어오는 것이 보였다. 그녀는 갑자기 고개를 들다가 벽장 모서리에 부딪혔고, 목이 뻣뻣하고 아팠다.

그녀는 똑바로 앉아서 시계를 보았다. 밤새 벽장 안에 있었던 것이다! 그녀는 달려 나가 문을 열었다. 갈색 유니폼을 입은 배달원이 소포상자를 들고 있었다.

"오, 안녕하세요."

엘리자베스가 그의 얼굴에 대고 숨을 쉬면서 말했다. 그러자 그 남자는 이상한 표정을 지으며 고개를 돌렸다.

"아! 음, 안녕하세요. 이 소포에 사인만 해주시면 됩니다."

엘리자베스는 그 옆에 서서 그가 무엇을 가져왔는지 알아차렸다.

"정말 고마워요."

그녀는 태블릿 피시에 사인을 하며 말했다.

"우리 딸한테 줄 선물이에요. 빨리 주고 싶어서 기다리기가 힘들었어요."

그 남자는 억지로 미소를 지었다.

"네, 숨을 못 쉴 정도로 기뻤으면 좋겠네요. 좋은 하루 보내세요."

그는 소포를 건네주고는 급히 자기 트럭으로 뛰어가며 말했다.

엘리자베스는 문을 닫고 현관 거울에 비친 자신의 모습을 보았다. 얼룩진 화장에 엉망이 된 머리까지, 꼴이 말이 아니었다. "오," 그녀는 자기 모습에 화가 났다. 손에 물을 받아 입을 헹구니 입 냄새를 겨우 견딜 만했다. 악취가 나는 건 당연한 일이었다. 그것은 기도 방에서 깨어 있지 않고 잠을 잤으니 당연한 일일 뿐이었다.

토니는 장거리 운전을 즐기는 편이었다. 그의 삶에서 일어나는 일들을 정리할 시간이 주어지기 때문이었다. 아침에는 스포츠 라디오방송을 들으며 최신 소식을 따라잡았다. 피곤해서 눈꺼풀이 무거울 때는 음악을 크게 트는 걸 좋아했다. 길거리의 다양한 가게에서 파는 커피도 도움이 되었다. 성공의 사다리를 오르고 자기가 원하는 사람이 되도록 격려해주는 자기개발 오디오를 듣기도 했다.

한 지역에서 다른 지역으로 운전하고 가는 동안 계약을 체결하는 법, 긍정적인 사람이 되는 법, 인맥을 쌓는 법, 사람들을 똑바로 쳐다보는 법 등에 대한 강사들의 이야기를 듣기만 해도 세미나에 참석한 것 같았다. 모든 사람에게 가장 좋은 것을 주기 원하시는 하나님에 대해 이야기하며 영적으로 동기 부여를 하는 사람들도 있었다. 사람이 자신을 향상시키는 방법은 여러 가지가 있었다. 버튼 하나만 누르면 다 들을 수 있으니 말이다.

그가 개선할 수 없었던 것은 바로 그의 결혼생활이었다. 그것은 기정사실이었다. 훼손된 부분을 고칠 방법이 없었다. 또한 그는 자신이 집에 갔을 때 무슨 일이 벌어질지 알고 있었다. 엘리자베스는 분명 질문을 쏟아낼 것이고, 그는 다시 떠나야 할 것 같은 기분이 들 것이다. 떠나고 싶은 집으로 가는 것만큼 나쁜 것도 없었다.

무슨 이유에서인지, 그는 베로니카에게 다시 전화를 걸 수가 없었다. 왜인지는 모르지만, 그의 내면에서 무언가가 기다리라고 말하고 있었다. 어쩌면 그녀가 그에게 다가온 태도나 그를 자신의 아파트로 초대한 것을 볼 때 자신에게 관심을 보이는 남자에게 그런 식으로 행동한 것이 이번이 처음이 아닐 거라는 생각이 들었는지도 모른다.

토니는 '쉬운' 여자를 찾고 있는 게 아니었다. 그가 찾는 사람은… 음, 그도 확실히 몰랐다. 잔소리가 그리 많지 않은 사람, 때때로 그를 향해 웃어주는 사람, 그렇게 난리를 치고 잔소리를 늘어놓지 않고도 그가 원하는 사람, 원하는 아버지가 되도록 도와주는 여자……

집에 들어서니 현관 앞에 다니엘의 줄넘기가 걸려 있었다. 아빠가 다른 여자랑 있는 것을 처음 보았을 땐 상처가 되겠지만, 아이들은 회복력이 좋다. 나 자신도 부모님이 갈라선 후 아무 이상 없이 잘 자랐다. 다니엘도 그럴 것이다. 충분히 시간을 두고 설명을 하면 말이다.

토니는 차고 문을 열고 기다리면서 예전에 그가 영업실적을 올리도록 도와준 한 남자가 생각났다. 게리는 브라이트웰에 다니는 친구였는데, 자기에게 어려운 상황들에 대처하는 법을 가르쳐주었다. 토니는 그 당시 거래가 끊겨 보상을 해야 할 처지였는데, 그가 그 자리에서 다른 가능한 대안들을 제시해주었다.

게리는 이렇게 말했었다.

"네 기분이 얼마나 나쁜지 알아. 좌절감이 들고, 화도 나고, 걱정도 되겠지. 그리고 넌 과잉보상을 하고 있어. 모든 사람에게 네가 이렇게 할 수 있다는 걸 보여주려고 하는 거야."

"난 내 일자리를 지키려고 하는 거야."

토니가 말했다.

"내가 몇 가지 조언을 해줄게. 고객을 유지하는 게 가장 중요해."

"내가 그걸 모른다고 생각해?"

"당연히 알겠지. 하지만 아는 것과 실제로 해내는 것은 별개야. 고객을 열 명 더 늘리는 것보다 한 명이 거래를 유지하는 데 더 에너지를 써야 해."

"이미 희망이 없어. 그들은 이미 결정을 내렸는데 뭘."

"정말 그렇게 생각해? 겸손한 모습을 보여 봐. 네가 무슨 일이든 하겠다는 의지를 보여주라고."

게리는 더 가까이 다가왔다.

"애원이라도 하라는 거야? 넙죽 엎드려 빌라고?"

"토니, 네가 잘못한 일이 없다는 걸 알 때 네 발로 고객을 떠날 수 있어. 그들이 네 진가를 알아보지 못한다고 네 자신에게 말해. 다른 고객은 너를 더 잘 대해줄 거야. 하지만 사실은 그렇게 잘못도 많고 문제도 많은 지금의 그 고객이 네가 일을 계속하는 데 필요한 사람이라는 거야. 그들의 마음을 돌려야 해."

토니는 차고로 들어가 시동을 끄면서 게리가 회사에 전화를 걸던 모습을 떠올렸다. 그 회사는 오래전 그의 거래처이기도 했다. 그는 토니에 대해 좋은 말을 해주며 다시 한 번 기회를 달라고 부탁했고, 어쩐 일인지 회사는 그러겠다고 했다. 토니는 게리의 조언을 받아들여, 거래를 유지하기 위해 앞으로 열심히 하겠다는 태도를 보여주었다. 훌륭한 영업사원은 그런 것이었다.

그는 집에 돌아왔을 때 왜 하필 그 기억이 떠올랐는지 알 수 없었다. 하지만 벽에 달린 차고 문 버튼을 누르면서 심호흡을 하고 또 다른 싸움을 준비했다.

그가 집안으로 들어가자 엘리자베스와 다니엘이 샌드위치를 만들면서 다니엘을 위해 주문한 새 일기장에 대해 서로 이야기하고 있었다. 토니는 가방을 내려놓고 재킷을 조리대에 걸쳐놓았다.

"안녕, 아빠."

다니엘이 말했다.

"안녕, 다니엘."

"오늘 밤에야 오는 줄 알았는데."

엘리자베스가 말했다.

"응. 일을 일찍 끝냈어."

그녀가 준비하고 있는 음식을 보자 토니의 배에서 꼬르륵 소리가 났다. 지난 이틀간 많이 먹을 수가 없었는데, 갑자기 식욕이 돌아온 것이다.

"내 것도 있어?"

"물론. 제니퍼 엄마가 몇 분 후에 다니엘을 데리러 온대. 당신이랑 둘이 먹지 뭐."

말다툼은 없었다. 소리를 지르거나 모욕을 주는 일도 없었다. 단지 초대만 있었다.

"좋아. 짐 좀 방에 갖다 놓고……."

토니는 침대 위에 여행 가방을 던져놓고 의자에 재킷을 던져놓았다. 언제나 그랬듯이 엘리자베스가 침구를 잘 정돈해둔 상태여서 모든 것이 깔끔하게 정리되어 있었다. 그런데 뭔가 다른 점이 있었다. 꼭 집어 말할 순 없었지만, 방안이 뭔가 달라진 것 같았다.

화장대 위에 있는 엘리자베스의 휴대폰에서 알림이 울렸다. 동시에 거실에서 벨소리가 들리더니 다니엘이 뛰어나갔다. 누가 그녀를 데리러 온다고 했지? 줄넘기를 같이 하는 친구 중 한 명인데, J로 시작하는 이름이었다.

그는 넥타이를 풀어 침대 위에 놓았다. 그때 호기심이 발동한 그는 화장대로 갔다. 거실에서 엘리자베스와 다니엘의 친구 엄마의 목소리가 들렸다. 이름이 뭐였더라? 그는 엘리자베스의 휴대폰을 들고 화면에 뜬 메시지를 유심히 보았다. 미시라는 사람에게서 온 메시지였다. 약간 익숙하게 들리는 이름이었다. 대학 동창인가? 첫 번째 메시지는 이틀 전 밤에 온 것이었다.

리즈, 나 미시야. 지금 롤리에 있어. 방금 식당에서 토니가 모르는 여자와 함께 있는 걸 봤어. 너도 아는 사람이야?

그는 가슴이 철렁했고 속이 울렁거렸다.

엘리자베스는 정말이야? 하고 대답했다.

미시 : 내가 왜 거짓말을 해?

엘리자베스 : 그냥 고객일 거야.

미시 : 꽤 친해 보였어.

엘리자베스 : 아무것도 아니길 바랄 뿐이야.

미시 : 내가 잘 보고 다시 연락해줄게.

엘리자베스 : 고마워, 친구!

토니는 화면을 아래로 내려서 방금 온 메시지를 보았다.

리즈, 토니가 롤리에서 같이 있었던 여자에 대해 알아봤어?

그는 한 대 세게 얻어맞은 듯한 기분이 들었고, 레스토랑 화장실에서 있었던 일을 또 반복할 것인지 궁금했다. 그는 침을 꿀꺽 삼키고 심호흡을 했다. 엘리자베스는 베로니카에 대해 알고 있었다. 아마 그녀의 이름은 모르겠지만, 그가 어떤 여자와 저녁을 같이 먹었다는 것을 알고 있었다. 하지만 그녀는 전화도, 문자도 보내지 않았고, 그 일에 대해 묻지도 않았다. 어떻게 된 걸까? 정말로 사업상의 만남이라고 생각한 걸까, 아니면 불시에 덤벼들려고 벼르고 있는 걸까? 그는 남편에게 끔찍한 일을 저지른 아내들에 대한 무서운 이야기들을 익히 들어왔다. 어쩌면 제대로 확인할 때까지 기다렸다가 복수할 계획을 세우려 하는지도 모른다. 아니면 벌써 계획을 세웠는지도…….

현관문이 닫히자 그는 태연히 주방으로 걸어 들어갔다. 그리고 그녀가 알고 있는 것에 대해 모르는 척했다. 엘리자베스는 식사 준비를 마무리하고 있었다.

"그동안 별 일 없었어?"

"음, 어제 집을 한 채 팔았어. 강도를 만났다는 얘기는 이미 했고……."

드디어 올 것이 왔다. 그녀는 그 일로 그를 협박할 것이다. 분명히 그럴 거라고 확신했다.

"아, 그 일에 대해선 말이야, 내가 관심이 없었던 게 아냐. 그냥 너무 바빠서, 당신이 무사하다는 걸 알고는⋯⋯."

"이해해."

그녀가 식탁에 접시를 놓으며 말했다.

"그런 일로 흥분해서 미안해."

토니는 자기 귀를 의심하지 않을 수 없었다. 무심했던 건 그였는데, 그녀가 사과를 한 것이다. 게다가 그 '바쁜' 상황은⋯ 베로니카 때문이었다.

"당신이 미안하다고?"

토니가 말했다.

"응, 당신이 일하는 중이라는 건 알았어. 아마 회의 중이었겠지. 좀 더 기다렸다가 나중에 얘기했어야 하는데⋯⋯."

그녀는 차를 따르며 말했다.

이건 아니었다. 분명히 뭔가 있을 것이다. 토니는 그녀의 접시를 자기 접시와 바꾸어놓았다.

"내가 너무 놀라고 정신이 없어서 당신한테 화풀이를 했어. 하지만 그거 알아? 다니엘에게는 정말 좋은 경험이었다고 생각해. 주변에 누가 있는지 신경 쓰는 것이 얼마나 중요한지 알았을 테니까."

그녀는 식탁으로 와서 찻잔을 내려놓았다. 그는 그녀에게 애써 미소를 지었지만 마음은 불안했다. 어떤 외계인이 아내의 몸속에 들어온 건가? 아니면 그가 마음을 놓을 때까지 아무렇지도 않은 척하는 건가? 그녀는 때마침 다니엘을 집 밖으로 내보냈다.

"핫소스 줄까?"

엘리자베스가 말했다.

조리대를 확인해보니 모든 칼들이 제자리에 놓여 있었다.

"응, 좋지."

"순한 맛, 아니면 신의 진노(Wrath of God)?"

그녀가 말했다.

"신의 진노는 싫어. 다른 걸로 줘."

엘리자베스는 돌아와 앉아서 냅킨을 무릎에 펼쳤다. 이제 그녀가 뭘 하고 있는 건지 분명해졌다. 그녀는 그에게 미끼를 던지고 있는 것이었다. 친절하고 다정하게 굴면서 그에게 음식을 주고 다 괜찮은 것처럼 행동하고 있었다. 심지어 사과까지 하면서……. 그는 그녀의 게임을 알아챘고 뒤통수를 맞을 준비를 했다.

마침내 그가 고개를 저으며 말했다.

"원하는 게 뭐야, 리즈?"

그녀는 그 말을 이해하지 못하는 척했다. 그녀가 잘하는 일이었다. 그래서 그는 그녀의 반응을 거의 믿을 뻔했다.

"음, 지금?"

그녀가 말했다.

"그래."

그녀는 잠깐 생각하고는 말했다.

"핫퍼지선데 아이스크림이 정말 먹고 싶어. 퍼지(설탕, 버터, 우유로 만든 연한 사탕)를 잔뜩 얹어서."

그녀는 한 손으로 원을 그리면서 말했다.

"그리고 쿠키앤크림 아이스크림 두 스쿱. 그 위에 휘핑크림을 가득 얹고, 체리도 하나 얹어서……."

그는 지금 들은 말을 믿을 수 없어서 그녀를 빤히 쳐다보았다. 그는 그녀가 뭔가 무서운 일을 계획하고 있다는 걸 아는데, 그녀는 계속 아이스크림 이야기만 하고 있었다.

"그리고 요즘 발 때문에 죽을 것 같아. 발마사지를 받으면 좋을 텐데."

그녀는 그것이 어떤 느낌일지 상상하는 듯이 식탁을 물끄러미 쳐다보았다. 그러자 토니는 고개를 저었다.

"리즈, 난 발마사지는 해줄 수 없어."

"그래."

그녀는 무미건조하게 말했다.

"그럼 기도하는 건 어때?"

'기도라고?'

그는 생각했다. 그들이 식사 전에 기도했던 게 대체 언제였는지 기억도 나지 않았다. 하지만 그는 가식으로 대처하기로 했다. 그래서 고개를 숙이고 어색하게 말했다.

"하나님, 이 음식을 주시고 우리 가족을 보살펴주셔서 감사합니다. 아멘."

그는 엘리자베스가 베로니카에 대해 화를 내거나 무기를 휘두르거나 소리를 지를 것을 예상하고 고개를 들었다. 그런데 그녀는 샌드위치를 들고 먹기 시작했다.

"배고파 죽을 지경이야."

그녀가 말했다.

토니는 자기 샌드위치를 집기 전에 그녀를 다시 한 번 쳐다보고, 조심스럽게 한 입 베어 물었다. 그가 접시를 바꿔치기 할 거라고 그녀가 예측하지 않은 이상, 그 샌드위치는 안전할 거라고 생각했다. 아니, 그건 말도 안 되는 일이었다.

"당신이랑 다니엘이 얘기하던 일기는 뭐야?"

엘리자베스는 웃으며 말했다.

"클라라 부인이라고, 내 고객 중 한 분의 도움으로 기도 일기를 쓰기 시작했어. 토니, 당신도 그녀를 만나봐야 해. 아무튼 다니엘이 그걸 보더니 질문을 하기 시작했어. 그러다 보니 하나님에 대해, 또 하나님이 기도를 들어주시는지에 대해 영적인 대화를 나누게 되었지. 그래서 다니엘이 자신의 기도 제목과 좋아하는 성경구절들을 적을 수 있도록 일기장을 한 권 주문했거든. 그랬더니 비싼 생일선물을 받은 것만큼 기뻐하는 거야."

"그래?"

그녀가 냅킨으로 입을 닦는 순간, 토니의 눈에 비친 그녀의 얼굴은 마치 산

위에 쏟아지는 햇빛같이 환했다.

"난 다니엘이 어떤 사람이 될 것인지, 어떤 사람이 되어 가는지 이제 막 보기 시작했어. 그거 알아? 난 그 아이를 항상 어린애로만 생각했고, 영원히 그대로일 줄 알았어. 물론 나중에 자라서 자신의 가정을 꾸리게 될 거라는 건 알지만 아주 먼 일로만 느껴졌었어. 그런데 그 아이와 그런 대화를 나누다 보니 그렇지 않다는 걸 알게 됐어. 그 순간이 곧 온다는 걸."

"아이들은 금세 자란다고 하잖아."

"로켓 발사만큼 빠를 거야. 그리고 난 우리에게 다니엘이 있는 게 너무 감사해. 당신이 우리를 부양하고 있는 것도…. 이런 얘기를 너무 오랫동안 하지 않았어."

토니는 엘리자베스를 빤히 쳐다보았다. 분명 숨겨놓은 녹음기가 있을 것이다. 틀림없이 자신을 함정에 빠뜨려서 무슨 말을 하게 하고, 이혼 소송 때 법정에서 그 녹음된 걸 이용할 것이다. 아니면 뒷베란다 어딘가에 저격수가 신호를 기다리고 있다가 방아쇠를 당길지도 모른다.

"토니, 괜찮아?"

엘리자베스가 말했다.

그는 다시 샌드위치를 집어 들었다.

"응, 괜찮아."

토니는 그녀가 먹는 모습을 보면서, 대체 그녀에게 무슨 일이 일어난 건지 궁금했다.

# 미스 클라라

클라라는 엘리자베스를 실망시키는 말을 하고 싶지 않았다. 그녀는 분명
자기 딸과 자신의 영적 성장에 대해 승리감에 젖어 높이 날고 있었다. 하지
만 그 둘이 식탁에 앉아 두 손을 잡고 기도하며 엘리자베스가 자기 남편을
위해 기도하기 시작했을 때 클라라는 하나님께서 곧 어떤 일을 시작하려 하
신다는 것을 분명히 느꼈다. 그런데 하나님이 어떤 어려운 일을 하실지 전혀
예측할 수 없었다.

클라라는 감정에 따라 살지 않았다. 감정은 수시로 변하기 때문이다. 그녀
는 자신의 인생기차가 하나님에 대한 믿음과 다른 사람들을 향한 사랑의 평
행선로를 달리게 하고 싶었다. 그러나 원수는 매일 그녀를 그 길에서 밀어내
려 했고, 그녀가 할 일은 하나님을 신뢰하며 그분의 선하심과 역사하심을 믿
고 다른 사람들을 사랑함으로써 그 믿음에 따라 행하는 것이었다.

아마 이 말을 천 번은 했을 것이다.

"사람들은 감정 때문에 하나님으로부터 멀어지거나 그들의 삶이 변화를
일으킨다는 믿음에서 멀어진다. 그들은 하나님이 자기들 생각대로 일하시
는 것을 보지 못하기 때문에 하나님이 계시지 않는다고 생각한다. 혹은 하나

님이 관심을 갖지 않으신다고 생각하여 실망한다."

그날 엘리자베스가 가고 나서, 클라라는 기도 방으로 가려고 계단을 올라갔다. 이제는 계단을 오를 때마다 주방과 같은 층에 기도 방이 있으면 좋겠다는 생각이 간절했다. 하지만 그날은 계단을 오르는데, 엘리자베스와 토니에 대해 받은 느낌이 확실한 신념으로 바뀌었다. 하나님이 그들의 궁극적인 유익을 위해 역사하고 계신다는 믿음이었다.

클라라는 무릎을 치면서 하나님께 마음을 변화시켜달라고 기도하며 2개의 선로를 따라 내려갔다.

## 해고된 토니

토니는 방문 판매나 운전을 하지 않고 여유로운 아침을 보내기로 했다. 오후에 출근해서 문서 업무를 하고 그가 싫어하는 주간 부서회의에도 참석해야 하지만, 어쨌든 지금은 편안한 아침을 보내고 싶었다. 치즈와 채소를 넣고 오믈렛을 만들어 늦은 아침을 먹고 어젯밤 스포츠 경기들의 재방송을 보기로 했다.

그가 양파와 피망을 써는 동안 다니엘이 식탁에 앉아 연필로 무언가를 열심히 쓰고 있었다.

"뭘 쓰고 있는 거니?"

그가 말했다.

"일기 써요."

다니엘은 아빠를 쳐다보지도 않고 말했다. 한 자도 빠뜨리지 않고 적으려는 듯 집중해 있었다.

"엄마한테 얘기 들었어. 아빠도 보여줄래?"

다니엘은 일기장을 덮더니 고개를 저었다.

"아뇨, 이건 개인적인 거예요. 여기에는 저와 하나님만 아는 내용들을 적

183

는단 말이에요."

토니는 웃으며 달걀 4개를 깨뜨려 그릇에 담았다.

"그럼 겉표지만이라도 보여줄래?"

다니엘은 인상을 찌푸리며 노트를 건넸다.

"안은 보지 마세요."

토니는 손을 씻고 물기를 닦고는 그 노트를 받았다. 가죽 장정이 단단해서 꽤 묵직했다. 마치 성경책 같은 느낌이었고 앞표지 디자인이 흥미로웠다.

"일기장이 정말 좋구나, 다니엘. 그런데 여기다 어떤 내용을 적니?"

다니엘은 일기장을 다시 가져가며 말했다.

"그냥 성경구절이랑 기도제목들이랑 그런 거요."

그는 식탁에 팔꿈치를 대고 몸을 숙이며 다니엘 옆으로 바싹 다가갔다.

"지금 너의 첫 번째 기도제목은 뭐니?"

다니엘은 아빠에게 뭐라고 말을 하려다가 그만두었다.

"말할 수 없어요."

"왜 말할 수 없어? 웃지 않을게. 그것 때문에 말 안 하는 거야?"

"아뇨. 그건 하나님과 저만의 이야기라서 그래요."

딸과 소통하는 일이 생각보다 더 어려워지고 있었다. 토니는 한 걸음 물러나 가스레인지를 켰다. 다음 질문을 어떻게 할까 궁리하고 있을 때 회사에서 전화가 왔다. 전화를 받고는 그의 지역 매니저인 릭의 전화라는 걸 알았다.

"안녕하세요, 릭, 어쩐 일이세요?"

"지금 회사로 나올 수 있나? 급히 의논할 일이 생겼어."

"아, 출장 다녀와서 오전에 좀 쉬고 있어요. 오후 회의엔 참석할 거고요. 회의 바로 전에 만나면 안 될까요?"

"그때까지 기다릴 수가 없네, 토니. 최대한 빨리 와줬으면 하네."

그는 릭의 목소리가 마음에 들지 않았지만 단순히 순종할 수밖에 없었다.

"알겠어요, 릭. 그렇게 할게요. 그런데 제가 지금 다니엘을 봐야 해서요. 어떻게든 해결하고 곧 갈게요."

"고맙네."

토니는 전화기를 내려놓고 가스레인지를 껐다. 아침식사는 물 건너간 듯했다. 엘리자베스에게 전화를 걸었지만 음성사서함으로 연결되었다. 그는 화가 나서 전화를 끊었다.

그때 좋은 생각이 떠올랐다.

"아빠가 네 친구 집에 데려다줄까? 자넷, 지니?"

"제니퍼요."

다니엘이 말했다.

"그래, 제니퍼. 그 친구에게 전화해볼래?"

그는 침실로 가서 샤워를 하고 옷을 입었다. 그리고 나오자 다니엘이 줄넘기를 들고 나갈 준비를 하고 있었다.

"제니퍼 엄마가 와도 된대요. 그런데 아빠는 어디 가세요?"

"릭이 만나자고 전화가 왔구나. 아빠 상사 말이야. 상사가 '뛰어'라고 말하면 '얼마나 높이요?'라고 물을 줄 알아야 돼. 그런데 네 엄마는 이 아침에 어딜 간 거니? 일하러 갔니?"

"네, 아마 클라라 부인의 집에 갔을 거예요."

차를 타고 막다른 길에 다다랐을 때 토니는 그 친구의 집을 모른다는 걸 깨달았다.

"여기서 돌아요. 제니퍼네 집은 저쪽이에요."

다니엘이 말했다. 그는 진입로에 들어가서 딸과 함께 걸어 들어갔다. 제니퍼가 문을 열어주었고 둘은 집 안으로 들어갔다. 제니퍼의 어머니가 문 앞에 나와 인사를 했다.

"정말 죄송합니다."

토니가 말했다.

"오, 아니에요."

"제 직장상사가 호출을 해서 지금 회사에 나가봐야 하거든요. 괜찮으시면 엘리자베스가 집에 가는 길에 아이를 데려가라고 할게요."

"괜찮고말고요. 다니엘이 원한다면 하루 종일 있어도 돼요. 아니면 엘리자베스가 직장에서 돌아올 때 제가 집에 데려다줘도 되고요."

"그러면 좋겠네요. 감사합니다."

토니는 사무실로 가는 길에 엘리자베스에게 전화를 했지만 또다시 음성사서함으로 연결되었다. 그는 제니퍼의 어머니가 나중에 다니엘을 집에 데려다줄 거라는 메시지를 급히 남기고 끊었다. 그녀와 직접 이야기할 수 없는 것이 화가 났다.

사무실에 도착했을 때 릭의 비서인 샤론이 그를 보더니 급히 전화기를 들었다. 그녀는 평소의 쾌활한 모습과는 많이 달랐지만, 토니는 그저 그녀에게 무슨 일이 있겠거니 생각했다. 이를테면 결혼생활의 문제라든가. 어쩌면 토니 자신의 문제들이 그녀에게 투영되고 있는지도 모를 일이었다.

릭이 문을 열고 토니를 안으로 맞이했다. 방안에는 토니가 좋아하지 않는 부사장 톰 베넷도 있었다. 게다가 인사부 책임자인 클링턴 위더스도 있었다. 뭔가 좀 이상했다. 클링턴은 직원을 채용하고 해고하는 회의에만 참석했었다.

릭은 토니와 악수를 하고는 앉으라는 손짓을 했다. 갑자기 복병을 만난 기분이었다.

"토니, 이런 말을 하기가 참 쉽지 않네."

릭이 노트북 컴퓨터에 시선을 둔 채 말했다.

"어제 그렉이랑 이야기를 나눴어."

"그렉이라면 저도 잘 압니다. 재고품 관리 사원이죠."

토니는 마음이 담담해지는 것을 느꼈다.

그는 릭이 무슨 말을 하는지 모르는 것처럼 순진한 표정을 지으려 했다. 톰과 클링턴은 그를 쳐다만 보고 있었다.

"그렉 말로는 자네가 가져간 견본품 수가 맞지 않는다더군. 그것도 한번만 그런 게 아니고. 지난주에 자네가 애쉬빌로 출장을 간 후에도 똑같은 현상을 보았다네. 항상 그런 일이 반복된다는데……."

톰이 몸을 앞으로 구부리며 말했다.

"숫자를 부풀리는 거예요, 릭. 상황은 명백해요."

그는 그 고발을 즐기는 듯이 비웃으며 말했다.

"잠깐만요."

토니는 어떻게 자신을 변호해야 할지 확신이 없었다.

릭은 컴퓨터 화면을 돌리며 유감스럽게 말했다.

"숫자는 거짓말을 하지 않네, 토니. 그렉이 두 번이나 검토했어. 그가 본 것만 해도 이번이 다섯 번째야. 대체 얼마 동안 이런 일이 있어 왔는지 궁금해지네."

"분명 혼동이 있었을 겁니다."

토니는 확신 있게 말하려고 애를 썼다. 실은 손바닥에 땀이 흥건하고 침을 삼키기도 힘들었다. 뭔가 마실 것이 필요했다. 빠져나갈 작은 구멍이 필요했다.

"가서 제 견본품들을 가져와서 다시 세보겠습니다."

"그럴 필요 없네, 토니. 이렇게 분명한 위반이 드러난 경우엔 해고밖에 답이 없다네. 자네 계약서에 그렇게 써 있을 거야."

클링턴이 말했다.

"해고라고요?"

토니가 말했다.

"자넨 끝났어."

톰이 말했다. 뭔가 통쾌해하는 목소리였다.

"정말입니까?"

토니가 말했다. 그는 상황을 역전시켜 보려고 했다. 경쟁자와의 말싸움에서 이기려면 자기가 옳다는 걸 입증해야 한다.

"저는 이 회사 최고의 영업사원입니다. 며칠 전에도 콜맨과 이야기를 나눴지요. 홀컴과 계약을 성사시켜서 보너스도 받았어요. 그런데 수치가 좀 맞지 않는다고 저를 내보내시려는 겁니까?"

"저 사람은 보너스를 받은 적이 없어. 다 연막이었지."

톰이 말했다.

릭은 그를 안타깝게 처다보았다.

"토니, 내가 자네를 얼마나 좋아하는지 알 거야. 자네도 알다시피, 난 자네와 함께 모험을 했어. 자네를 믿었지. 콜맨과 다른 사람들에게도 자네를 강력하게 변호했어."

"내가 실수한 거라고 했지 않나."

톰이 말했다.

"그리고 자네에게 개인적으로 무슨 일이 있는 건지 모르겠네. 왜 이런 일을 했는지 모르겠다는 말일세. 하지만 이런 종류의 일에는 엄중처벌 원칙이 있다네."

릭이 말했다.

"계약서에 사인을 할 때 그걸 알았을 거야."

클링턴이 말했다.

토니는 고개를 끄덕이며 시선을 바닥으로 떨구었다. 그들은 그가 유죄라는 것을 증명했다. 이제 할 수 있는 일은 잘못을 인정하고 자비를 구하는 것밖에 없었다. 하지만 그가 숫자를 부풀린 것을 인정하면 그들에게 사실을 다 말해야 하고, 그러면 문제가 더 커질 것이다. 그것은 법적인 문제였다.

토니는 고개를 들었다.

"제 월급은 어떻게 됩니까? 보너스는요?"

"오늘까지 일한 보수는 다 지급될 거야. 해고된 것이기 때문에 보너스는 없을 거야. 퇴직금도 없고. 건물을 나가기 전에 카드 키와 전화기는 반납해야 해. 제리에게 주고 가면 되네."

클링턴이 말했다.

그때 경비원이 조심스럽게 들어왔다. 토니는 제리를 건물 앞에서 본 적은 있었지만 그의 이름은 몰랐다. 그의 이름을 알 필요가 있으리라고는 생각도 해본 적이 없다. 그 사람은 그저 문을 열어주며 "좋은 아침입니다."라고 인사만 할 뿐이었기 때문이다. 그런데 이제는 제리가 그 건물에서 마지막으로 보게 될 사람이었다.

방안 공기가 서늘해졌다. 토니는 견본품이 사라진 걸 그들이 눈치 챌 거라고 생각지 않았다. 별로 중요한 일로 생각하지도 않았다. 그깟 알약 몇 개? 물론 상자들을 합치면 꽤 됐지만, 그래도 회사가 긁어 들이는 돈에 비하면…

"제 집은요. 제 가족, 보험, 공과금은 어떻게 내죠?"

토니가 말했다.

"그건 수치를 조작하기 전에 생각했어야지."

톰이 토니의 말을 자르며 말했다.

"미안해, 토니. 정말이야."

릭이 말했다.

토니는 서류에 사인을 했고 제리가 그를 책상까지 호위했다. 그의 책상 위에는 개인 물품을 챙길 상자 하나가 놓여 있었다. 액자 틀에 '영원한 최고 아빠'라고 적힌 엘리자베스와 다니엘의 사진이 있었다.

'그래, 맞아. 최고의 아빠는 분개한 상태로 쫓겨나지.'

이건 공평하지 않았다. 옳지 않았다. 하지만 그건 현실이었다. 부끄러운 일이었다. 그는 마땅한 대가를 치르고 있는 것이었다.

"한 가지 더 말할 게 있네. 차에 대해 말하는 걸 깜박했네."

릭이 사무실 밖 복도에서 그를 만나 말했다.

차, 토니는 자신의 타호에 대해 잊고 있었다. 그것은 그에게 제2의 집이나 다름없었다.

"내일 가지러 가겠네. 아니면 지금 우리가 당신을 집에 데려다주고 가져올 수도 있고. 더 편한 대로 하게."

릭이 말했다.

"제가 몰고 가겠습니다."

토니가 말했다. 마치 운전면허시험에서 탈락한 10대 소년처럼 그의 상사가 모는 차를 타고 집에 가는 것은 상상할 수도 없는 일이었다. 아니면 파티에서 술에 취해 다른 사람이 모는 차를 타고 집에 가는 것처럼 말이다.

사실 그는 이 모든 것을 떠나 혼자 있고 싶었네. 이 모든 비난과 시선들로부터 멀어지고 싶었다.

복도를 걸어가는 자신이 마치 죽으러가는 사형수 같았다. 좁은 방들과 열린 사무실 문들을 지나가는데 사람들이 고개를 돌렸다. 그들의 얼굴은 연민으로 가득했고, 어쩌면 약간의 안도감도 있어 보였다. 그는 전에 회사에서 이런 장면을 딱 한 번 본 적이 있었는데, 그때 그 사람처럼 되지 말자고 다짐했었다. 그런데 지금 그 자신이 실직의 바다로 향하는 널빤지 위를 걷고 있었다.

릭은 엘리베이터까지 그와 나란히 걸어갔다. 뭔가 할 말을 생각해내려 했지만 그러지 못했다. 제리가 내려가는 버튼을 눌렀고, 그들은 엘리베이터가 도착할 때까지 기다렸다.

토니가 고개를 돌리며 말했다.

"제 고객들은요? 어떻게 된 건지 설명을 해야 할 텐데요."

릭은 고개를 저었다.

"개인적인 문제에 대해선 우리가 말할 수 없네. 다만 자네가 다른 기회를 찾아 떠났다고만 말할 거야. 자네 고객들에 대해선 걱정하지 말게, 토니. 우리가 알아서 챙길 거니까. 자넨 그저 자신만 챙겨, 알겠지?"

토니는 고개를 끄덕이며 엘리베이터에 올라탔다. 경비원이 그의 차까지 함께 걸어갔다. 엘리자베스에겐 어떻게 말하지? 어떻게 설명하지? 그녀는 어떤 반응을 보일까? 아마 화를 크게 낼 것이다. 그는 확신했다. 그녀는 자기 자신과 다니엘, 그리고 집 대출금과 그의 '무분별한 행동'에 대해 생각할 것이다. 그 일을 '죄인'으로 여길 것이다. 그 일을 개인적으로 받아들이고, 그가 집안에 수치를 주었다고 말할 것이며, 울면서 그를 거부할 것이다. 그들의 결혼생활에 결정타를 날릴 것이다.

가족, 추수감사절에 친척들이 모여 있는 집으로 들어가면서 뭐라고 말할 것인가? 마이클이나 교인들에게는 뭐라고 할 것인가? 회사의 물건을 훔쳐서 해고된 사람을 누가 채용해줄 것인가? 너무나 많은 의문들이 떠올랐다. 그렇다, 톰의 말이 맞았다. 알약 상자를 슬쩍하기 전에 이 모든 것을 생각했어야 했다.

다니엘은 왜 아빠가 집에서 빈둥거리는 시간이 그렇게 많은지 이해하지 못할 것이다. 그리고 엘리자베스는… 그들 사이의 거리는 점점 더 멀어질 것이다.

그는 백미러로 점점 더 멀어져가는 건물을 바라보았다. 평소에 집으로 가던 길 대신 정처 없이 도시를 떠돌았다. 더 이상 그 길로 갈 일이 없을 것이다. 회의를 할 일도 없을 것이다. 보너스도… 그에게 남은 거라고는 엘리자베스와 다니엘을 부양하고 집 대출금을 갚아줄 생명보험뿐이었다. 차라리 살아있는 것보다 죽는 것이 더 가치가 있을지도 몰랐다.

엘리자베스가 클라라의 집에서 나오면서 휴대폰을 확인해보니 토니가 남긴 메시지가 있었다. 다니엘을 제니퍼의 집에 데려다준다는 내용이었다. 분명 그가 다니엘을 돌보겠다고 했는데 아이를 놔두고 나간 것이다. 아마 일을 하러 갔을 것이라고 생각했다. 그의 마음은 늘 거기에 가 있었으니 말이다. 그녀는 남편이 일에 쏟는 것만큼 가정에도 에너지를 쏟아주기를 바랐다.

하지만 그 순간 다른 생각이 떠올랐다. 토니가 일을 하러 갔다 해도, 그는 자기 책임을 다 했고 다니엘을 다른 사람의 집에 데려다주었다. 그녀는 그가 열심히 일하는 것에 감사했다. 그렇게 열심히 가족을 부양해주는 것을…. 먹고 살기 위해 일하는 것과 성공하는 일에 관심이 없어 보이는 사람들도 많이 있다. 그녀는 부정적으로 생각하는 대신, 생각의 방향을 돌려 다른 대본을 써보기로 했다.

"주님, 토니는 아직 갈 길이 멀지만, 그에게 열심히 일하고자 하는 열망을 주셔서 감사합니다. 그가 우리를 보살피게 해주셔서 감사합니다. 저는 그가 하지 않는 일들보다 그가 하고 있는 일을 보려고 할 것입니다. 오늘 제가 그것을 보도록 도와주셔서 감사합니다. 오늘 그 사람을 축복해주시고 자신의 일을 잘할 수 있게 도와주소서."

이것이 시작이었다. 그녀의 마음은 남편에게서 멀어지는 대신 더 가까워지고 있었다.

그녀는 제니퍼 엄마에게 전화를 걸어 집으로 가고 있다고 말했다. 그러자 샌디는 다니엘을 집까지 데려다주겠다고 했다.

엘리자베스가 집에 도착해서 차고로 들어갈 때쯤 비가 많이 내렸다. 그녀는 다니엘에게 아빠가 어디 갔는지 물었고, 다니엘은 상사에게서 전화가 왔었다는 얘기를 해주었다.

싱크대에 접시들이 있고 레인지 위에 올려 있는 음식들도 있었다. 그때 차고 문이 열리는 소리가 들렸다. "아, 아빠다." 하고 다니엘이 말했다.

"아빠가 내 일기장을 보고 싶어 했어요."

다니엘은 자기가 읽고 있던 책을 물끄러미 쳐다보았다.

"아빠한테 그걸 보여드렸니?"

다니엘은 고개를 저었다.

"왜 안 보여드렸어?"

"거기에 아빠에 관한 내용이 있어서요. 내가 하나님께 기도하고 간구한 내용들요."

"뭐라고 기도했는데?"

"엄마도 알잖아요. 두 분이 싸우지 않게 해달라고. 아빠가 우리랑 더 많은 시간을 보낼 수 있게 해달라고. 그리고……."

"그리고 뭐?"

엘리자베스는 다니엘이 '사랑'이라고 쓰인 티셔츠를 입고 있는 걸 보았다. 핑크색 바탕에 보라색 소매가 달려 있고 반짝이는 글씨로 쓰여 있었다.

"아빠가 다시 하나님과 친구가 되게 해달라고요. 전에는 친구였던 것 같은데 지금은 아닌 것 같아요."

엘리자베스는 힘들게 이 말을 내뱉었다.

"정말 훌륭한 기도구나."

그녀는 다니엘의 옆에 앉아 잡지를 폈다. 토니가 일하러 가기 전에 식사를 하지 못했다면 아마 배가 고플 것이다. 그녀는 몇 분 안에 오믈렛을 만들어 줄 수 있었다. 그런데 차고 문 닫히는 소리가 났는데도 그가 들어오지 않자, 혹시 그의 차에 문제가 생긴 것은 아닐까 하는 생각이 들었다. 아니면 롤리에서 만난 그 신비의 여인과 전화통화를 하고 있는지도 모른다.

그녀는 눈을 감았다.

'아닙니다, 주님. 제 마음이 그 방향으로 흐르게 하지 않을 겁니다. 저는 주님을 신뢰하고 최악의 일을 생각하기보다 주님을 붙잡을 것입니다.'

집으로 들어온 토니는 곧바로 침실로 갔다.

"여보."

그녀가 따뜻하게 말했다.

그는 대답하지 않았다. 고개를 끄덕이지도 않고 아무 소리도 내지 않았다. 그저 그들을 지나쳐서 침실로 쌩 하고 가버렸다.

'이 상황을 어떻게 긍정적으로 볼 수 있을까?'

그녀는 생각했다.

'주님, 그이한테 제가 필요할까요? 제가 들어가야 할까요? 아니면 혼자 있게 내버려둬야 할까요?'

그녀는 클라라가 해준 말이 떠올랐다.

"당신이 사랑을 느끼는 방식이 아니라, 그 사람이 대접받기 원하는 대로 대해줘요. 토니는 남자고, 가끔은 당신이 변화를 줄 필요가 있어요. 그런 식으로 그를 사랑하기 시작하면 당신의 마음이 그에게로 향하고 있다는 걸 보여주게 될 거예요."

엘리자베스는 힘든 일이 있을 땐 혼자 있는 시간이 필요했다. 문을 닫고 들어가 목욕을 하거나 낮잠을 자거나 책을 읽었다. 그냥 모든 것에서 도망치고 싶었다.

하지만 적어도 신혼 때는 토니가 삶의 문제들을 함께 해결해가길 원했다.

그는 분통을 터뜨렸고, 그녀는 그 분노를 잘 받아주지 못했다. 그것이 두려웠기 때문이다. 어쩌면 이제 그녀가 상황을 조금 바꿀 수 있을지도 모른다. 모험을 하기로 결심한 그녀는 열린 침실 문 쪽으로 갔다.

"토니?"

그는 그녀에게 등을 돌린 채 침대 위에서 가방을 풀고 있었다. 그의 태도에서 뭔가 잘못됐다는 걸 알았지만, 그녀는 그의 얼굴을 볼 수가 없었다. 그의 눈 속에 불길이 활활 타오르고 있는 것은 아닐까? 혹시 그녀가 뭘 잘못했나?

그녀가 묻기 전에 그가 이렇게 말했다.

"먼저 말해둘게. 난 당신에게 잔소리를 듣고 싶지 않아, 알겠지?"

이제 그가 몸을 돌려 그녀를 쳐다보았다. 그의 근육은 팽팽했고 얼굴엔 분노 혹은 상처가 가득했다.

"지금은 정말로 이 얘기를 하고 싶지 않으니까."

그의 화가 나 있는 모습에 그녀는 깜짝 놀랐다. 대체 무슨 일이 있었던 걸까? 그녀는 마음을 가다듬고 최대한 달래고 배려하는 목소리로 말했다.

"토니, 무슨 일이야?"

그는 목에 묶인 올가미를 풀 듯이 넥타이를 풀었다.

"지금 막 직장을 잃었어."

그는 넥타이를 침대 위에 팽개치고 다시 가방이 있는 곳으로 갔다.

엘리자베스는 심호흡을 하고 마음을 가라앉히려고 노력했다. 그녀는 회의에서 무슨 일이 있었는지 상상할 수 없었다. 회사에서 강제 해고라도 되었나? 아니면 다른 일로 그렇게 된 건가? 그건 중요하지 않았다. 중요한 것은 그녀의 남편이 상심하고 있다는 것이었다. 그는 아마 미래에 대해 수많은 질문을 하고 있었을 것이다.

"그랬구나. 잘 알겠어."

그녀는 최대한 침착하게 말하려고 했다. 그가 불안하지 않도록…….

"뭐? 비아냥대는 말이라도 해야 하지 않아?"

그가 말했다. 그의 얼굴은 당혹스러우면서도 '당신 지금 뭐라고 했니?'라고 노려보는 표정이었다.

"토니, 우린 괜찮을 거야."

그녀는 최대한 확신을 끌어 모아 말했다. 그 순간 그녀는 그들이 괜찮을지 확신이 없었다. 하지만 그에게 확신을 주어야만 했다.

토니는 고개를 돌렸다. 그의 얼굴은 분노로 일그러져 있었다.

"리즈, 내 말 제대로 들은 거 맞아? 난 방금 해고됐다고."

그는 문장에 감탄부호를 붙이듯이 머리를 앞으로 내밀며 말했다.

"그 말은 곧 수입도 없고, 회사 차도 없고, 건강보험도 없다는 뜻이오. 이 집에도 계속 살 수 없을 거라고……."

그것은 냉혹한 현실이었다. 그녀는 머리가 어질어질해서 목을 비비며 빨리 생각을 하려고 했다.

"알아. 잘 들어, 당신이 다른 일자리를 찾는 동안 난 새 부동산을 알아볼 거야, 알겠어?"

토니는 그녀를 물끄러미 쳐다보았다. 둘 다 못 믿겠다는 듯한 공허한 눈빛으로 말했다.

"그래서? 그렇게 상황에 적응해 가겠다고?"

"그럼 달리 뭘 해야 해?"

토니는 잠시 그녀의 눈을 유심히 보더니 등을 돌리며 계속 가방을 풀었다.

"때로는 당신이 이해가 안 가, 리즈."

엘리자베스는 조용히 있었다. 그가 그녀에게서 무엇을 필요로 하겠는가? 자기 삶의 기반으로 생각하던 모든 것을 잃어버린 사람의 마음속이 어떠하겠는가? 물론 그녀는 두려웠다. 걱정도 되었다. 하지만 하나님이 그들 편이시고, 그들 두 사람을 지켜주고 계신다면 실직이 대수겠는가? 하나님이 이 문제보다 더 크시지 않은가?

그렇다. 그녀는 물론 그 자리에서 그렇게 말할 수는 없었다. 때나 장소가 적절하지 않았기 때문이다. 하지만 그건 사실이었다. 그리고 한편으론 이 모든 상황이 어찌 됐든 그들의 삶 속에서 선하게 사용될 수 있지 않을까, 하는 생각도 들었다.

"난 가서 저녁식사를 준비할게."

그녀는 그렇게 말하고는 부엌으로 가서 피망과 양파를 잘게 설어 오믈렛을 만들었다. 그를 위해 만드는 요리였다. 그녀는 그저 다음에 할 일을 할 것이다. 다음 계단을 밟을 것이다. 달리 무엇을 할 수 있겠는가?

'하나님, 제가 지금 남편을 사랑하고 남편을 위해 강해지도록 도와주세요. 주님을 신뢰하고, 눈에 보이는 것만 믿지 않게 해주세요. 저 자신의 지식에 의존하지 않게 도와주세요. 두려워하지 않고 온전히 신뢰하도록 도와주세요.'

# 미스 클라라

클라라는 저녁 늦게 빌립보서를 읽으며 자려고 준비를 했다. 그때 전화가 왔다. 엘리자베스의 전화였다. 토니가 실직했다는 말을 전해듣는 순간, 그녀는 눈을 감고 조용히 "감사합니다."라고 기도했다. 이미 이런 일을 너무 많이 겪어봤기 때문에 감사할 수밖에 없었다.

"남편에게 그렇게 반응한 당신이 정말 자랑스러워요. 그건 하나님이 당신의 마음속에서 역사하고 계신다는 뜻이에요. 토니도 달라진 점을 알았을 거예요, 그렇죠?"

클라라가 말했다.

"그랬을 거예요."

엘리자베스가 갈라지는 목소리로 말했다.

"내가 한 말들이 처음엔 약간 이상하게 들렸을 거예요."

"네."

엘리자베스가 약간 머뭇거리며 말했다.

"때로 하나님이 우리에게 주시는 가장 좋은 선물은 모든 것이 우리 뜻대로 되는 편안한 것이 아니에요. 가장 좋은 선물은 당신의 삶이 두 가지 질문으로 축소되는 어려운 때랍니다. 그 질문은 '도대체 문제가 무엇인가?' 그리고 '우리는 왜 여기 있는가?' 하는 거예요. 때로는 어떤 병의 진단을 받을 수도 있고, 사랑하는 사람이 떠나버릴 수도 있죠. 경제적인 어려움이 올 수도 있어요. 처음엔 병이 낫거나 사랑하는 사람이 돌아오거나 하늘에서 돈벼락이 떨어지면 문제가 해결될 거라고 생각하죠. 아, 나는 지금 치유를 반대하는 게 아니에요. 나는 치유를 원하고, 또 화해를 원한답니다. 또 하나님이 하늘 창고를 열어 백 달러짜리 지폐들을 내려주신다면 바구니를 들고 나가 만나처럼 모을 거예요."

엘리자베스는 웃었다. 물론 클라라는 동시에 그녀의 뺨으로 눈물이 흐르고 있을 거라고 생각했다.

"하지만 엘리자베스, 내가 오랫동안 주님과 동행하면서 발견한 건 이거예요. 하나님은 나를 편안하거나 행복하게 만드는 데 관심이 없어요. 하나님의 목적은 나를 그분의 아들처럼 거룩하게 만드는 거예요. 그리고 나는 예수님을 따르는 사람 중에 고난과 고통을 겪지 않은 사람을 보지 못했어요. 하나님은 우리에게 푹신푹신한 스펀지로 만들어진 십자가를 지라고 말씀하지 않으세요. 십자가는 험난하고 무거운 거예요. 당장 달려가서 좀 더 편안한 길을 찾을 수도 있지만, 결국 하나님은 당신이 가시와 찔레와 어두운 골짜기를 지나게 하실 거예요. 그렇지만 내가 장담하건대, 당신이 하나님을 신뢰하면 하나님이 당신을 푸른 초장과 쉴 만한 물가로 인도하실 거예요. 천국에 갈 때만이 아니라, 바로 지금 말이에요. 폭풍우 속에서도 평안과 만족을 누릴 수 있어요. 실망과 두려움과 분노 가운데서도……."

클라라는 그녀가 이 말을 충분히 이해하게 하려고 애썼다. 수화기 너머로 엘리자베스의 작은 흐느낌을 들을 수 있었다.

"힘을 내요. 용기를 가져요. 고난은 실제로 변장한 축복이랍니다. 나도 오늘 밤 무릎 꿇고 하나님께 돌파구를 찾게 해달라고 기도할게요. 하나님이 당신과 함께 하세요, 엘리자베스. 그 사실을 잊지 말아요."

"잊지 않을게요, 클라라 부인."

## 토니가 워룸을 발견하다

　토니는 어둠 속에서 엘리자베스의 목소리를 들었다. 멀리서 들렸지만 분명하게 들렸다. 그녀가 어려움에 처한 것이다. 그는 서서 자기가 있는 곳이 어디인지 알려고 했다. 창고인가? 불빛이 희미하고 흐릿한 안개가 끼어 있는 듯한 방에 여기저기 상자들이 널브러져 있었다. 그는 그녀의 목소리가 들리는 쪽으로 달려갔지만 잘못된 방향으로 가고 있는 것 같았다. 불을 켰지만 다시 꺼졌다. 가까이 다가갈수록 그녀의 목소리에서 더 큰 두려움을 느낄 수 있었다.

　그는 한 통로를 발견했고, 그 건너편에 그녀가 있는 것을 보았다. 흰 셔츠에 회색 청바지를 입은 그녀 옆에 검은색 후드티를 입은 덩치 큰 남자가 서서 지켜보고 있었다. 그가 그들에게 달려가는 순간, 그 남자가 엘리자베스에게 주먹을 휘둘러 그녀를 쓰러뜨렸다.

　누구도 내 아내를 그렇게 다치게 할 수 없다!

　그는 지난 몇 년 동안 웨이트 트레이닝, 운동, 농구와 조깅으로 길러온 힘을 모두 끌어 모아 그 두 사람에게 달려갔다. 그 남자를 바로 쓰러뜨릴 것이다. 라인배커(미식축구에서 상대팀 선수들에게 태클을 걸며 방어하는 수비수─

역주)가 자기를 넘어뜨리려는 것도 모르고 무방비 상태인 쿼터백(전위와 하프백의 중간 위치에서 뛰면서 공격을 지휘하는 선수)처럼 그에게 달려들어 태클을 걸려고 했다.

"토니! 제발, 도와줘! 제발!"

엘리자베스가 소리쳤다.

그의 심박동은 더 빨라졌고 다리는 납처럼 무겁게 느껴졌다. 대체 그녀는 이런 곳에서 뭘 하고 있었고, 그 남자는 도대체 누구란 말인가? 그녀는 그 남자에게서 빠져나오려고 애를 쓰고 있었지만, 그 남자는 너무 크고 강했다. 골목에서 만났다는 그 강도인가? 그가 엘리자베스를 찾아내서 여기로 데려온 것인가?

"토니! 제발! 안 돼, 안 돼! 토니!"

그 남자는 엘리자베스에게 점점 더 다가갔고, 토니는 안에서 끓어오르는 분노에 더 탄력을 받아 그의 등을 향해 돌진했다. 그 남자는 한 손을 들어 그의 아내를 쳤다. 토니는 믿을 수가 없었다. 왜 누가 엘리자베스를 공격하는 걸까? 왜 그녀를 해치려는 걸까?

토니는 그에게 덤벼들어, 씨름을 하는 대신 모든 힘을 동원해서 그의 몸을 돌렸다. 그때 그는 너무 놀란 나머지 뒤로 물러섰다. 엘리자베스를 옆에서 지켜보던 남자, 그녀를 쓰러뜨린 남자, 또다시 그녀를 공격하려 하는 그 남자는 바로… 그 자신이었다. 그는 자신의 위협적인 얼굴을 보았다. 믿을 수 없었다. 자기 앞에 펼쳐진 그 광경을 받아들일 수가 없었다. 어떻게 이런 일이 있을 수 있는가?

그가 어떤 대응을 하기도 전에, 한 손이 그의 목을 붙잡고 조여와 숨이 막히는 것 같았다. 숨만 막히는 것이 아니라, 어찌나 꽉 조이는지 피가 안 통해서 의식을 잃을 지경이었다. 토니는 빠져나가려고 안간힘을 쓰며 필사적으로 그의 손을 잡아당겼다. 그래도 소용이 없자 주먹으로 쳐보았다. 하지만 자신을 집중적으로 공격해오는 그 힘에 비해 토니의 힘은 너무도 약했다.

어떻게든 고개를 돌린 토니는 격렬한 주먹을 날려 그 남자의 얼굴을 정면으로 때렸다. 둘 다 바닥에 쓰러져 씨름을 했는데, 그 남자가 우위를 점하여 토니의 몸 위로 올라갔다. 그는 계속해서 주먹으로 때렸고 토니는 아무 힘도 쓸 수가 없었다. 자신을 보호하려 했고, 그 남자의 주먹을 막아보려고도 했지만, 주먹이 날아올 때마다 뼈가 으드득 부러지는 끔찍한 소리가 들렸다. 그리고 온 몸에서 피가 났다.

희미한 불빛 속에서 그 남자, 즉 또 다른 토니가 오른손을 뒤로 빼더니 마지막 결정타를 날릴 준비를 했다. 방안의 희미한 불빛에 윤곽이 드러난 그는 주먹을 쥐었고, 토니는 눈을 꼭 감고 다가올 충격과 아픔을 기다렸다.

그 충격은 토니의 어깨에 가해졌다.


그는 깜짝 놀라 눈을 떴는데 침대 옆 바닥에 굴러 떨어져 있었다. 그 꿈 때문에 온 몸이 떨렸다. 밑을 내려다보니 다리가 이불에 꽁꽁 싸여 있었다. 그가 몸을 이리저리 돌리며 몸부림을 쳤다는 증거였다.

'대체 뭐였지? 정말 실제 같았어.'

정말 이상한 꿈이라는 생각이 들었다.

지금 막 100미터를 전력 질주한 것처럼 심장이 빨리 뛰었다. 단지 꿈이었을 뿐이라고, 스스로를 진정시키려 했지만 좀처럼 마음이 가라앉지 않았다. 엘리자베스를 협박하고 상처를 입힌 사람은 바로 그 자신이었다. 그는 엘리자베스가 자신에게 도움을 청하고 있다고 생각했으나, 그에게 그만하라고 애원하고 있는 것이었다. 그는 눈을 감았다. 엘리자베스를 바닥에 쓰러뜨리고 괴롭히던 또 다른 자신의 모습을 지울 수가 없었다.

그는 겨우 이불에서 빠져나와 일어서서 뛰는 가슴을 진정시켰다. 밖은 밝아 있었다. 얼마나 오래 잔 걸까? 시계를 보니 7시 14분이었다. 그는 전날 밤 일을 기억하려 했다. 몸과 마음이 지쳐서 그대로 침대에 쓰러진 듯했다.

엘리자베스는 지금 침실에 없었다. 그녀와 이야기를 하고 싶고, 그녀가 보고 싶었다. 아니, 그녀가 괜찮은지 확인만이라도 하고 싶었다. 어쩌면 그 꿈이 일종의 경고였을까? 혹시 골목길에서 그녀를 위협했던 그 남자가 그녀에게 몰래 접근한 건 아닐까? 하지만 꿈속의 그 남자는 바로 자신이었다.

그는 엘리자베스의 화장대 위 거울에 무언가 붙어 있는 것을 보았다. 그녀의 손 글씨로 쓴 쪽지였다. 그녀의 글씨는 항상 깔끔했다. 그는 예전에 그녀가 보내주었던 손 편지들과 그녀의 손으로 쓴 자신의 이름을 보았을 때 그 느낌을 떠올렸다.

일찍 일하러 가. 10시까지 다니엘을 연습 장소에 데려다줄 수 있어? ―리즈

토니는 거울 속의 자기 얼굴을 보았다. 턱을 이리저리 움직여보았다. 거의 진짜로 한 대 맞은 것 같은 느낌이었다. 하지만 그건 말도 안 되는 거였다. 그저 꿈일 뿐이었으니까.

그는 운동가방을 찾으러 벽장으로 갔지만 그곳에 가방이 없었다. 마지막으로 가방을 어디에 두었는지 생각하면서 거실을 돌아다녔다. 차 안에 두고 오진 않았다. 그건 확실했다.

다니엘은 식탁에 앉아 자기가 제일 좋아하는 시리얼을 오도독 씹어 먹으며 상자의 글씨를 읽고 있었다. 국내 브랜드를 흉내 낸 이름 없는 회사의 제품으로 가격은 절반이었다. 이제부턴 저런 식품을 많이 먹게 될 것이다. 다니엘의 일기장이 방안의 긴 의자 위에 펼쳐진 채 놓여 있었다. 그 일기장의 어떤 점이 그녀의 마음을 사로잡았을까? 아마 비싼 인형과 비싼 장난감 말, 비싼 장난감 울타리, 그리고 실제 헛간보다 더 비싼 헛간처럼 그것도 다니엘이 거쳐 가는 한 단계일 것이다. 그런데 또다시 그에게 직장이 없다는 사실이 떠올랐다. 고용주를 속인 사람을 누가 고용하겠는가? 그러면 이제 더 이상 비싼 인형이나 말들을 사들일 수도 없을 것이다.

"다니엘, 혹시 아빠 운동가방 못 봤니?"

다니엘은 고개를 들었다. '좋은 아침이에요'라든가 '아빠, 안녕'이라든가, 그런 인사말은 없었다. 그저 "아뇨."라고 대답할 뿐이었다.

딸아이의 말에 속이 상했지만 그런 감정을 뿌리치고 다시 침실로 들어가

서 자기의 발걸음을 기억해내려 했다. 어쩌면 엘리자베스가 자기 벽장 안에 넣어두었는지도 모른다. 그녀는 항상 집안이 어수선하게 보이지 않도록 물건을 치우고 깔끔하게 정리해두었다.

그는 엘리자베스의 벽장 문을 여는 순간 어리둥절해져서 그 자리에 얼어붙었다. 먼 나라 여왕님과 견줄 만큼 많은 그녀의 원피스와 블라우스와 청바지, 스카프, 스웨터, 그 많던 구두들은 다 어디로 가고, 그곳은 텅 비어 있었다. 문득 그녀가 집을 나간 것은 아닌가 생각되었다. 그녀가 그를 떠나는 첫 걸음이 아닐까 하는 생각이 들었다. 그러다가 벽장 바닥에 놓여 있는 베개와 성경책을 보았다. 벽에는 쪽지들만 가득 붙어 있었다. 그녀가 직장에서나 집안에서 해야 할 일들의 목록을 적어놓은 것일 거라고 생각했다. 그런데 좀 더 가까이 가서 보니 이름들과 성경구절들이 적혀 있었다. 어떤 구절에는 밑줄이 그어져 있었고, 어떤 단어에는 동그라미가 쳐 있었다.

그는 주인공이 아내의 비밀생활을 알게 되는 영화를 본 적이 있었다. 또는 남편이나 아내가 감정적으로 너무 화가 나서 말도 안 되는 소리를 종이에 적어 숲속 오두막집에 보관해두는 장면을 본 적이 있었다. 혹시 엘리자베스가 미친 것은 아닐까?

하지만 메시지의 내용을 자세히 살펴보면서 그는 생각이 바뀌기 시작했다. 그것은 경쟁 팀을 이기기 원하는 코치가 짜놓은 영적인 경기계획 같아 보였다. 아니면 그가 알지 못하는 치열한 전쟁에서 승리하기 위한 전략 같기도 했다. 한 쪽지에는 다니엘의 이름이 맨 위에 적혀 있었다.


하나님께서 그 아이에게 지혜의 영과 계시의 영을 주셔서 그리스도를 알게 해 주시길 기도합니다. 그 아이의 마음의 눈을 밝히사 주님의 부르심의 소망이 무엇이며 성도 안에서 그 기업의 영광의 풍성함이 무엇이며 주님의 힘의 위력으로 역사하심을 따라 믿는 우리에게 베푸신 능력의 지극히 크심이 어떠한 것을 알게 해 주옵소서.(엡 1:17~19)

그들의 집과 재정, 마을 사람들, 친구들, 친척들을 위한 기도와 다른 성경 구절들도 있었다. '신시아와 대런'이라고 적힌 쪽지도 있었고, 그 밑에는 그들의 결혼생활, 재정, 직장을 위한 기도와 미래를 위한 지혜를 구하는 기도가 적혀 있었다.

토니는 엘리자베스가 영적인 사람이라는 걸 알았다. 그녀는 하나님을 진지하게 받아들였다. 하지만 그녀가 이렇게 진지했던 모습은 본 적이 없었다. 다니엘의 영적인 삶에 나타난 변화도 엘리자베스의 인도를 따른 것이 분명했다.

그는 몸을 숙여 베개와 가장 가까운 곳에 붙어 있는 쪽지를 보았다. 무릎을 꿇으면 바로 눈높이에 붙어 있었다. 거기에 손 글씨로 이렇게 쓰여 있었다.

주님, 토니를 위해 기도합니다. 그의 마음을 주님께로 돌이키게 해주세요. 제가 그를 사랑하도록 도와주시고, 그에게 저를 향한 새로운 사랑을 주시기 원합니다. 저의 권리를 주님께 내어드립니다. 그가 주님을 공경할 때 그를 축복해주시고, 그가 거짓으로 행하면 그것을 드러내주세요. 그 사람을 주께서 원하시는 사람으로 세워주세요. 제가 그를 지지하고 존경하도록 도와주세요. 그를 사랑하도록 도와주시기를 간구합니다. 예수님의 이름으로 기도합니다.

토니는 너무 놀라서 그 자리에 멍하니 서 있었다. 마치 다른 사람의 영혼을 들여다보고 있는 것 같았다. 그는 숨겨져 있어야 하는 무언가를 본 것처럼 부끄러운 마음까지 들었다. 엘리자베스가 그의 벽장을 열어서 그의 영혼을 들여다본다면 무엇을 보게 될 것인가? 그는 그 안에 어떤 메모를 넣어두었을까? 그는 아내에게 자기가 해고된 이유를 말하지 않았다. 베로니카에 대해서나 소셜 미디어로 접촉해볼까 생각했었던 옛 애인들에 대해서도 말한 적이 없었다. 그런데 아내는 자신과 너무나 대조적인 모습을 드러내고 있었다.

토니는 벽에 붙어 있는 다른 종이들도 꼼꼼히 읽었다. 그것은 사람들과 기도 제목들의 쇼핑리스트 같았다. 어떤 항목은 이미 응답을 받았는지 체크가 되어 있었다. 신시아는 교회로부터 도움을 받았고, 엘리자베스와 다니엘은 관계가 더 가까워졌고 하나님을 향한 그녀의 갈망은 더욱더 강해졌다. 하지만 아직 체크되어 있지 않은 기도제목들도 몇 가지 있었다.

'토니가 하나님께 돌아오는 것'이 맨 위에 있었고, 그 밑에는 '우리의 결혼생활이 회복되는 것'이었다. 그 두 항목이 그를 잠시 멈춰 세웠다. 엘리자베스는 지난 며칠 동안 그 어떤 일에 대해서도 그에게 잔소리를 하지 않았다. 그녀는 더 조용해졌다. 그가 실직했다는 소식을 전했을 때도 그녀는 그를 비난하거나 몰아세우는 대신 그를 감싸주었다. 그녀가 이렇게 기도했기 때문이었을까?

'클라라 부인의 집이 팔리는 것' 그것은 가장 실직적인 기도제목 중 하나였고, 아마 다음에 체크될 항목으로 보였다. 그것은 엘리자베스가 매수자를 찾기만 하면 해결될 일이었다. 다른 것들은…. 사실 그는 자신과 그들의 결혼생활에 관한 기도제목이 어떻게 해결이 될지 자신이 없었다.

토니의 뒤에서 누군가 움직이는 소리가 들려서 돌아보니 침실 문 앞에서 다니엘이 그의 운동 가방을 들고 있었다.

"아빠? 세탁기 옆에서 아빠 가방을 찾았어요."

"거기다 두렴."

그가 말했다. 다니엘은 가방을 바닥에 내려놓고 발걸음을 옮겼다.

"다니엘, 엄마가 언제 벽장을 이렇게 만들었니?"

다니엘은 잠깐 생각하더니 말했다.

"음, 2, 3주쯤 된 것 같아요."

토니는 그 공간에 떠돌아다니는 듯한 그 글들을 다시 보았다. 전날 그는 자기의 생을 끝내고 가족에게 경제적 안정을 주는 것에 대해 진지하게 생각했었다. 물론 잠깐 스쳐간 생각이었다. 하지만 자신은 투사였고, 결코 포기하지 않을 것이다. 어쨌든 아직은 그랬다. 또한 그가 생각지 못한 다른 것이 있지 않을까 하는 생각이 들었다. 자신의 문제들과 자신이 파놓은 구덩이에서 빠져나올 다른 방법이 있을까? 혹시 하나님께서 자신을 용서해주시고 다시 기회를 주시지 않을까?

"아빠, 저 주민센터에 데려다주실 거예요?"

다니엘이 그의 생각의 흐름을 끊고 말했다.

그는 샤워를 하고, 옷을 입고, 아침식사를 만들었다. 다니엘은 나갈 준비를 하고, 그가 식사를 하는 동안 소파에 앉아서 일기장에 글을 썼다. 그리고 주민센터로 가는 동안 그는 자신의 꿈을 다시 떠올리며 몸서리를 쳤다. 그 느낌이 너무나 생생해서 뼛속과 영혼까지 사무쳤다.

주민센터는 아이들과 부모들로 붐볐다. 몇몇 여자아이들이 두 줄 넘기 연습을 하고 있었는데, 두 사람이 줄을 돌리면 중간에 다른 아이들이 들어와서 뛰었다. 토니도 전에 훈련 삼아 줄넘기를 했었고 꽤 빠르게 뛰었지만, 이건 또 다른 차원의 협동과 타이밍과 팀워크가 필요한 것이었다.

"연습은 몇 시에 끝나니?"

"12시에요."

다니엘이 말했다.

"그럼 그때 데리러 올게."

그때 제니퍼가 다니엘에게 뛰어왔고, 둘은 자기 팀이 모여 있는 곳으로 갔다. 토니가 센터를 둘러보니 파란색 응급구조원 유니폼을 입고 있는 마이클이 보였다. 그는 안내데스크에서 뭔가를 쓰고 있었다.

많은 복잡한 생각들이 토니의 머릿속에서 맴돌았다. 그는 그저 그 사실을 남에게 알리고 싶지 않고, 자기를 보호하고 싶었다. 하지만 마이클은 어떤 이야기를 해도 받아주는… 그런 친구였다.

"토니? 네가 어쩐 일이야? 여기서 뭐해?"

마이클이 말했다.

"체력 단련실에 가기 전에 다니엘을 데려다줬어. 넌 무슨 일이야?"

"멤버십을 갱신하고 있었어. 커피 한 잔 마시고 교대 근무하러 가려고."

토니는 잠시 생각했다. 그의 마음속에서 보이지 않는 선을 넘기 위해 싸워야 했다. 그것은 연약함을 드러내는 것과 자신을 보호하는 것 사이에 그어진 선이었다. 마침내 그는 이렇게 말했다.

"그럼, 몇 분만 시간을 내줄래?"

"너한테? 안 돼, 난 할 일이 있거든."

토니는 그를 빤히 쳐다보았다. 그러자 마이클의 얼굴에 큰 미소가 번졌다.

"장난이야. 무슨 일인데?"

그들은 커피를 사서 다른 사람들과 멀리 떨어진 테이블에 앉았다. 토니는 자신의 현재 상황에 대해 말해야 할지, 엘리자베스에게 일어난 일들을 먼저 얘기해야 할지 몰랐다. 그는 후자를 얘기하기로 결심하고 엘리자베스의 벽장에서 본 것을 설명했다.

"얼마나 깜짝 놀랐는지 몰라."

토니가 말했다.

"그러니까 벽장 전체가 텅 비어 있었다고?"

"응, 벽에 붙은 종이들만 빼면……."

"그럼 옷들은 다 어떻게 한 거야?"

"나도 몰라. 어디 다른 벽장에 두었겠지. 그게 왜 중요해?"

마이클은 앞으로 다가와 앉았다.

"이봐, 넌 이게 얼마나 중요한 일인지 모르는구나. 어떤 여자가 자기의 벽장 공간을 포기했다는 얘길 한번이라도 들은 적 있어?"

토니는 인상을 찌푸리며 어깨를 으쓱했다.

"내가 아는 한, 넌 네 아내와 싸울 수 없어. 아마 넌 꺾이지 않으려고 버티겠지만, 하나님이 그녀를 위해 싸우고 계신다면 네가 아무리 체육관에 와서 몸을 단련해도 소용없을걸?"

토니는 먼 곳을 바라보며, 자신의 실직과 결혼생활의 어려움과 1천 파운드짜리 역기처럼 그를 무겁게 내리누르고 있는 일들에 대해 이야기를 해야 하는지 잠시 망설였다.

"이봐, 난 아내가 나를 위해 그렇게 기도해주면 좋겠다. 게다가 벽장 공간도 내가 쓸 수 있고 말이야."

마이클의 말에 토니는 웃고 싶었지만 그럴 수가 없었다.

마이클은 일어서며 말했다.

"난 이제 교대하러 가야겠다. 네 얘긴 나중에 더 들을게."

토니는 몇 분 동안 앉아서 생각에 잠겼다. 그의 모든 삶은 그가 하는 일들과 엮여 있었다. 그의 정체성은 곧 그의 직업이었고 그가 얼마나 훌륭한 영업사원인가 하는 것이었다. 그것이 없어지면 어떻게 그 자신을 규정할 것인가? 만일 그가 남은 인생 동안 브라이트웰에 계속 남아 있는다면 지금보다 더 많은 것을 갖게 될까? 연금과 은퇴계획과 보험은 확실히 갖게 될 것이다. 하지만 영원한 가치가 있는 것을 갖게 될까? 그가 어떻게 행동하든 간에 그를 사랑해주는 아내를 갖게 될까? 그와 함께 있기 원하는 딸을 갖게 될까?

그는 시계를 보고는 다니엘과 그녀의 팀원들이 연습하는 체육관으로 발걸음을 향했다. 그리고 그곳 안내데스크 안내원에게 말했다.

"실례합니다. 다니엘에게 제가 데리러올 거라고 전해주시겠어요?"

그녀는 웃으며 파일에서 메모지를 꺼냈다.

"그럼요, 그렇게 얘기할게요. 도와드릴 수 있어서 저도 기뻐요."

그는 고맙다고 말하고는 차를 타고 집으로 향했다. 문을 열고 들어오는데 집은 고요하고 텅 비어 있었다. 마치 하나님이 그가 계속 자기 마음대로 살면 그 삶이 어떻게 될지 보여주시는 것 같았다. 그는 자기가 사랑했던 사람들, 그리고 더 중요한 것은 그를 진심으로 사랑했던 사람들과 헤어져서 홀로 생을 마무리할 것이다.

자신이 얼마나 어리석었는가. 자신은 가족을 부양하려고 열심히 일하는 거라고 스스로 말해왔다. 그런데 사실 그는 자신이 원하는 것을 갖기 원했다. 그래서 영업에 온 힘을 쏟기로 결심했고, 성공할수록 더 거기에 몰두했다. 그 모든 것이 그를 에워싸고 그의 시야를 흐리게 했다.

엘리자베스에게 그녀가 뭘 원하는지 물어본 적이 언제였던가? 그가 그녀를 위해 해줄 일이 있는지 물었던 때가 언제였던가? 무엇이 그녀의 삶을 더 편안하게, 혹은 더 좋게 만들어줄까? 그는 항상 뭐든 자기 생각에 사로잡혀 있었다. 그것이 일이든, 다음 출장이든, 중요한 경기든……. 그것이 딸이나 아내의 관심사나 그들에게 도움이 되는 일은 결코 아니었다.

자신이 가족을 위해 기도한 때가 언제였던가? 그 생각을 하니 번뜩 정신이 들었다. 그는 항상 자신은 선하고, 하나님을 두려워하는 사람이라고 생각했다. 오래전에 그리스도께 자신의 삶을 드렸고 성경을 읽었으며 정말로 만족스러운 삶은 오로지 하나님을 위해 살고 예수님을 따르는 삶 속에서만 발견된다는 것을 알았다. 그러나 정신없이 돌아가는 일상과 직장생활의 변화를 겪다 보니 서서히 진리에서 멀어져 갔다. 이제는 그것을 볼 수 있었다.

실직, 숫자를 부풀렸다는 비난, 실제 일어난 일의 진실이 그를 자신의 장벽에 부딪히게 했다. 어젯밤에 꾼 꿈도 그에게 정면으로 맞섰다. 그는 절대 자기 아내를 때리지 않을 것이다. 절대 그녀를 해치거나 자신의 좌절감을 신체적으로 해소하지 않을 것이다. 그러나 그는 자신이 그녀에게 상처를 주었다는 것을 알았고, 그가 했던 모든 이기적인 선택으로 급소를 때리는 것에 버금가는 일을 했다는 걸 알았다.

그는 엘리자베스의 벽장으로 가서 벽에 붙어 있는 기도문들을 읽어보았다. 성경구절들, 기도제목들, 그녀의 삶 속에 있는 사람들, 자신이 모르는 이름들도 있었다. 그는 그것이 부끄러웠다. 어떻게 그녀는 자신도 모르는 사람들을 위해 그토록 열심히 기도할 수 있을까?

그들은 중요하지 않다.

그의 마음속에 그 말씀이 부드럽게 다가왔다. 이 사람들은 중요하지 않았다. 하지만 중요한 사람들이 그에게 떠올랐다. 그는 그들의 이름을 적었다. 그는 그들을 기억해두었고, 그들이 중요한 사람들이라는 것을 확실히 알기 위해 연상기억법을 사용했다.

그의 눈은 엘리자베스가 자신에 대해 적어놓은 글, 자신의 삶에 대한 기도 내용에 눈길이 머물렀다. 그녀는 그가 그녀와 다니엘을 사랑하게 해달라고, 그가 정직하게 일하게 해달라고, 자신의 죄를 미워하게 해달라고 기도하고 있었다. 그녀는 그의 삶이 얼마나 엉클어졌는지 몰랐고, 그의 죄도 몰랐다. 그런데 그렇게 기도하고 있었다.

자신의 죄를 미워하게 해주세요.

그는 그 부분을 뚫어지게 바라보았다. 자신의 죄를 미워한다는 건 무슨 뜻일까? 그것은 매우 영적이고, 기독교적으로 들렸다. 하지만 그것은 정말 중요한 부분이었다. 그렇지 않은가? 그가 변화되려면 먼저 자신이 어떻게 가족에게, 그리고 그의 고용인에게 상처를 주고 있는지, 또 베로니카처럼 그와 접촉하는 사람들에게 어떻게 해를 끼치고 있는지 알아야 했다. 그는 눈을 감고 자기가 거의 그 모든 것을 버릴 뻔했다는 걸 생각했다. 만약 그날 저녁메뉴로 다른 걸 선택했다면 배가 아프지 않았을지도 모른다. 그리고 그날 밤 베로니카와 함께 보냈을지도 모른다.

혹은 그가 아팠던 것이 음식 때문이 아니었는지도 모른다, 어쩌면 다른 문제, 자신의 잘못에 대한 응징이었을 수도 있다는 생각을 했다.

그는 일어나 침대로 가서 앉았다. 결혼식 때 찍은 엘리자베스의 사진이 보였다. 큰 키에 똑바로 서 있는 그녀는 너무나 행복해 보였고, 흰 드레스가 그녀의 눈부신 미소를 더욱 돋보이게 했다. 사진 속 그녀에게서 쏟아져 나오는 기쁨을 어디에 담을 수 있었다면 그는 부자가 되었을 것이다. 그녀는 소망이 충만했고, 사랑받을 준비가 되어 있었다. 그런데 지난 10년 동안 그녀의 얼굴빛은 점점 어두워졌다.

결혼식 날 목사님은 예수님처럼 누군가를 사랑한다는 것이 어떤 것인가에 대해 말씀하셨다. 그리고 토니에게 그렇게 하라고 당부하셨다. 그 메시지의 대부분은 기억나지 않지만, 그가 그 말씀에 따라 살지 않았다는 것은 알 수 있었다. 그 근처에도 가지 못했다.

그의 마음속을 파고드는 슬픔이 그를 쓰러뜨렸다. 하지만 단순한 슬픔이나 후회만은 아니었다. 그것은 깊은 깨달음이었다. 그의 삶에 대한 판결이었다. 그 사진을 보고 있으니, 자기가 아내를 공격하고 있던 그 꿈이 번뜩 떠올랐다. 영화에 나오는 효과음이 사람을 벌떡 일어서게 하듯이, 가슴이 철렁

하는 느낌이 그를 관통하며 움찔하게 했다. 파도가 다시 그를 덮쳤고, 그는 그 밑으로 휩쓸려 들어가 숨을 쉬기도 힘들었다.

그는 비틀거리며 방에서 나와 집안을 돌아다녔다. 이 집을 사려고 그렇게나 열심히 일을 했었다. 모든 물건과 가구, 최고급 텔레비전, 화강암으로 만든 조리대, 비싼 책장, 이런 것들이 무슨 의미가 있단 말인가?

문득 어릴 때 교회의 어린이 프로그램에서 암기했던 한 구절이 그의 머릿속을 스치고 지나갔다. 그 말씀이 그의 마음속 어딘가에 있는 숨겨진 방에 지금까지 잘 저장되어 있었나 보다.

"사람이 만일 온 천하를 얻고도 제 목숨을 잃으면 무엇이 유익하리요."

이것은 단지 그의 아내와 딸을 잃는 문제만이 아니었다. 단순히 그들을 섬기고, 그의 노트에 적힌 다른 이름 목록을 외우는 것에 관한 것만이 아니었다. 그보다 더 깊은 문제였다.

엘리자베스는 자기가 불행하기 때문에 토니를 그녀가 원하는 남편의 모습이 되게 해달라고 기도하지 않았다. 그녀는 토니가 불행하다는 걸 알았기 때문에 그를 위해 기도했다. 그 오래된 인용구가 뭐였더라?

'우리의 마음은 하나님 안에서 안식을 찾을 때까지 쉬지 못한다?'

이런 비슷한 말이었다.

그는 다니엘의 방으로 가서 방에 전시해놓은 그림들을 보았다. 다니엘은 색칠하고 그림 그리는 것을 좋아했다. 그녀의 책상 옆 테이블 위에 직접 색칠한 카드가 놓여 있었다. '나는 두 줄 넘기를 사랑해.' 라고 적힌 카드였다.

그는 또 아이가 커다란 가죽 의자에 앉아서 카메라를 바라보며 웃고 있는 사진을 집어 들었다. 어린 시절의 순수함, 앞에 놓여 있는 희망과 꿈들, 그는 어린 딸의 신생아 때 사진을 유심히 보았다. 자신은 아이를 위해 어떤 유산을 남겨줄 것인가? 앞으로 1년 후에 자신이 딸아이의 삶 속에 있기는 할까? 10년 후에는? 그는 아이가 자신처럼 버림받은 느낌을 갖고 살아가는 걸 원치 않았다.

그는 아이에게 농구를 그만두었다고 나무랐다. 아이의 마음을 보지 못했던 것이다. 아이와 함께 게임을 하거나 영화를 보거나 산책을 하면서 함께 보낼 수 있는 시간이 많았는데, 그는 너무 바빠서 정작 가장 중요한 일을 하지 못했다.

그 순간에 그 모든 것이 한꺼번에 그에게 몰려왔다. 그의 눈에 눈물이 고였고, 자신이 한 선택들을 생각하니 마음이 아팠다. 토니는 생각했다.

'이것을 하나도 잃고 싶지 않아. 삶을, 진정한 삶을 잃고 싶지 않아.'

그는 자신의 삶을 끝내는 것에 대해 생각했었다. 진심으로 자신이 없으면 생명보험금을 받아 가족들의 삶이 더 나아질 거라고 생각했다. 하지만 자신의 잘못에도 불구하고 아내와 딸이 자신을 얼마나 사랑하는지 알게 되니 그는 또 다른 절벽 끝으로 내몰렸다.

그들의 삶은 돈과 좋은 물건들과 아름다운 집이 전부가 아니었다. 삶에서 가장 중요한 것은 관계였고, 사랑을 주고받는 것이었다. 그는 그 진리를 놓치고 있었다. 좋은 것을 주기 위해 열심히 일했고, 자기가 할 수 있는 일들과 또 그로부터 많은 것을 소유할 수 있다는 것을 믿었다. 그런데 그것들이 오히려 그를 소유하기에 이르렀다. 그는 자신의 결혼생활과 삶의 전체적인 핵심을 잃고 있었다.

감정이 너무 강하게 밀려와서 떨쳐버리려 했지만 소용없었다. 바로 그 순간 누군가 기도하는 사람이 있지 않은지 궁금했다. 엘리자베스나 다니엘, 어쩌면 클라라 부인이 기도하고 있는지도 몰랐다. 그들은 '하나님, 토니의 마음속에 역사해주세요'라고 기도하고 있는 듯했다. 그는 온몸으로 그것을 느낄 수 있었다. 마침내 그는 차를 몰고 낭떠러지로 달리거나 권총을 찾아 목숨을 끊는 대신, 다른 방식으로 자신을 정리하기로 마음먹었다.

그는 다니엘의 방바닥에 천천히 무릎을 꿇었다. 그리고 고개를 숙였다. 거룩한 사람이 하나님과 대화할 때 취하는 익숙한 자세였지만 토니는 자신이 거룩하지 않다는 걸 잘 알았다. 잠시 후 눈물과 함께 어떤 말이 튀어나왔다.

"예수님, 저는 좋은 사람이 아닙니다. 이기적이고 교만합니다. 그리고 가족에게 상처를 주고 있어요. 하지만 이것은 제가 되고 싶었던 모습이 아닙니다. 저의 지금 모습이 싫습니다. 그런데 어떻게 고쳐야 할지 모르겠습니다. 뭘 해야 할지 모르겠습니다."

그 말들은 너무나 무거웠다. 한 마디 한 마디 입으로 내보내는 데 모든 힘을 다 동원해야 했다. 마침내 그는 더 이상 말을 할 수가 없었다. 간신히 끌어올릴 수 있는 단어들만 내뱉었다.

"제발 저를 용서해주세요."

그는 이제 몸을 구부려 머리가 바닥에 닿아 있었다.

"저를 용서해주세요, 예수님."

그것은 굴복의 기도였다. 무력한 마음에서 나오는 것으로, 그것은 엘리자베스나 다니엘을 위해서이거나 직장을 다시 찾기 위해서도 아니었다. 그런 일은 일어나지 않으리라는 걸 누구보다 잘 알았고 있었다. 그가 원하는 일을 하나님이 하시도록 만들 수 있다고 생각했기 때문에 굴복한 것이 아니었다. 그런 생각은 전혀 들지도 않았다. 그가 기도한 것은 그것이 그의 마지막 의지할 곳이라는 걸 알았기 때문이고, 또 오래전에 제일 먼저 했어야 하는 일임을 알았기 때문이었다.

다니엘의 방 카펫 위에 머리를 대고, 토니는 그렇게 눈물을 흘렸다. 그를 사랑하는 사람들로부터 멀어지게 만든 그 자신의 모든 행위를 생각하며, 그리고 헛되이 보낸 세월들을 생각하며 울었다. 눈물 한 방울, 한 방울은 도움을 구하는 간청이었고 굴복하려는 갈망이었다.

그러고 나서 자리에서 일어나자, 그의 영혼을 누르고 있던 1천 파운드짜리 역기가 사라진 것 같은 느낌이 들었다. 하나님은 언제나 그를 찾고 계셨다. 정말 오랜만에 처음으로 그 무거운 느낌 대신 희망 같은 것이 느껴지기 시작했다.

# 하나님은 바꾸신다

엘리자베스는 클라라를 만남으로써 용기를 얻었다. 대화를 나눌 때마다 새로운 교훈을 얻게 되고 상황이 달라질 수 있다는 희망이 생겼다. 그녀는 그냥 그대로 계속하면 되는 거였다. 계속 앞으로 나아가며, 하나님의 손을 붙잡고 그분을 신뢰하면 되는 거였다.

차를 타고 출발하려는데, 문득 다시 한 번 토니를 위해 기도해야겠다는 생각이 들었다. 번개가 친 것도 아니고, 구름 속에서 물고기 상징이 보인 것도 아니고, 뭔가 신비로운 메시지를 속삭이는 음성이 들린 것도 아니었다. 단지 잠시 멈추고 기도를 해야 한다는 느낌이 들었다.

"주님, 저는 토니가 힘들어하고 있는지, 자신의 직장에 대해 화가 나 있는지, 아니면 그저 체육관에서 운동을 하고 있는지 모릅니다. 하지만 주님께서 그를 더 가까이 이끌어주시기를 기도합니다. 하나님이 용서하지 못하실 만큼 큰 죄는 없다는 것을 그가 알도록 도와주세요. 그에게 희망을 주시기를 기도합니다. 주님이 그를 얼마나 사랑하시며 그가 주님께 돌아오기를 얼마나 바라시는지 알게 해주세요. 그리고 우리가 어떤 상황에 직면하든지 제가 그를 온전히 사랑할 수 있게 해주세요."

그녀는 그 자리에 앉아 하나님께 마음을 토해냈다. 얼마 전만 해도 그녀는 기도를 시간 낭비라고 여겼었는데, 참 재미있는 일이었다. 이제는 기도를 해야 할 가장 중요한 일로 여기게 된 것이다.

몇 분 후에 평안이 밀려드는 것을 느꼈지만, 그녀는 하나님의 선하심에 관한 찬양 곡을 틀고 계속해서 기도했다.

사무실에 도착해서 그녀는 맨디를 만났다. 맨디에게 자신의 상황에 대한 얘기를 다 하지는 않았지만, 맨디는 다가와서 그녀를 꼭 안아주었다.

"토니의 회사 일은 정말 유감이야. 일단 부동산을 좀 더 찾을 수 있는지 알아볼게."

맨디가 말했다.

토니는 주민센터로 들어가 안내데스크 앞에 섰다. 이번에는 더 젊은 여자는 아니었지만 엘리자베스의 친구라는 걸 알아보았다. 이름이 뭐였더라?

"다니엘을 데리러 왔어요."

토니가 말하자 그녀는 웃으며 말했다.

"아직 연습이 안 끝났어요, 토니. 하지만 저쪽에서 아이들을 볼 수 있어요. 저 팀은 점점 더 잘하는데요?"

토니는 미소를 지었다.

"미안해요, 당신 이름이 기억이 안 나네요."

"티나예요."

그녀가 말했다.

"고마워요, 티나."

그는 메모지를 꺼내 그녀의 이름을 적으며 시끄러운 체육관으로 걸어 들어갔다. 여러 팀들이 여기저기 흩어져서 동작을 연습하고 있었다. 그는 다니엘을 찾아냈고, 아이들이 연습하는 것을 처음으로 지켜보았다. 다니엘의 코치가 큰소리로 하는 지시에 따라, 다니엘과 제니퍼는 완벽하게 호흡을 맞췄다. 그는 다니엘이 농구를 그만둔 것 때문에 화를 냈었다. 하지만 아이가 환하게 웃으며 줄넘기를 하는 모습을 보니 기분이 좋아졌다.

다니엘의 발놀림은 정말 인상적이었고, 옆으로 재주를 넘으며 줄 안으로 들어가는 것도 너무 잘해서 믿어지지 않을 정도였다. 실수를 해서 줄이 멈췄을 때도 다니엘은 활짝 웃었고, 코치는 그런 아이에게 박수를 쳐주고 칭찬하며 몇 가지 지적을 해주었다.

다니엘이 연습을 마쳤을 때 토니는 그녀를 꼭 안아주었고, 둘은 안내데스크를 지나 그들의 차로 걸어갔다.

'티나'라고 그는 속으로 말했다. '티나.'

차를 타고 주차장을 빠져나온 그는 습관적으로 라디오를 켜려고 했다. 하지만 그는 라디오를 켜지 않았다. 그것보다 더 중요한 것이 있었다. 토니는 백미러로 딸의 얼굴을 보며 말했다.

"다니엘, 그거 알아?"

다니엘의 얼굴은 무표정했다.

"아빠 너희들이 하는 줄넘기 동작이 굉장히 단순한 줄 알았어. 그런데 오늘 보니 정말 어려운 동작이더구나. 정말 잘하던데? 감동이었어."

그가 말을 할수록 다니엘도 점점 반응을 보였다. 처음엔 눈으로, 그 다음엔 입으로, 그러더니 온 얼굴이 환해졌다. 단 몇 마디만으로도 아이의 마음을 활짝 피어나게 할 수 있다는 것을 새삼 알 수 있었다.

"고마워요."

다니엘은 마음속의 대본을 따라하듯이 재빨리 말했다. 그리고 얼굴 가득 미소가 번졌다. 다니엘은 아빠를 한번 쳐다보고는 다시 눈길을 돌렸으나 여전히 웃고 있었다.

"옆으로 재주 넘는 건 언제 배웠니?"

그가 물었다. 다니엘은 자신에게 체조 동작처럼 복잡하고 위험한 동작을 완성하기 위해 트리시 코치가 어떻게 도와주었는지 이야기했다. 다니엘과 제니퍼가 함께 몇 시간 동안 어떻게 연습을 했으며 얼마나 재미있었는지 설명하자 토니는 푹 빠져서 그 얘기를 들었다. 너무 몰두했는지 차가 집 앞에다 온 것도, 엘리자베스가 차도에 나와 서 있는 것도 몰랐다. 릭이 엘리자베스와 이야기를 나누고 있었고, 그가 자신의 클립보드를 꺼내자 토니는 전날 회사에서 일어난 일이 떠올랐다.

"아빠, 저 사람들이 왜 여기 있는 거예요?"

"이 차를 가지러 온 거란다, 다니엘."

"왜 저 사람들이 아빠 차를 가져가요?"

"이야기하자면 길구나."

"차만 가져가는 거예요?"

다니엘의 목소리가 떨렸다.

"넌 아무 걱정할 필요 없어. 우린 다 괜찮을 거야, 알겠지? 아빠를 봐. 아빠 말을 들어. 다 잘 될 거야. 아빠 믿지?"

다니엘의 목소리와 눈빛엔 한 가지 질문이 있었지만, 공손하게 대답했다.

"네, 아빠."

다니엘은 차에서 내려 천천히 엄마에게 걸어갔다. 토니도 그 뒤를 따랐다. 비록 굴욕적인 장면이었지만, 그는 받아들일 준비가 되어 있었다.

"릭."

토니가 말했다.

"토니, 미안해."

릭의 얼굴에는 진심으로 안타까워하는 마음이 쓰여 있었다. 그의 눈을 보니 처음으로 그 안에 담긴 아픔이 보였다. 토니와 그의 가족에게 이렇게 하는 것이 그에겐 정말 괴로운 일이었던 것이다. 그는 토니를 해고되게 하고 싶지 않았지만 그렇게 할 수밖에 없었다. 토니는 자신의 행동들이 그의 가족뿐만 아니라 함께 일하는 동료들에게도 영향을 끼쳤다는 걸 알았다.

"당신 잘못이 아니에요."

토니는 확신을 갖고 말했다.

릭은 인쇄된 종이가 맨 위에 있는 서류뭉치를 꺼냈다.

"우리가 차를 가지고 갔다는 사실에 사인해주면 돼. 그리고 차 안에 있는 자네 물건은 다 꺼내주게."

토니는 고개를 끄덕이며 사인을 했다.

"이미 다 꺼냈어요."

릭은 서류를 건네받으며 잠시 멈칫했다.

"자네는 정말 재능 있는 친구야, 토니. 이런 일이 있어서 정말 유감이네."

그는 토니에게서 자동차 키를 받았다.

"잘 지내게."

엘리자베스는 공손하게 고개를 끄덕였고, 릭은 토니의 차를 타고 떠났다. 토니가 잘 모르는 브라이트웰의 다른 직원도 같이 떠났다. 다니엘은 그들 옆에 서서 차가 떠나는 걸 지켜보았다.

"저 사람들이 왜 아빠 차를 가져가는 거예요?"

다니엘이 말했다.

"나중에 얘기해줄게, 아가야, 알겠지? 집에 들어가서 점심 먹기 전에 할 일들을 좀 해놓지 않겠니?"

"알겠어요."

다니엘은 안으로 들어갔고, 토니와 엘리자베스만 차도 위에 남았다. 토니는 그녀에게 모든 일을 다 얘기하고 싶었다. 그녀의 눈을 바라보며 사과하고 싶었다. 그러나 대신 슬픈 미소를 지으며 손을 내밀었다. 그녀는 그 손을 꼭 쥐었다.

"괜찮아?"

그는 고개를 끄덕이고는 집안으로 들어갔다.

"연습은 어땠니?"

자기 방에서 이불을 정돈하고 있는 다니엘에게 엘리자베스가 물었다.

"좋았어요."

다니엘이 말했다.

엘리자베스가 다니엘의 의자에 앉자, 다니엘은 본능적으로 하던 일을 멈추고 엄마의 말에 귀를 기울였다.

"다니엘, 지금 너한테 모든 걸 설명해줄 순 없어. 하지만 우린 괜찮을 거야. 알겠지?"

다니엘의 눈빛은 두려움으로 가득했다.

"아빠도 그렇게 말했어요."

"아빠가?"

다니엘이 고개를 끄덕였다.

"다 잘될 테니 아빠를 믿으라고. 하지만 그 사람들이 아빠 차를 가져간 다음에 또 무슨 일이 일어날지 모르겠어요."

엘리자베스는 다니엘을 안아주고 이마에 입맞춤을 했다. 자녀를 사랑한다고 해서 모든 것을 말해주어야 하는 것은 아니다. 다니엘은 아빠의 실직의 무게를 견디며 살 필요가 없었다. 엘리자베스는 이 일을 회사의 강제해고나 구조조정 같은 것으로 생각했지만, 릭의 말이나 토니가 릭의 잘못이 아니라고 하는 걸로 봐선 뭔가 다른 일이 있었던 것이 틀림없었다.

"넌 그냥 지금 너의 느낌을 일기장에 적으면 돼. 알겠지? 그리고 앞으로 엄마랑 이 일에 대해 계속 이야기하자."

다니엘은 고개를 끄덕였다. 엘리자베스는 그 방을 나가 아래층으로 내려갔다. 토니가 침실 구석에 있는 의자에 앉아 팔꿈치를 무릎에 댄 채 몸을 숙이고 있었다. 그녀는 그를 격려해주고 싶었고, 그녀가 온전히 그의 편이라는 걸 알게 해주고 싶었다.

"오늘 아침에 팔 집을 몇 채 더 확보했어. 앞으로 두어 달 동안 나한테 일감을 몰아달라고 맨디한테 부탁해놨어."

"잘됐네."

토니가 그녀를 올려다보며 말했다. 그는 잠시 멈췄다가 말했다.

"우리 얘기 좀 할까?"

"그래."

엘리자베스는 침대 한 구석에 그와 마주보고 앉았다. 그 방안에서 무슨 일이 일어나고 있는 것 같았다. 하나님께 드렸던 그 모든 기도와 간구들…. 그럼에도 토니는 그녀에게 떠난다는 말을 하려는 걸까? 혹시 롤리나 애틀랜타에서 온 다른 여자를 선택한 걸까? 엘리자베스는 마음을 진정시키고 심호흡을 했다. 그리고 그냥 듣기만 하자고, 너무 강하게 반응할 필요는 없다고 생각했다.

'제발, 하나님. 제가 그의 말을 듣게 도와주시고 그가 꼭 해야 할 말만 하게 해주세요. 제가 두려워하지 않게 도와주세요.'

"당신이 왜 나를 이렇게 대해주는지 이해가 안 가."

토니가 말했다.

'당신을 사랑하니까'라고 말하고 싶었다. '내가 그러고 싶으니까' 하지만 그렇게 말하지 않았다. 그에게 더 말할 기회를 주고 싶어서였다.

"내가 직장에서 있었던 일을 당신한테 말했을 땐 당신이 길길이 뛸 줄 알았어, 리즈. 그래서 속으로 나 자신을 변호할 준비를 하고 있었어. 그런데 이젠 그럴 수가 없어."

엘리자베스는 그의 말을 듣고 있었다. 하지만 그보다 그의 마음에 귀를 기울였다. 보이지 않는 행간을 읽으려 했다. 그의 눈 속에서 뭔가 복받쳐 오르는 것을 보았을 때 그녀가 할 수 있는 일은 그것을 붙잡아주는 것뿐이었다.

토니는 창문 밖을 보다가 방을 둘러보았다. 그런 다음 고개를 숙였다.

"이런 말 정말 하기 싫지만, 난 해고당할 짓을 했어. 내가 그들을 속였거든. 당신도 속였어. 거의 바람을 피울 뻔했어, 리즈. 그럴 생각을 했고. 거의 한 거나 다름없어. 하지만 당신은 이 모든 걸 알면서 여전히 이 자리에 있어."

그녀는 눈이 따가웠다. 마치 그녀의 개인적인 여리고를 보고 있는 것 같았고, 그들의 침실에서 그 성이 무너져 내리는 것 같았다.

"당신의 벽장을 봤어. 당신이 날 위해 어떻게 기도하고 있는지 알았어. 내가 어떤 사람인지 알면서 왜 그랬어?"

220

그의 얼굴에 눈물이 흘러내리는 걸 보면서 그녀의 입술이 떨렸다. 그가 깨지고 있었다. 그 자신의 한계에 이른 것이다. 그것은 아름다운 광경이었다.

"난 우리 관계를 끝내지 않을 거니까."

그렇게 말하는 그녀의 목소리에 너무나 힘이 있어서 그녀도 깜짝 놀랐다. 그녀는 토니 외에 그 말을 듣고 있는 다른 누군가에게도 말하고 있는 것 같았다.

"난 우리의 결혼생활을 위해 싸울 거야. 하지만 나의 만족은 당신에게서 올 수 없다는 걸 알았어. 토니, 당신을 사랑해. 하지만 난 당신의 사람이기 전에 하나님의 사람이야. 그리고 난 예수님을 사랑하기 때문에 여기 머물러 있는 거야."

댐이 무너졌고 토니는 울면서 무릎을 꿇었다. 그는 몸을 숙였고 흐느낌에 몸이 떨렸다.

"미안해, 리즈. 하나님께 용서를 구했어. 하지만 당신에게도 용서를 받아야 해. 당신이 날 떠나지 않았으면 좋겠어."

그의 감정은 곧 그녀의 감정이 되었고, 둘은 함께 울었다.

"용서할게. 당신을 용서할게."

그녀의 말에 토니는 머리를 자신의 무릎에 댔다.

"미안해. 정말 미안해."

엘리자베스는 두 눈을 감았다. 지금 일어난 일들이 믿기지 않았다. 그녀는 한 손을 가슴에 대고 놀라움에 고개를 저었다.

"감사합니다, 주님."

토니는 그녀의 손에 입을 맞추었다. 그리고 둘은 서로를 붙잡고, 울고, 기뻐하며, 사랑에 잠겼다. 그것은 그들만의 경험이 아니었다. 엘리자베스가 밖에서 뭔가 움직이는 것이 보여 문 쪽을 보니 다니엘이 둘의 얘기를 다 듣고 있었다. 아이도 울고 있는 것 같았다. 엘리자베스가 들어오게 하려고 가보니 아이는 이미 자기 방으로 가 버리고 없었다. 아마도 벽장 안에 있는 자신의 기도제목 옆에 체크를 하러 갔을 것이다.

# 미스 클라라

클라라는 휴대폰 화면에 뜬 발신자를 보고 얼른 전화를 받았다. 엘리자베스에게서 오는 소식은 마치 긴 전쟁의 최전방에서 들려오는 소식 같았다. 엘리자베스의 목소리를 듣자마자 좋은 소식이라는 걸 알 수 있었다. 그녀의 목소리는 감사와 놀라움의 중간쯤에 있었다.

"토니가 하나님께 용서를 구했다고 했어요. 저한테도 용서를 구했고요."

엘리자베스가 말했다.

"지금 일어난 일이에요?"

"조금 전에요. 그리고 다시 시작하고 싶다고 했어요."

"그가 그랬어요? 오, 사랑의 하나님!"

클라라는 거의 펄쩍펄쩍 뛰었다. 하나님이 하신 일에 놀란 것이 아니라, 토니의 마음이 그토록 빨리 변화된 것에 놀랐다.

"내가 뭐랬어요, 엘리자베스. 하나님이 당신을 위해 싸울 거라고 했죠?"

"정말 그랬어요, 클라라 부인. 하나님이 저를 위해, 우리의 결혼생활을 위해, 그리고 저의 어린 딸을 위해 싸워주셨어요."

클라라는 전화를 끊을 때까지 함께 기뻐했고, 그 다음엔 행복한 춤을 추었다. 그걸 춤이라고 할 수 있을지 모르겠지만 말이다. 비록 몸은 따라가지 못해도 마음속에선 춤을 추고 있었다. 그리고 고개를 젖히고 사탄에게 우리가 전쟁에서 이겼음을 알렸다.

"하하하! 마귀, 넌 방금 궁둥이를 걷어차였어! 내 하나님은 신실하시다! 그분은 능력이 있으시다! 그분은 자비로우시다! 그분이 책임져주신다! 넌 하나님을 해고할 수 없어. 하나님은 절대 은퇴하지도 않으실 거야! 영광을 돌리세! 주님을 찬양하라!"

클라라는 소리쳤다. 그리고 천사들도 하늘나라 어딘가에서 자신과 똑같이 하고 있는 상상을 했다. 그녀는 곧바로 2층 기도 방으로 올라가 응답받은 기도의 벽에 또 하나의 표시를 했다. 그것은 예배와 감사의 행위였다. 또한 싸움에서 또 한 번 패배한 사탄을 약 올리기 위한 것이기도 했다.

그 모든 것이 클라라로 하여금 더 크게 기도하고 싶게 만들었다. 하나님이 기도 응답이라는 큰 사업을 하고 계시다는 걸 다시금 깨달았다.

# 바로 내가 문제였다

토니는 계속 앞으로 나아가면서 자신의 삶을 회복하는 일이 쉽지 않다는 걸 알았지만, 이미 바닥을 쳤으니 더 내려갈 곳도 없다고 생각했다. 그는 어두운 골짜기를 지났고, 지금은 다시 삶에 대한 비전을 가질 수 있는 곳으로 천천히 올라가고 있었다. 하루하루 지날수록 상황은 점점 더 나아질 것이다.

다음날 아침에 일어나니 다니엘이 스니커즈를 신고 현관 계단 맨 아래에 앉아 있었다. 아이는 아빠에게서 일어나는 변화를 느꼈다. 그가 하나님께 진실해지고 엘리자베스에게 잘못을 고백한 이후로 다니엘의 얼굴도 한결 편안해보였다. 10살짜리 아이가 아버지의 기도로 삶을 변화시킬 수 있다니, 정말 재미있는 일이었다.

토니는 딸과 대화를 나누고, 딸에게 더 가까이 다가갈 필요가 있다는 걸 알았지만, 어떻게 해야 할지 잘 몰랐다. 너무 많은 것을 드러내는 실수는 하고 싶지 않았다. 그것은 그 아이에게 좋지 않을 것이다. 하지만 그는 또한 앞으로 자신의 삶이 어떻게 될지 예측할 수가 없었다. 그는 이 모든 것을 한꺼번에 바로잡으려 하지 않았다. 다만 그의 내면에서 모험을 해보라는 목소리가 들렸다. 직접 게임에 참여하여 무슨 일이 일어나는지 보라는 것이다. 그는 다니엘에게 인사를 하고 그 옆에 앉았다.

"안녕, 아빠."

다니엘이 말했다.

"잘 들어, 너한테 할 얘기가 있단다."

다니엘은 아빠를 바라보았다. 너무도 순수한 얼굴이었다. 아이의 모든 삶이 그 앞에 놓여 있었고, 그는 그 삶에 관여하고 아이를 도와줄 수 있는 기회를 다시 한 번 갖게 되었다. 그가 아이에게 줄 수 있는 가장 좋은 것은 바로 그의 마음이었고, 마음속의 생각이었다. 그는 평소에 이런 것들을 이야기할 수 없었다. 대개 자기가 그런 감정을 느낀다는 것도 몰랐기 때문이다. 하지만 하나님이 어떤 일을 이루어주셨고 그에게 삶의 길을 보여주셨기에, 그는 계속해서 말했다.

"난 너에게 별로 좋은 아빠가 아니었던 것 같다. 너희 엄마한테도 다정하게 대해주지 못했고… 그런데 이제 더 잘할 수 있단다, 다니엘. 너랑 엄마는 아빠한테 더 좋은 대접을 받을 만한 자격이 충분히 있으니까."

여기까지는 그런대로 좋았다. 아직 자세한 얘기는 하지 않았지만, 다니엘이 원한다면 계속 말을 할 생각이었다. 그는 다니엘이 이해할 수 있도록 분명하게 말했다.

"하지만 그거 아니? 아빠가 하나님께 도와달라고 기도했거든. 그리고 네가 아빠를 용서해주고 다시 기회를 줄 수 있는지 묻고 싶어. 그렇게 해줄 수 있겠니?"

어떤 면에서 이것은 그가 하나님께 기도했던 것과 같은 것이었다. 처음에 그는 하늘나라 입구에서 팔짱을 끼고 그를 노려보는 하나님의 모습을 상상했다. 발을 토닥거리면서 토니가 그 지점까지 오기를 기다리고 계시는 모습을… 그런데 이제는 이것이 하나님의 실제 모습이 아니라는 걸 알았다. 하나님은 그렇게 반응하지 않으실 것이다. 만일 그의 딸이 그에게 보여준 대로 하나님의 얼굴을 상상했더라면, 그는 좀 더 빨리 돌아왔을 것이다.

다니엘은 잠시 동안 아빠를 쳐다보았다. 그러더니 곧 미소를 지으며 고개를 끄덕였다. 그리고 그 모습은 토니의 마음을 녹였다.

"난 아빠를 이해하고 사랑하고, 항상 그럴 거예요."라고 말하는 듯한 얼굴이었다.

바로 그거였다. 미소 지으며 아무것도 묻지 않고 용서하는 것, 사랑은 바로 그런 모습이구나, 하고 생각했다. 만일 그가 그와 같이 사랑할 수 있다면, 그의 딸처럼 반응할 수 있다면 남은 생은 한결 더 좋아질 것 같았다.

"사랑해, 다니엘."

토니가 말했다.

"저도 사랑해요, 아빠."

토니는 딸의 이마에 입을 맞추고는 깃털처럼 가벼운 발걸음으로 걸어갔다. 다니엘은 줄넘기를 들고 아빠를 따라 나가 준비운동을 하며 줄넘기 동작과 트리시가 가르쳐준 것들을 열심히 설명했다. 다니엘이 계단에서 토니 옆에 앉아 있을 때 그는 그 주제를 다시 한 번 꺼내기로 마음먹었다.

"다니엘, 내가 더 잘할 수 있을까? 아빠가 너를 얼마나 사랑하는지 너에게 알려줄 수 있는 일이 뭐가 있을까?"

아이는 이마에 주름이 생기도록 얼굴을 찌푸렸다. 자신이 한 번도 생각해보지 않은 질문인 것이 틀림없었다.

"그러니까, 저한테 선물을 사준다든가, 그런 거요?"

"그것도 될 수 있지. 하지만 그보다 네가 좋아하는 일을 함께 한다든가, 그런 거 없을까?"

다니엘은 어깨를 으쓱하며 "잘 모르겠어요."라고 말했다.

다시 한 번 때 묻지 않은 동심이 드러나는 순간이었다. 다니엘은 생각나는 게 없었고, 그래서 그냥 됐다고 말했다. 토니는 소원을 딱 한 번만 빌 수 있는 램프를 주었는데, 다니엘은 그 램프를 문지르고 싶지 않은 듯했다.

토니가 웃으며 말했다.

"좋아. 그럼 생각해봐. 생각나는 게 있으면 말해줘."

엘리자베스가 밖으로 나와 그 옆에 앉았다. 그리고 그들은 다니엘이 줄넘기하는 것을 지켜보았다. 늘 아내에게 화만 내고 다투느라 그녀가 얼마나 아름다운지 잊고 있었다. 아니, 그는 잊지 않았다. 다만 지난 삶에서 진실을 한쪽으로 밀어놓고 구름이 그 위를 덮게 했을 뿐이었다.

"다니엘이 아빠랑 다시 행복하게 지내는 것 같네."

엘리자베스가 말했다.

"솔직히 많은 것이 필요 없었어. 그냥 나쁜 아빠였던 것을 용서해달라고 했는데, 다니엘은 마치 세상에서 가장 쉬운 일인 것처럼 흔쾌히 대답을 하더라고……."

"아이들은 다시 한 번 기회를 줄 거야. 어른한테는 어려운 일이지만."

토니는 그녀를 쳐다보았다.

"정말 그래? 뭐가?"

그녀는 씩 웃었다.

"당신한테 용서를 구할 때 그동안 내가 했던 일들을 가지고 당신이 나를 협박할까 봐 제일 두려웠어. 하루가 지나고, 일주일이 지나고, 또는 1년이 지나도 그 일을 다시 끄집어내서 닦달하면 어쩌나 했지. 그런데 당신은 그러지 않았어."

"아직 일주일도 안 지났고 1년도 안 지났잖아."

그녀가 말했다.

"아니, 당신이 진심이라는 거 알아. 나에게 모든 것을 바로잡고 정해진 규칙과 규정대로 살라고 요구하지 않은 것도 알고……."

"그렇게 말해주니 고마워. 마침 오늘 아침에 몇 가지 목록이 떠올랐거든."

그녀가 청바지 주머니에 손을 넣으며 말했다.

그들은 함께 웃었고, 토니는 자신들이 진심으로 함께 웃는 것이 정말 오랜만이라는 걸 알았다. 마지막으로 그렇게 웃은 것이 언제였는지 기억도 나지 않았다. 아마도 그때는…….

다니엘이 줄넘기를 멈추고 엄마, 아빠가 즐겁게 이야기하는 것을 보더니 숨이 차도록 뛰어와 그들 앞에서 폴짝폴짝 뛰며 말했다.

"엄마한테 키스해주세요, 아빠! 키스해주세요!"

"너무 서두르지 마. 네 엄마와 나는 지금 싸우지 않는 걸 연습하는 중이야. 그게 첫 단계거든."

토니가 한 손을 저으며 말했다.

"키스해주세요!"

다니엘은 줄넘기를 하면서 리듬에 맞춰 노래까지 불렀다.

"키스해, 키스해, 키스해."

토니는 고개를 저었다.

다니엘은 줄넘기를 멈추더니 시무룩한 표정을 지었다.

"아빠가 저한테 뭘 해줄지 말해보라고 했죠? 바로 이거예요."

토니가 다시 반박하기 전에 엘리자베스가 말했다.

"어서 딸이 원하는 걸 해줘요."

그는 눈썹을 치켜 올리며 상체를 뒤로 젖히면서 엘리자베스의 얼굴을 보았다. 그녀는 고개를 돌려 뺨을 댔고, 그는 그녀에게 다가가 가볍게 입맞춤을 했다.

"입술에요."

다니엘이 말했다. 또다시 뛰면서 박자에 맞추어 "입술에!"라고 말했다.

토니는 아내의 눈을 찬찬히 들여다보았다. 그는 너무 빨리 가는 걸 원치 않았다. 엘리자베스에게 자신의 진실한 마음을 볼 시간을 주고 싶었다.

"요즘 아이들은 너무 요구하는 게 많다니까."

그는 장난스럽게 말했다.

"당신이 먼저 물어봤다면서."

엘리자베스가 그에게 시선을 맞추며 말했다. 그녀는 혀로 입술을 촉촉이 적셨다.

그는 그녀에게 가까이 다가가며 말했다.

"새 줄넘기를 사주는 것보다 싸긴 하지."

그는 그녀의 입술에 키스를 했다. 그것은 그들의 결혼생활에서 가장 긴 입맞춤도, 가장 낭만적인 입맞춤도 아니었다. 하지만 그 순간 토니의 뜨거운 열정에 그녀는 깜짝 놀랐다.

"앗싸! 앗싸! 앗싸! 한 번 더! 한 번 더!"

다니엘이 계속 줄넘기를 하면서 말했다.

그때 제니퍼와 제니퍼의 엄마가 차를 몰고 들어왔다. 토니는 한 팔로 엘리자베스를 감쌌고, 그들은 함께 차로 걸어가서 제니퍼 엄마에게 인사를 했다.

"샌디, 맞죠?"

토니가 말했다.

그녀는 미소를 지었다.

엘리자베스는 부동산이 결혼과 비슷하다고 생각했다. 세상에서 가장 좋은 집을 가지고 있어도 관심 있는 매수자를 만나지 못하면 그 집에 홀로 앉아 있어야 하는 것이다.

하지만 새 날이 오면 어떤 일이 생길지 알 수 없었다. 적절한 상황에 적절한 사람이 나타나면 모든 것이 달라질 수 있으니 말이다. 드라이브를 하다가 좋은 동네를 발견한 사람이 전화를 걸 경우, 바로 사인만 하면 끝이었다. 친구의 친구가 추천을 해서 전화를 하는 경우도 있었다. 바로 사람들과 필요와 욕구의 보이지 않는 네트워크였다.

토니와의 입맞춤은 새 날이 가져다준 것들 중 하나였다. 그 느낌은 하루 종일 남아 있었다. 그녀의 입술의 감촉과 그녀가 느낀 친밀감도⋯. 키스는 입술뿐 아니라 마음으로 하는 것이다. 또한 그가 다가와 자신에게 입을 맞추었을 때 그녀의 마음은 공중제비를 도는 것 같았다. 그녀에게는 아직 약간의 거리낌이 있었다. 즉 토니가 하나님께 돌아온 것은 감사했지만, 그가 저지른 행동에 상처를 받았던 것도 사실이기 때문이었다.

엘리자베스는 지난 1년 동안 토니의 성적 욕구가 줄어든 것이 아닐까 걱정했었다. 그들이 처음 결혼했을 땐 그녀와 토니가 갈망하는 수준이 서로 다

를까 봐 걱정했었다. 그녀는 결혼한 여성들이 매일 섹스를 원하는 남편에 대해 이야기하는 걸 들었고, 그때는 그것이 좋게 들렸다. 하지만 대부분의 아내들은 불평을 늘어놓았다. 남편이 아예 성관계를 원하지 않아서 고민이라고 말하는 사람들도 있었다. 자신과 토니는 이 부분에서 서로 잘 맞았을까?

그들이 거의 비슷한 수준의 욕구를 가졌다는 걸 발견했을 때 그 의문은 금방 해결되었다. 하지만 다니엘이 태어나자 상황이 달라졌다. 그녀의 몸도 달라졌다. 토니의 에너지도 전 같지 않았고, 그녀는 감정적으로 딸과 연결되어 있었다. 그녀는 그것이 호르몬과 신체의 변화 때문일 것이라고 생각했다.

곧 그들은 틀에 박힌 부부생활을 하게 되었다. 그래도 적어도 같은 방향으로 가고는 있었던 셈이다. 어쩌다 한 번씩 서로 통하면 즐거운 시간을 보내기도 했지만, 그들이 친밀감을 느끼는 것은 복불복이었다.

그런데 작년부터는 토니가 그녀를 피했고, 주로 체육관에 가서 운동을 하면서 내적인 욕구를 충족시키는 듯했다. 그녀는 그 주제에 관한 온라인 기사를 읽고 도서관에서 책도 찾아보았지만, 그 내용을 보면 더 고민만 되었다. 남편이 성적으로 아내를 피하는 것은 결혼생활의 계기판에 빨간불이 깜박이는 것일 수 있다고 했기 때문이었다. 혹시 그가 다른 사람을 위해 몸을 만들고 있는 건 아닐까?

그날 밤, 토니는 다니엘을 재운 뒤 엘리자베스에게로 갔다. 엘리자베스는 침실 의자에 앉아서 전에 읽던 결혼생활에 관한 책을 집어 들었다가 그가 들어오자 다시 내려놓았다.

그때 토니가 그녀 앞에 무릎을 꿇었다.

"당신한테 할 말이 있어."

그녀는 책을 덮었다. 그의 얼굴 표정을 보니, 그녀가 좋아하지 않을 메시지를 전할 것 같았다.

"불길하네."

그녀가 말했다. 그 말은 곧 두렵다는 뜻이었다.

"그런 거 아냐."

그가 말했다. 그는 잠시 쉬었다가 그녀의 눈을 보며 말했다.

"내 생각엔, 우리가 누굴 찾아갈 필요가 있는 것 같아."

"무슨 말이야?"

"상담자든 목사님이든……. 우리가 다음 단계로 넘어갈 수 있게 도와줄 수 있는 사람 말이야."

엘리자베스는 그의 눈을 유심히 보았다. 그녀는 지금까지 결혼생활의 문제로 고민하는 여자들과 성경공부를 하며 이야기를 많이 나누었기 때문에 남자가 상담자를 찾아가게 하는 것은 야생마를 미니밴에 태우는 것만큼 어려운 일이라는 걸 알고 있었다. 아마 창문으로 억지로 태우고 안전벨트를 채워야 할 것이다. 그런데 그가 먼저 그런 제안을 하다니, 마치 큰 선물처럼 느껴졌다.

"좋아. 제삼자가 우리를 도와줄 수 있는 부분들이 있다고 생각해. 예전에 이런 일을 겪은 적이 있는 사람이라면 말이야."

그녀는 고개를 끄덕이며 다시 말했다.

"그럼, 당연하지. 나도 그렇게 생각해. 당신이 알아봐."

"교회에 전화해볼 생각이었어. 교회에 가정 목회자가 있지 않을까?"

토니가 말했다.

"있어, 윌슨 목사님."

"좋아. 아침에 전화해볼게."

그녀는 책을 의자 모서리에 내려놓고 똑바로 앉았다. 뭔가 더 할 말이 있는 게 분명했다. 그들이 지나온 거친 바다 위로 빙산의 일각이 드러나고 있는 것 같았다.

"나한테 다른 할 얘기가 있어서 그러는 거야?"

토니는 자신이 한눈을 팔았다는 얘기를 했었다. 하지만 그는 오래 출장을 가 있었다. 엘리자베스는 그날 아침에 두 사람이 마음속의 생각과 감정들을 숨김없이 다 털어놓고 해결하도록 도와달라고 기도했었다. 그것은 퍼즐의 모서리 조각들을 찾는 것 같았다. 먼저 그 조각들을 테이블 위에 꺼내놓고 맞추면 중간 부분은 훨씬 더 맞추기가 쉬울 것이다.

"당신이 롤리에 대해 들은 거 알고 있어. 나랑 저녁을 같이 먹었던 여자 말이야. 내가 출장에서 돌아왔을 때 미시에게서 온 문자메시지를 봤어."

토니가 말했다.

"내 전화기를 본 거야?"

"그날 밤에 옷을 갈아입는데 전화기에 알림이 울려서 보게 됐어. 그녀의 메시지도, 전체 대화 내용도 봤어. 일부러 엿보려고 했던 게 아니야. 당신의 문자메시지를 다 보지도 않았어, 내 말 믿어."

"그 얘기였구나, 토니. 믿으라고. 그래, 난 당신을 용서하려고 애쓰고 있고 그 믿음을 쌓으려고 노력하는 중이야. 그런데 당신이 그걸 보고도 아무 말 하지 않았다는 얘길 들으니……."

그는 당황하며 자세를 고쳐 앉았다.

"너무 크게 해석하지 마. 지금 말하고 있잖아, 안 그래?"

"나한테 어떻게 해석하라고 말하지 마. 난 당신과 우리의 결혼생활을 위해 싸워왔는데, 이건 꽤 깊은 문제야. 우리가 해결해야 할 일들 중 하나라고."

그는 이를 악물고 말했다.

"그래서 지금 말하고 있잖아. 바로 이렇게 될까 봐 두려웠던 거야. 내가 당신한테 다가가서 얘기하려고 하는데, 당신이 벽을 쌓아 버리잖아."

"벽을 쌓은 건 당신이야, 토니."

이제는 그녀의 심장이 마구 뛰었고, 상황이 정말 악화될 수 있다는 걸 알았다. 그녀는 심호흡을 하고, 그들이 이전에 가보지 않았던 길을 찾으려 했다. 나쁜 것만 보지 않고 토니 안에 있는 좋은 면을 보려고 했던 것이다.

"그래, 당신이 노력하고 있다는 거 알아. 당신이 좋은 마음을 가지고 우리에게 돌아오고 있다고 생각해."

"그렇게 생각해?"

그는 약간 상처받은 듯이 말했다. 마치 어린아이가 이불 정리를 잘했다고 생각했는데 말끔하지 않은 부분이 드러난 것 같았다.

그녀가 대답을 하기 전에, 그는 방어하듯 두 손을 들었다.

"당신이 옳아. 당신이 언제나 옳아."

"지금 내가 옳다는 얘기를 하려는 게 아냐."

"어쨌든 당신이 옳아. 나도 그걸 알아. 내가 목사님이나 다른 누구를 찾아가자고 하는 것도 그 때문이야. 난 이 문제를 해결하고 싶어. 당신이 날 믿을 수 있다는 걸 증명해보일 수 있다면 뭐든 할 거야. 우리에겐 단지 심판이 필요해. 우리가 서로의 이야기를 듣고 똑같은 싸움을 반복하지 않도록 도와줄 수 있는 사람 말이야."

그녀는 고개를 끄덕였고 마음을 가라앉혔다. 그 말이 마음에 들었다. 그들은 서로 주장했고 또 서로 위로했다. 그리고 그녀가 느낀 것처럼 그들은 잘 맞았다.

"그런데 롤리에서 만난 그 여자는 누구였어?"

그녀는 묻고 나니 갑자기 목이 조여 오는 감정에 입이 바싹 마르는 것 같았다. 한편으론 알고 싶지 않은 마음도 있었다. 한편으론 그냥 지난 일은 현재나 미래와 아무 관련이 없다고 스스로 말하고 싶고, 다 잊고도 싶었다. 하지만 다른 한편으로는 모든 걸 알고 싶었고, 사실은 그 마음이 더 컸다. 모든 걸 알아야 했다. 그녀는 사실에 직면하기 위해 마음을 굳게 다졌다.

"홀컴에서 일하는 여자야. 우리가 사인한 계약서를 그녀가 관리했어."

'그게 다야?'

엘리자베스는 생각했다. 하지만 말은 하지 않았다. 그녀는 아무 말도 하지 않았다. 그저 그를 바라보며 사실을 말해주길 기다렸다.

"우린 함께 계약서를 검토했고, 그녀가 미팅 스케줄을 잡아줬어. 그래서 내가 저녁을 먹으러 가자고 제안했지."

"전에도 그런 적 있었어?"

"계약마다 다 달라."

"아니, 내 말은 다른 여자들이랑 같이 일을 했는지 묻는 게 아니라, 다른 여자들이랑 같이 저녁 식사하러 가고 그랬냐고?"

그는 잠시 생각에 잠겼고, 그 모습이 그녀를 불안하게 했다. 그는 쿠키단지 안에 손을 넣었는데, 마침 엄마가 방에 들어와서 딱 걸린 어린 소년 같았다.

"단 둘이 갔던 기억은 없어. 그러니까, 여러 사람이 모여서 간 적은 있었어. 사실은 이번에 처음으로 내가……."

"처음으로 당신이 뭐?"

토니는 잠시 숨을 쉬고 어깨를 폈다.

"처음으로 누군가에게 다가가고 싶다는 생각이 들었어. 난 하룻밤 잠자리 때문은 아니었어, 리즈. 그렇게 형편없는 놈은 아니야. 그때 당신을 마음속으로 포기했던 것 같아. 이 여자가 아주 매력적이어서 난 조심스럽게 상황을 살피려고 했어."

엘리자베스는 그 이야기를 들었을 때 찾아올 아픔을 감당할 준비가 되어 있지 않았다. 그는 그녀가 그토록 열심히 기도했던 그날 밤에 대해 이야기하고 있었다. 그날 밤 그녀는 정말로 하나님이 역사하고 계신다고 믿었었다.

"계속해. 그날 밤에 무슨 일이 있었어?"

"우린 레스토랑에서 식사를 했어. 서로 서먹한 분위기를 깨보자는 생각이었어. 하지만 실제로 깰 분위기는 없었어. 그녀는 이미 준비되어 있었거든. 저녁식사 후에 자신의 집으로 가서 와인을 마시자고 그녀가 제안했어."

엘리자베스는 입이 떡 벌어졌다.

"그래서 당신은 뭐라고 했어?"

"좋다고 했어. 그녀가 누구를 선뜻 받아들일 사람은 아닌 것 같았는데, 그래서 더 깜짝 놀랐지."

"당신이 잘못 짚은 것 같네."

엘리자베스가 조용히 말했다. 이제 그녀는 마음이 무거워졌고, 그를 용서하겠다고 했던 것이 그의 입에서 나오는 한 마디 한 마디에 조건이 붙는 것 같았다. 그녀가 생각했던 것보다 훨씬 더 무거워질 것 같았다.

"그 여자 이름이 뭐야?"

"베로니카."

엘리자베스는 생각하느라 눈동자가 이리저리 움직였다.

'베로니카? 베로니카에게 넘어가려 했던 거야?'

"어떻게 생겼어?"

"우리보다 좀 더 젊어. 예쁘고."

"나보다 젊다는 말이구나, 그렇지?"

"엘리자베스, 그렇게 말하지 마."

"나한테 어떻게 하라고 말하지 마. 내가 이 일에 반응할 수 있는 거잖아, 안 그래?"

"그래. 얼마든지. 그런데 아무 일도 없었다는 걸 당신이 알았으면 좋겠어."

"아무 일도 일어나지 않았다는 뜻이야? 레스토랑에서 단 둘이 있었고, 같이 이야길 나누고, 테이블 밑에서 발장난도 했겠지. 그리고 그녀의 아파트로 와인을 마시러 간 거잖아."

"아니, 같이 가지 않았어. 내가 아팠거든. 식사를 마치자마자, 정말 미친 듯이 아팠어. 설명을 못하겠어. 식사를 마치고, 일어나서 나갈 준비를 하는데 속이 울렁거리기 시작하는 거야. 간신히 화장실에 가서 토했어."

그제야 그녀는 기분이 조금 풀리는 듯했다. 비싼 저녁을 먹고 화장실에서 다 토해내는 그의 모습을 상상하니, 그것이 식중독 때문이었을까 아니면 하나님이 하신 일일까 궁금해졌다. 식중독이면 그렇게 빨리 증상이 나타났을까? 예수님은 물을 포도주로 바꾸셨고 폭풍우를 잠잠케 하셨다. 그렇다면 분명 속을 뒤집어놓으실 수도 있었다. 그 생각을 하자 그녀의 얼굴에 미소가 번졌다.

"나는 한참 동안 화장실에 있었어. 그리고 나와서 베로니카에게 같이 못 가겠다고 말한 거야."

"하지만 당신은 가고 싶었잖아."

"리즈, 나를 그렇게 나쁘게 보지 말아줘."

"당신이 나한테 하는 얘기를 이해하려고 애쓰고 있는 거야. 불편했다면 미안해, 알겠지?"

그녀의 목소리가 점점 더 커지고 있었다. 그리고 마치 비행기를 손에 들고 착륙시키듯이, 두 손을 들어 올렸다가 부드럽게 내렸다.

"그녀는 뭐랬어?"

"그녀는 어쨌든 내가 자기 집에 가길 원했어. 날 보살펴주겠다고 했거든."

엘리자베스는 그 여자의 눈을 확 할퀴어버리고 싶었다. 다른 여자가 내 남편을 보살피려 했다니, 하지만 토니가 먼저 저녁을 먹자고 하지 않았다면 그녀도 그렇게 말하지 못했을 것이다.

"당신이 결혼한 건 알고 있었어?"

"내가 먼저 그 얘길 하진 않았어. 하지만 반지는 빼지 않았어. 그리고 우리에겐 문제가 있다고 말했어."

"간편하네. 홀로 출장 중이고, 결혼생활에 문제가 있는 외로운 남자, 그리고 베로니카라는 여자."

그녀는 마치 저주를 하듯이 그 이름을 내뱉었다.

"리즈, 나도 괴로워. 당신한테 말하고 싶지 않았어. 그냥 넘기고 싶었어."

"하지만 당신은 미시가 당신을 봤다는 걸 알아. 그녀가 나한테 말했다는 것도……."

토니는 고개를 끄덕이며 말했다.

"맞아. 하지만 당신이 알았든 몰랐든, 언젠가는 이 이야기를 하려고 했을 거야."

"나도 그렇게 생각하고 싶어. 하지만 그건 알 수 없는 일이야. 그렇지 않아? 우리는 양자택일의 세상에 살고 있지 않기 때문에 당신이 나한테 얘기를 했을지 안 했을지 알 길이 없어. 타임머신을 타고 집에 올 수는 없으니까."

"아니야. 내가 할 수 있는 건 당신한테 진실을 말하고, 당신이 날 용서해주고 나를 신뢰하게 만들 기회를 주길 기도하는 것뿐이야."

그는 그녀에게 호통을 치며, 그녀가 둔감하다거나 너무 고압적이라거나 용서하지 않는다고 뭐라고 할 수도 있었다. 어차피 다 지난 일이니까. 하지만 이렇게 무릎을 꿇고 있는 것을 보니 실제로 어떤 변화가 일어나고 있는 것 같았다. 그렇다 해도 그녀의 상처는 치유되지 않았다. 그녀는 계속 그와 베로니카가 레스토랑에 함께 있는 모습을 상상했다. 그가 나을 때까지 간호해주려 했던 베로니카, 와인을 차갑게 해두고 기다리고 있는 베로니카…….

"어떻게 결혼한 사람이 다른 여자와 데이트를 할 수 있어?"

그녀가 말하자 그는 고개를 저었다.

"나도 어떻게 다른 사람에게 한눈을 팔았는지 모르겠어. 우리의 관계가 끝났다고 생각했던 것 같아. 같이 있을 때마다 싸우니 결혼생활에 희망이 없다고 생각했었나 봐."

"정말 아무 일 없었어?"

그녀가 말했다.

"그래, 정말 아무 일 없었어. 내가 그날 밤 먹은 걸 다 토해냈다는 것밖엔. 정말 비참했어. 이젠 메뉴판에서 페투치네만 봐도 속이 메스꺼울 지경이야."

"그녀가 당신한테 전화를 걸었어? 다음날 그 여자랑 연락했어?"

"문자메시지로 사과하려고 했다가 지웠어."

그는 휴대폰을 꺼내며 말했다.

"기다려봐, 아직 남아있을 거야."

그는 휴대폰을 그녀에게 건넸고, 그녀는 메시지를 읽었다.

"메시지를 보내지 않았어. 전화도 하지 않았고."

"왜?"

"그게 잘못이란 걸 알아서 그랬던 것 같아. 나나 그녀나 그 길로 가는 게 옳지 않다는 걸 알았거든."

"그 여자가 전화를 걸면? 그녀한테 전화가 올 거라는 거, 당신도 알잖아. 그런 여자들은 늘 바람맞으면 다시 전화를 하니까."

"안 받을 거야. 그건 더 이상 선택사항이 아냐. 그리고 이제 홀컴과 일하는 것도 아니니까 그녀와 만날 일도 없어."

마지막 말이 마치 그녀의 면전에서 막을 내리는 것같이 들렸다. 그러더니 새로운 생각이 떠오른 것 같았다.

"잘 들어. 당신이 내 휴대폰을 보기 원한다면, 그러니까 내가 진실을 말하는지 확인해보고 싶으면 언제든 봐도 좋아. 이메일, 페이스북, 뭐든지 다. 이제부터는 아무것도 감추지 않을게."

그녀는 고개를 끄덕이며 의자의 팔걸이 위에 위태롭게 놓여 있는 책을 바라보았다. 이것은 신뢰를 쌓는 좋은 방법이었다. 얼마나 오래 걸릴지는 그녀도 몰랐다. 얼른 책의 페이지들을 넘기고 이 모든 일을 끝내고 싶지만, 삶은 그렇게 되지 않았다. 중간과정을 건너뛸 수 없는 것이다. 반드시 삶에서 견뎌내야 했다.

"너무 피곤하다. 난 자야겠어."

그녀가 말하자 그는 한 팔을 내밀어 그녀가 일어나도록 도와주었다.

"들어줘서 고마워. 내 말을 끝까지 들어줘서. 정말 고마워."

그녀는 고개를 끄덕이며 애써 미소를 지었다.

"내일 전화를 하든가, 아니면 오늘 밤에 이메일을 보내서 목사님한테 어떤 답변이 오면 알려줄게, 알겠지?"

"알았어."

엘리자베스는 침대에 누워, 레스토랑에 있는 토니의 모습을 지우려고 애를 썼다. 깊이 파인 드레스를 입고 도발적인 눈빛으로 토니를 유혹하는 관능적이고 여우같은 모습의 베로니카를 상상했다.

아마 날씬하고 다리도 길 것이다. 어떻게 자신이 상대가 되겠는가? 하지만 토니는 베로니카에게 관심이 없다고 했다. 그러므로 엘리자베스는 경쟁할 필요가 없었다. 그는 다시 그녀에게 관심이 생겼다. 그는 관계를 다시 세우려고 애쓰고 있었고 그 가운데서 그녀를 만나기 원했지만, 중간에 힘든 싸움이 있었다. 마치 양 당사자가 집을 팔기 위해 협상을 하면서 물이 새는 지붕이나 에어컨의 문제를 발견하는 것처럼, 그녀는 자신의 마음과 협상하느라 힘든 시간을 보냈다.

그 모든 것이 결국 신뢰의 문제였다. 결국엔 그녀가 토니를 믿을지 말지 선택해야 했다. 그것은 전적으로 그녀에게 달린 결정이었다. 그리고 궁극적으로 그 믿음은 하나님에 대한 그녀의 믿음을 나타내는 것이었다. 이것이 바로 클라라가 전에 그녀에게 말한 것이었다.

"토니와의 문제는 토니에 관한 문제라기보다 당신에 관한 문제예요."

"무슨 말인지 모르겠어요."

"하나님이 당신이 원치 않는 곳으로 당신을 데려가고 계시다는 뜻이에요."

"왜 제가 원치 않는다는 거예요?"

"힘드니까요. 복잡하고…. 당신 자신에 대해서 알고 싶지 않은 부분들을 알게 될 거예요. 당신 자신의 마음에 대해서, 바꾸고 싶지 않은 부분들을 발견하게 될 거예요. 당신도 알다시피, 사람은 누구나 자기 삶 속의 문제들을 다른 사람의 탓으로 돌리고 싶어 해요. 희생양이 필요하죠. 그 양만 제거하면 문제를 없앨 수 있으니까 훨씬 더 쉬운 방법이죠. 아니면 그 양을 잘생긴 왕자로 만들면 당신의 삶이 달라지겠죠. 아무도 거울 속에서 그 희생양을 보는 걸 원치 않아요."

"그럼 제 문제는 토니가 아니라는 말씀이에요? 제가 문제라고요?"

"하나님이 토니를 사용하셔서 당신을 더 깊이 들어가게 하실 거란 얘기예요. 당신이 하나님을 이 자리로 초청해서 그분과 온전히 함께하며 그분이 변화시키기 원하시는 것들을 변화시킨다면 새로운 삶이 찾아올 거예요."

"잘 모르겠어요."

"난 의심하지 않아요. 당신은 토니한테 영향을 끼칠 수 있어요. 토니를 위해 기도하며 하나님께 그의 마음속에서 역사해달라고 부탁할 수 있어요. 오직 하나님만이 줄 수 있는 사랑으로 그를 사랑할 수 있어요. 하지만 당신은 남편을 위해 결정을 할 수 없어요. 남편을 변화시킬 수도 없어요. 오직 하나님이 당신을 변화시킬 수 있죠. 당신은 토니와 당신 자신과 하나님에 대한 생각을 바꿀 수 있어요. 하나님의 능력에 대한 진리를 믿고, 그분이 하고자 하시는 일에 동참할 수 있어요. 내가 지금 얘기하려는 것은 당신이 상황을 변화시키려고 애쓰는 것과 원상태로의 회복의 차이예요. 나는 사람들이 회복에 대해 많은 이야기를 하고 하나님이 사회와 문화를 변화시키기 위해 어떤 일을 해주셨으면 좋겠는지, 또 할리우드와 다른 모든 곳에 죄가 얼마나 많은지 이야기하는 것을 들어요. 난 회복을 위해 기도해요. 하지만 오래 살다 보니, 그것이 어떤 사람이나 나에게서 시작되는 게 아니라는 걸 알게 됐어요."

클라라는 앙상한 손가락으로 자신의 심장을 가리켰다.

"토니가 변할 수 있을지에 대해 스스로 불안하고 의심이 든다면, 실제로 당신은 그를 의심하는 게 아니라 하나님이 하실 수 있다고 하신 일을 과연 하실 능력이 있는지 의심하는 거예요."

엘리자베스는 급히 침대에서 일어났다. 클라라의 목소리가 그의 기억 속에서 울렸기 때문이다. 토니의 숨소리가 크게 들렸다. 그는 항상 잠이 빨리 들었고, 그녀는 그것이 부러웠다. 그녀는 자신의 벽장으로 가서 문을 닫고 작은 조명을 켰다. 그리고 벽에 써 붙여놓은 것을 정신을 바짝 차린 채 집중해서 읽었다.

"오, 하나님, 저는 하나님을 신뢰하고 싶습니다. 하나님과 하나님의 능력을 믿고 싶고, 이 모든 일을 스스로 이루려고 애쓰지 않겠습니다. 제가 정말로 믿을 수 있도록 믿음을 주시겠습니까? 저에게 없는, 토니를 향한 사랑을 제게 주시겠습니까?"

저절로 기도가 나왔다. 그리고 문득 생각이 떠올랐다. 그녀가 토니에 대해 갖고 있던 의심, 베로니카에 대한 의문들은 중요한 것이었다. 그녀는 그것들을 처리해야 했다. 하지만 그녀가 가장 두려운 것은 바로 그녀 자신에 대한 의심이었다. 그녀는 자신이 토니를 받아들이고 용서할 수 있을지 확신이 없었다. 그를 온전히 사랑할 수 있을지 확신이 없었다. 그러려면 그녀 자신을 드러내야 하므로 그녀의 마음이 보호받지 못할 것이기 때문이었다. 자신의 일부분은 감춰두고 싶었지만, 사랑은 온전히 솔직해져서 다른 사람에게 약한 부분을 모두 드러내는 것이었다.

클라라가 적어둔 인용문에서 그런 글을 본 적이 있었다. 그것은 그녀의 성경공부 책 중 한 권이었다. 확실치는 않지만, 그 책이 어느 선반에 있는지는 생각이 났다. 토니는 이미 잠이 들었고, 그녀는 그를 깨우고 싶지 않았지만 그 인용문을 찾아보고 싶어서 더 기다릴 수가 없었다.

그녀는 불을 켜고 희미한 빛에 적응해가면서 살금살금 침실로 들어갔다. 모두 4권의 책이 눈에 들어왔고, 그녀는 책꽂이로 기어가서 4권의 책을 꺼내 다시 벽장으로 돌아왔다. 마침내 그녀가 찾던 인용문을 찾았다. 그것은 C. S. 루이스의 〈네 가지 사랑〉이었다.

사랑하다 보면 상처받는 경우가 생긴다. 어떤 것을 사랑하다 보면 마음이 짓눌리고 상할 때가 있게 된다. 마음이 조금도 손상되지 않도록 보호하고 싶다면 누구에게도, 심지어 동물에게도 마음을 주어선 안 된다. 취미생활과 작은 사치들로 마음을 조심스럽게 싸매고, 복잡하게 얽히는 것은 피해야 한다. 마음을 이기심이라는 장식함이나 관 속에 잘 넣어서 잠가두어야 한다. 하지만 안전하고, 어둡고, 움직임도 없고, 공기가 안 통하는 그 장식함 속에서도 변화는 생기게 마련이다. 마음이 상하진 않지만, 길들이기에 힘들어지고 가망이 없는 변화다.

그것을 읽은 엘리자베스는 고린도전서 13장을 찾아보았다. 눈에 띄는 단어들을 골라내 가며 그 장을 읽었고, 하나님께 인내와 온유함을 달라고 기도했다. 그녀는 잘못을 기억해두고 싶지 않았지만, 그것을 잊기가 힘들었다. 인내는 연약한 모습으로 하나님의 대합실 안에 앉아 있는 것이었다. 온유함은 하나님이 자신을 사랑한 것같이 삶 속에서 다른 사람들을 사랑하는 것이었다.

그녀는 성경을 죽 읽으면서 각각의 구절들에 대해 기도했다. 그러자 말씀이 생생하게 다가왔다. 직관적으로 이런 사랑은 그녀 자신의 힘으로 할 수 없는 일이라는 것을 알았다. 그것은 오로지 하나님이 주신 힘으로만 가능했다. 따라서 그녀는 토니를 향한 그러한 사랑과 이해심을 갖게 해달라고 기도했다.

그 벽장 안에서 울기도 하고 기도도 하다 보니 거의 날이 밝아오고 있었다. 토니가 갑자기 배가 아팠던 것도 그녀가 기도함으로 하나님께 받은 응답이었다. 그것은 기적이었다. 하나님께서 남편의 교만을 깨뜨리시고 가정으로 돌아오게 해주신 것도 기도의 응답이었다. 그것도 기적이었다.

하지만 하나님이 그녀 자신의 마음을 회복시키고 다시 불이 붙게 해주실 수 있다고 믿는 것은 큰 비약이었다. 하나님이 그녀의 상처를 없애주실 수 있다고 믿는 것은 절망의 협곡을 건너는 것보다 훨씬 더 어려워 보였다.

## 예수님 저를 도와주세요, 제발요

엘리자베스는 왜 클라라 부인의 아들이 집이 팔리기도 전에 클라라에게 이사를 오라고 설득하는지 이해할 수 없었다. 하지만 그녀는 선뜻 도와주겠다고 나섰고, 이미 결정을 한 이상 다니엘과 토니까지 동원했다. 클라라와 토니가 만나는 건 이번이 처음이었다.

클라라는 토니를 보자 미소를 지으며 안아주고 어깨를 토닥여주었다.

"근육을 보니 이 집을 통째로 옮길 수도 있겠어요. 우리 아들도 와서 도와주면 좋을 텐데, 지금 이 도시에 없어요."

"저도 클라이드를 만날 거라고 기대했는데 아쉽네요. 아드님에 대한 얘기를 워낙 많이 들어서요."

토니가 안으로 들어가자 클라라가 엘리자베스에게 말했다.

"토니와는 좀 어때요?"

"우린 서로를 향해 조금씩 다가가고 있어요. 하지만 아직 풀어야 할 것들이 많네요."

엘리자베스가 미소를 지으며 말했다.

"교회 목사님은요, 잘 도와주고 계시죠?"

"토니가 생각해낸 최고의 아이디어였어요. 아직 한번밖에 안 뵈었지만, 아주 좋은 분이세요. 그분은 우리 문제의 핵심을 짚어 주셨어요."

"그게 토니의 아이디어였다는 것, 그게 정말 중요해요. 그게 얼마나 어렵고 드문 일인지 당신은 모를 거예요."

엘리자베스는 클라라를 따라 집안을 둘러보며 상자마다 라벨을 써 붙였다. 그녀의 물건들은 세 항목으로 나뉘었다. 첫번째로, 가장 적은 짐은 아들집의 새 아파트로 들어갈 가구와 상자들이었다. 그보다 조금 더 많은 짐은 창고로 들어갈 것이었다. 그리고 마지막으로, 거실을 가득 채우고 있던 그 많은 짐은 전부 클라라가 다른 사람들에게 나누어주기 원하는 것들이었다. 엘리자베스는 중고물품으로 판매를 할 것을 제안했지만, 클라라는 들으려 하지 않았다.

"하나님이 몇 푼 받고 팔라고 이것들을 내게 주지 않으셨어요. 이 물건들이 꼭 필요한 사람들 손에 들어가게 해달라고 기도해왔고, 하나님이 그렇게 해주실 거라고 믿어요."

기부할 물품들은 이웃과 교인들에게 나누어주었다. 어떤 품목들은 이름을 붙여놓기도 했다. 클라라의 삶 속에 있는 특별한 사람들을 위해 따로 보관해둔 것이다. 벽걸이, 커피 테이블, 책꽂이는 이제 막 결혼생활을 시작하는 젊은 부부들에게 주었고, 많은 책들은 교회 도서관에 기부했다. 이사 트럭이 도착했을 때 엘리자베스는 말끔하게 정돈되고 줄어든 짐을 보고 깜짝 놀랐다.

그녀는 토니와 다니엘이 그 일을 함께 하는 것을 보고 싶었다. 그들은 그 일에 똑같이 열정을 보였다. 비록 토니가 중간에 다니엘의 줄넘기 동작을 보여주기 위해 몇 분 간 모든 사람을 멈추게 했지만 말이다.

"저애는 정말 재능이 있어."

클라라가 말했다.

엘리자베스는 상자에 붙일 라벨을 몇 개 더 적으면서 그녀에게 다가갔다.

"이 집에 부인을 보러 왔던 시간들이 그리울 거예요."

"내 아들 집으로 오면 되죠. 겨우 네 블록 떨어진 곳이에요."

토니는 창문을 열고 몇 가지 가구들을 밖으로 날랐고, 클라라는 그를 지켜보았다.

"토니는 잘될 거예요. 당신은 그를 위해 계속 기도만 하세요."

"매일 기도해요."

엘리자베스가 말했다.

"그런데 이 집은 언제 팔릴까요? 우리 집에 꼭 맞은 사람들이 샀으면 좋겠어요."

"적절한 사람들이 나타나길 기도하고 있어요, 클라라 부인. 매일요."

토니는 이사 트럭으로 걸어갔다가 다시 집으로 향했다. 전화나 문자가 왔는지 휴대폰을 꺼냈다. 잠시 동안 들여다보다가 화면을 툭 쳤다. 엘리자베스는 그가 어떤 전화를 거절했는지 궁금했다.

그들은 클라라의 새 집으로 가서 짐을 넣는 것을 도왔다. 토니와 그의 친구 마이클은 세 번이나 소파를 옮겨서 바르게 놓았다.

"아, 내 방에 있는 벽장 안에는 아무것도 넣지 마세요."

클라라가 말했다.

"어머님, 클라이드가 창가에 좋은 자리를 마련해놨어요. 이웃들을 보면서 기도할 수 있는 곳이에요."

클라라의 며느리가 그녀의 옆에 와서 말했다.

"그거 좋구나. 태양이 뜨는 것도 보고 성경도 읽으면 좋겠네. 하지만 매일 중요한 기도들을 하기 위해선 벽장도 필요해."

그녀의 며느리는 웃으며 말했다.

"어머님을 드디어 이곳으로 모셔서 너무 마음이 놓인다고 클라이드에게 말했어요."

그때 한 10대 소녀가 집 밖으로 걸어 나갔다. 자기 할머니를 도와주러 온 사람들과 마주치고 싶지 않은 듯이 고개를 푹 숙이고 지나갔다.

클라라가 그녀를 보고 불렀다.

"할리, 네가 내 친구를 좀 만났으면 좋겠구나. 우리 집을 파는 데 도와주는 친구야."

엘리자베스는 소녀에게 인사하고 악수를 했다. 그녀는 너무 마르고 얼굴도 창백해 보였다.

"만나서 반가워요."

할리는 고개를 들지 않고 말했다.

"할머니와 더 가까이 있게 되어서 좋겠다, 그렇지?"

엘리자베스가 말했다.

"그런 것 같아요."

그녀는 그렇게 말하고 가 버렸다. 클라라는 한 손을 엘리자베스의 어깨 위에 얹고 낮은 목소리로 말했다.

"괜찮다면 당신의 기도 목록에 할리의 이름을 추가해주면 좋겠어요. 하나님이 저 어린 숙녀의 삶 속에서 하실 일이 있어요. 내가 여기 있을 때 그 일을 하시면 좋겠어요."

엘리자베스는 할리를 위해 기도하겠다고 약속하고 그녀의 휴대폰에 메모해놓았다. 그녀는 또한 토니에게 누구한테 전화가 왔었느냐고 물어봐야겠다고 생각했지만, 곧 그러지 않기로 했다. 그것도 신뢰를 쌓는 일의 한 부분이라고 생각했다.

토니는 작은 사업을 시작할까, 아니면 취직을 할까 생각하느라 늘 마음이 복잡했다. 일자리를 찾는 데 있어 인맥이 제일 중요했다. 그는 교회의 몇몇 사람들에게 일자리를 구할 수 있는지 물어보았다. 지금은 적당한 자리를 아는 사람이 아무도 없었지만, 모두들 토니를 기억하고 있겠다고 말했다.

마이클은 그에게 아예 사색 전문가가 되어 보라고 했다.

"늘 앉아서 생각만 하는 그 조각상 알지? 네가 바로 그 사람 같아."

"그런 일로 내게 돈을 줄 사람이 어디 있어."

토니가 말했다.

토니는 마이클이 걱정하고 있다는 걸 알았고, 그에게 그동안 있었던 일들을 사실대로 말하고 싶기도 했다. 하지만 그러기엔 너무 힘이 들었다. 그 일은 마음속에 묻어두고 새 일자리만 찾으면 다 괜찮을 것 같았다. 과거는 과거로 남겨두고 앞으로 나아갈 수 있을 것 같았다.

클라라의 짐들을 나르면서, 트럭 안에서 운동클럽을 시작할 수 있겠다는 생각이 들었다. 사람들은 그에게 돈을 내고 가구를 나르면서 복근운동을 할 것이다. 이사를 하는 가족들은 그에게 서비스 비용을 낼 것이고, 그러면 모두가 좋은 것이다. 이름은 '복근 만들기'나 그와 비슷하게 지으면 될 것 같았다. 그 생각을 하면서 미소를 지었지만, 그런 것보다 좀 더 제대로 된 아이디어를 생각해내야 했다.

어딘가 그에게 맞는 곳, 그의 영업 능력과 사람들을 다루는 기술과 운동과 훈련을 좋아하는 특성을 잘 활용할 수 있는 자리가 있을 것이다. 체육관에 가서 공을 다루거나 달리기를 할 때면 살아 있는 것이 느껴졌다. 농구코트와 체력 단련실에서의 열정을 삶에 접목시킨다면, 큰 변화를 이루어낼 수 있을 것이다. 그는 항상 사람들을 다루는 것을 자신의 최고 기술로 여겼다. 즉 사람들이 같은 팀으로서 올바른 방향으로 움직이도록 도와주는 것이다.

'그 능력을 정작 내 가족에게는 사용하지 않은 것이 너무 애석하구나.'

마음속에서 자신을 비난하고 조롱하는 목소리가 매번 그를 넘어뜨렸다.

클라라의 짐을 옮길 때 베로니카에게 전화가 왔다. 그는 그 자리에서 멈췄지만, 곧 전화를 거부했다. 그녀에게 전화가 오면 받지 않겠다고 결심했기 때문이다. 그리고 더 나아가 그녀의 연락처를 아예 삭제해버렸다. 그는 자기가 한 일을 엘리자베스에게 알리고 싶었으나 그러지 않기로 했다. 양탄자 위에 오줌을 싸지 않을 때마다 머리를 쓰다듬어주어야 하는 강아지처럼 되고 싶지 않았기 때문이다. 그것이 새로운 토니, 하나님이 다시 세워 가시는 강하고 단호한 남자, 토니의 한 모습이었다. 하지만 때때로 비난하는 목소리가 자신을 괴롭힌다는 걸 인정할 수밖에 없었다.

제니퍼와 다니엘은 자동차 진입로에서 줄넘기를 하고 있었다. 토니는 그 모습을 지켜보면서 거기에 끼고 싶다는 생각을 했다. 하지만 또 비난하는 목소리가 들렸다.

'다니엘이 줄넘기를 시작했을 때 넌 그 아이를 응원해주지 않았어. 그런데 왜 이제 관심을 가지는 거야? 넌 그 아이를 무시했어. 그 아인 널 용서하지 않을 것이고 다시 받아주지도 않을 거야. 그러니까 그만 둬.'

토니는 아이들이 줄넘기를 너무 잘해서 감탄하며 계단에 앉아 있었다. 다니엘이 그에게 다가와 말했다.

"아빠, 한번 해보실래요? 우리 둘이 줄을 돌릴게요."

그는 처음엔 거절했다. 줄넘기는 여자아이들이나 하는 것이라고 생각했기 때문이다. 하지만 어떤 이유에서인지 그는 일어나 이렇게 말했다.

"그래, 해보지 뭐."

그는 다가가서 줄을 잡으려고 했는데 다니엘이 말했다.

"아니, 그게 아니고요. 아빠가 가운데로 들어가야죠. 아빠가 할 수 있는지 볼게요."

"내가 할 수 있는지 본다고? 당연히 볼 것도 없지. 내가 한번 들어가면 아마 너희들 팔이 빠지도록 돌려야 할걸?"

"어디 한번 해봐요, 조던 아저씨."

제니퍼가 웃으며 말했다.

"와!"

다니엘이 소리쳤다. 두 아이는 줄을 돌리기 시작했다.

그는 세 번 시도 끝에 겨우 줄에 걸리지 않고 넘었다. 그런데 그것도 고작 두 번밖에 못 넘었다. 다니엘은 팔이 빠지기는커녕 깔깔 웃었다. 토니는 의지가 굳은 사람이었다. 무엇이든 결심하면 꼭 해냈다. 그리고 마음먹은 일은 반드시 성공해냈다. 곧 그는 제자리에 들어가 뛰었고, 줄이 씽씽 돌아가며 바람소리를 냈다. 이번에는 방향을 돌려보았고, 아이들은 깔깔대고 웃었다.

그가 리듬을 타기 시작하자 다니엘의 눈이 휘둥그레졌고 너무 좋아서 입이 다물어지질 않았다. 다니엘은 인생에서 가장 자랑스러운 순간이라도 되는 듯이 제니퍼를 바라보며 고개를 저었다.

토니는 두 줄 사이에서 완전히 자리를 잡았다. 딸의 삶속에 깊숙이 들어가 있는 듯했고, 줄을 넘을 때마다 하나님께 감사했다. 변화의 기회를 주신 것에 대해, 가족의 일원이 될 기회를 주신 것에 대해, 사랑하고 사랑받으며 실수할 기회를 주신 것에 대해……

"아빠, 우리랑 같이 줄넘기하는 거 어때요?"

그가 다시 줄에 걸리자 다니엘이 말했다. 다니엘이 아빠와 한 팀으로 시합에 나가기 원한다는 걸 알았다.

"그래, 그거 참 멋지겠다!"

제니퍼가 말했다.

"아니, 아니야. 부모는 못하게 할걸?"

"아니에요, 해요. 부모님들이 안하는 건 동작을 따라가지 못해서예요."

제니퍼가 말했다.

"아빠, 이번 대회는 오픈리그예요. 자유 종목 시합에서 뛰면 돼요. 틀림없이 될 거예요!"

토니는 땀을 흘리며 다니엘을 물끄러미 바라보았다.

"그게 말이지, 아빠가 생각해볼게."

제니퍼와 다니엘은 좋아하며 펄쩍펄쩍 뛰었고, 토니는 그들을 진정시키려 했다.

"자, 줄넘기를 하려면 지금 바로 해야지. 다시 해보자. 돌려!"

같은 동작이 다시 시작되었다. 두 줄이 바람을 가르며 토니의 양 옆으로 돌아갔고 그의 발은 빠르게 움직였다. 마침내 근육이 조여 왔고 땀이 흘렀다.

'넌 조롱거리가 될 거야. 팀에 합류할 생각은 하지도 마.'

또 그 목소리가 들렸다.

토니는 웃으며 줄을 넘었고, 다니엘이 팔이 떨어질 것 같다고 불평할 때까지 계속했다.

✦　✦　✦

엘리자베스는 잠에서 깼을 때 토니가 침대에 없는 걸 알았다. 그녀는 옷을 입고 거실을 돌아다니면서 큰소리로 그를 불렀다. 다니엘은 아직 자기 방에서 자고 있었다.

토니는 주방에도 없었고 현관문은 그대로 잠겨 있었다. 그러니 달리기를 하러 나간 건 아니었다. 마지막으로 차고를 찾아보니 거기에 그가 있었다. 그의 타호 자동차가 막상 차고에 없는 걸 보니 기분이 이상했다. 그는 접이식 테이블 앞에 있는 접이식 의자에 앉아서, 마치 감춰둔 보물이라도 있는 것처럼 보관상자 하나를 뚫어지게 쳐다보고 있었다. 보물이 아니라면 지구를 멸망시킬 핵폭탄이라도 들어있는 건지, 그녀는 알 수 없었다.

"토니, 뭐해?"

그녀가 말했다.

"싸우고 있어."

그녀는 계단을 내려가 문을 닫았다.

"뭐랑 싸워?"

토니는 상자의 뚜껑을 들어올렸다. 그 안에는 브라이트웰 로고가 붙은 견본 약품들이 들어 있었다. 그는 그녀를 똑바로 올려다보지 못하고 앞만 보고 있었다.

"이게 뭐야?"

"내 보너스 계획이었어."

그녀는 약병 하나를 꼼꼼히 살펴보다가 그에게 물었다.

"어디서 난 거야?"

"고객한테 견본품을 가져다줄 때마다 내 몫으로 조금씩 챙겨두었던 거야."

"당신이 견본품을 주면 그들이 서명해야 하는 걸로 아는데."

"다 방법이 있어."

"토니, 이것들을 돌려줬어야 했어."

그녀는 자신이 옳다는 확신을 가지고 말했다.

"리즈, 이것 때문에 고소를 당할 수도 있어."

그의 말이 그녀를 무겁게 짓눌렀다.

토니는 일어서서 새장에 갇힌 사자처럼 차고 안을 걸어 다녔다.

"자, 난 이미 직장을 잃었어. 그런데 이제 가서 다니엘한테 아빠가 감옥에 갈지도 모른다고 말해야 하는 거야?"

'그에게 질문을 해. 그를 끌어내. 허세 밑에 감춰진 것들을 발견해내야 해.'

그녀는 생각했다.

"그런데 왜 싸우고 있어?"

그녀가 질문을 던졌다. 그는 상자를 물끄러미 바라보다가 차고 바닥으로 시선을 향했다. 어떻게든 그녀의 얼굴만은 보지 않으려 했다. 그녀는 이런 모습을 거의 본 적이 없었다. 자신은 항상 책임감 있고, 진취적이고, 원대한 꿈을 꾸는 사람이었다. 그런데 지금 궁지에 몰려 오도 가도 못하고 있는 듯했고 그의 뒤를 자꾸 따라오시는 이는 하나님이었다.

"하나님이 이것들을 돌려주라고 말씀하고 계신다는 걸 아니까."

토니는 다시 접이식 의자에 반쯤 누우면서 말했다.

"당신이 뭘 하기 원하는지 잘 알고 있는 것 같은데……."

"내가 원하는 일이 아니라, 해야 하는 일이야. 꼭 해야만 하는 일……."

엘리자베스는 의자를 끌어다 그 옆에 앉아 의약품 상자들을 살펴보았다.

"무슨 약이야?"

"프레디짐. 각성제야. 옥시코돈이나 그런 종류는 아니야. 잠이 안 오게 해주는 약이지. 작은 알약 하나에 에너지 음료 몇 병이 들어있다고 보면 돼."

"그걸 팔았어?"

그는 눈을 내리깔았다.

"1년 전쯤에 내 견본품 상자 맨 밑에 약 한 병이 남아 있는 걸 알게 된 다음부터 이 생각을 하게 됐어. 브래들리와 계약을 한 직후였지."

251

"그때 무척 들떠 있었겠네."

"그래, 회사에서 내게 형편없이 낮은 보너스를 주기 전까진 그랬어. 회사는 돈을 버는데 정작 나가서 영업을 하는 사람들한텐 쥐꼬리만큼 보상을 해주는 거야. 그때 그 생각을 하게 됐어. 그게 옳았다는 말은 아니야."

"이해해."

그녀가 말했다.

"난 이것이 과외로 돈을 버는 방법이라고 생각했어. 보너스처럼 말이야."

"그래서 그걸 어떻게 했어?"

그는 약통을 재배치해서 8상자를 두고 2상자는 자기가 챙겼다고 말했다.

"그걸 견본품 두는 곳에 갖다 두고 의사한테 서명을 해달라고 했지. 의사들은 일일이 숫자를 확인할 시간이 없거든. 내 생각엔 그랬어."

"그럼 남은 약은 누구한테 팔았어?"

토니는 고개를 푹 숙였다.

"그걸 은밀하게 사는 약사를 찾아냈어. 그 사람은 나에게 다른 도시에 사는 몇몇 사람들을 알려줬지. 하지만 가장 큰 시장은 대학 캠퍼스야. 시험을 앞두고 벼락치기 공부를 하고, 밤새도록 리포트를 쓰는 학생들, 그 학생들이 이걸 좋아해."

"이걸 대학생들한테 팔았다고?"

"내가 길모퉁이에 서서 학생들한테 약을 판 건 아니야. 캠퍼스의 한두 사람을 만나서 공급해줬어. 난 이 일이 자랑스럽지 않아. 생각하면 지금도 역겨워."

"알겠어. 나한테 말해줘서 고마워. 바람직한 걸음이라고 생각해."

"목사님한테는 이 얘기를 할 수가 없었어. 아니, 누구에게도."

"당신이 왜 여기 나와 있는지 이제 알겠네. 그래서 마음이 무거웠구나."

그는 고개를 끄덕였다.

"게다가 그걸 말해야 한다고 생각하니 마음이 더 무거웠어. 내 삶을 하나님께 드리면 더 편안해질 줄 알았어. 내가 이미 바닥을 쳤다고 생각했고 말이야. 그런데 만약 그들이 날 고소하면 감옥에 갈 수도 있어."

토니의 말이 맞았다. 정직하게 밝히면 오히려 잃을 것이 많았다. 하지만 엘리자베스의 마음속에서 무언가가 샘솟았다. 비록 힘들더라도 옳은 일을 하는 것이 언제나 최선의 길이었다. 그녀는 뭔가 말을 하고 싶었고 그가 해야 할 일을 말해주고 싶었는데, 그때 클라라가 생각났다. 클라라는 그녀가 남편을 변화시키려고 하는 것이 잘못이라고 말해주었다.

엘리자베스는 일어서서 걱정하고 사랑하는 마음으로 그를 보며 그의 팔에 손을 갖다 댔다.

"토니, 당신은 이 일을 혼자 하지 않아도 돼. 내가 있잖아. 내가 클라라한테 기도를 부탁할게. 그녀가 기도하면 효과가 있을 거야."

"밤새 그 일에 대해 기도했어."

토니가 말했다. 그녀는 그의 손을 잡았다.

"주 예수님, 주님은 토니의 싸움을 아십니다. 토니의 망설임, 부끄러움, 자신의 선택으로 인한 고통을 아십니다. 주님께서 지금 그가 누구의 자녀인지 깨닫게 해주시길 기도합니다. 또한 하나님이 그를 바라보실 때 하나님의 아들, 예수님의 완전한 모습을 보신다는 걸 알게 해주세요. 주께서 죄를 속죄해주셔서 감사합니다. 악한 자가 다스리지 않게 해주셔서 감사합니다. 토니에게 용기를 주셔서, 하나님이 그에게 명하시는 일을 하나님의 때에 할 수 있게 해주세요."

엘리자베스가 '아멘'이라고 말하기 전에 토니의 목소리가 차고에 크게 울려 퍼졌다.

"예수님, 도와주세요. 제발요, 주님. 제가 옳은 일을 하도록 도와주세요."

# 미스 클라라

토니의 마음이 돌아서자마자, 엘리자베스는 클라라에게 전화로 긴급 요청을 했다.

"클라라, 자세히 말할 수는 없지만, 토니가 어떤 일을 고백했어요. 우리 둘다 그가 정말 어려운 일을 해야 한다고 믿어요."

"잘됐네요. 그건 하나님이 그의 마음속에서 역사하고 계시고 그의 내면을 변화시키고 계신다는 뜻이니까요. 이건 단지 당신의 가정을 회복하는 것만이 아니에요. 그는 진심으로 하나님께 순종하길 원하는 것 같아요. 정말 놀라운 일이에요!"

"전 그렇게 좋은 일로 느껴지진 않아요. 왜냐하면 그에 따른 결과가 있을 수 있거든요."

"꿋꿋하게 견디고 결과는 하나님께 맡기세요."

클라라가 말했다.

클라라는 전화를 끊은 후, 엘리자베스를 거의 처음 만났을 때 그녀에게 했던 말이 떠올랐다.

"일단 하나님의 능력이 삶 속에 나타나기 시작하면 모든 게 바뀔 수밖에 없어요. 그게 바로 기도가 하는 일이죠. 하나님의 능력이 나타나게 하는 거예요. 당신도 알다시피 기도는 어떤 일을 바로잡는 게 아니에요. 당신이 적절한 자리에서 무릎을 꿇거나 적절한 말로 기도를 한다고 해서 응답을 받는 게 아니에요."

"하지만 부인은 부인의 기도 방이 있잖아요."

엘리자베스가 말하자 클라라는 고개를 끄덕였다.

"그곳은 내가 하나님과 가장 가까이 있다고 느끼는 곳이에요. 하지만 세면대 옆에서도 기도할 수 있어요."

그러자 엘리자베스는 아주 중요한 질문을 던졌다.

"하나님이 모든 걸 알고 계시고, 세상에서 그분의 뜻을 이루어 가신다면, 기도를 하는 게 무슨 소용이 있어요?"

"음, 그 질문에 대한 답은 쉽진 않지만 아주 간단해요. 하나님이 우리에게 말씀하시기 때문에 기도하는 거예요. 하나님이 우리에게 기도하라고 하시니까요. 그러니까 순종하는 거죠. 요한은 우리가 하나님의 뜻대로 무엇을 구할 때마다 하나님이 들으신다고 했어요. 그렇다면 하나님은 왜 아무 소용도 없는 일을 우리에게 하라고 하실까요? 그게 정말로 당신이 묻고 싶은 거죠?"

"맞아요. 하지만 당신은 기도가 변화를 일으킨다고 믿으시잖아요."

"그래요. 그렇지 않다면 괜히 무릎을 꿇고 시간과 연골을 닳게 하진 않을 거예요."

엘리자베스가 웃으며 말했다.

"기도는 우리를 하나님의 마음에 더 가까이 가게 해줘요. 주변 사람들을 향해 마음을 열게 하고, 하나님이 갈망하시는 것을 갈망하게 만들죠. 그리고 하나님이 그의 백성들의 요청에 응답하신다는 것은 너무나 명백한 사실이에요. 내가 내 생각으로 말하는 것 같지만 정말이에요."

그 말을 생각하며 클라라는 춤을 추듯 자신의 전쟁실로 가서 사탄에게 하나님이 역사하시니 곧 대패할 거라고 말했다. 토니에게 용기를 주시고, 엘리자베스에게 평안을 주시도록 기도했다. 속히 승리하게 해달라고 기도했다.

# 아빠가 잘못했단다

토니는 샬롯에 있는 브라이트웰 건물 엘리베이터를 타고 47층으로 향했다. 안내데스크의 경비원이 위층에서 전화를 받았고, 사무실에 있던 누군가가 출입을 허가해주었다. 직원용 출입카드가 없는 것이 어색했지만, 그가 저지른 행동의 대가였다.

문이 열리는데 속이 뒤틀렸다. 거의 베로니카와 저녁식사를 한 후에 그랬던 것만큼 답답했지만 이번에는 아픔을 느끼지 않았다. 이것은 좋은 긴장감이었다. 만약 그런 게 있다면 말이다. 겸손함과 단호함이 결합된 것 같았다.

그는 사무실 안으로 걸어 들어갔다. 몇몇 사람들이 그를 흘깃 쳐다보고는 고개를 돌렸다. 그는 콜맨 영의 사무실 밖에 있는 줄리아의 책상 앞에 멈추었다. 그녀는 그를 보더니 멍하니 있다가 깜짝 놀라며 전화기로 손을 뻗었다.

"괜찮습니다. 저는 소란을 피우러 온 게 아니에요. 단지 콜맨과 이야기를 좀 하고 싶은데요. 딱 5분이면 됩니다."

그의 태도 때문인지, 그의 눈빛과 말투 때문인지, 줄리아는 그가 진심이며 위협을 가하지 않을 거라는 확신이 들었다. 그녀는 복도를 내려다보다가 손가락을 들어 올리며 그에게 기다리라는 손짓을 보냈다.

줄리아는 회의실로 걸어갔다. 토니는 대화를 들으려고 애써보았지만 콜맨이 "그가 뭘 원하는지 알아요?"라고 말하는 것밖에 들을 수 없었다.

토니는 마치 교장선생님을 만나려고 기다리는 어린 학생처럼, 대기실에 앉아 무릎 위에 놓인 견본품 상자를 고이 끌어안고 있었다. 그는 자신의 유죄를 입증하는 증거를 가지고 있었다. 아니, 그 증거가 그를 붙잡고 있는지도 몰랐다.

'그냥 그 상자를 쓰레기통에 던져버리고 이걸로 끝내. 이럴 필요까지는 없어.'라는 목소리가 그의 마음속에서 들렸다.

줄리아의 하이힐이 타일 바닥 위에서 또각또각 소리를 냈다.

"토니, 콜맨이 회의실에서 당신을 기다리고 있어요."

그는 그녀에게 고맙다고 인사했다. 그리고 정말로 멀게 느껴지는 복도를 걸어갔다. 마치 사형장으로 걸어가는 기분이었고, 회의실에서 콜맨과 톰을 보자 더욱더 그랬다. 콜맨의 얼굴은 근엄했다. 톰은 마치 일주일 전에 자동차에 치어 죽은 동물의 시체를 보듯 그를 쳐다보았다.

토니는 상자를 내려놓았다. 콜맨이 테이블 한쪽에 있고 톰이 다른 한쪽에 있어서 그들 사이에 큰 간격이 있었다.

"콜맨, 톰, 저를 만나주셔서 감사합니다. 회사 물건을 돌려드리려고 왔어요. 그리고 그걸 가져간 걸 사죄드립니다."

토니가 떨리는 목소리로 말했다.

"상자 안에 든 게 뭐야?"

톰이 어색한 침묵을 깨고 말했다.

토니는 뚜껑을 들어올렸다. 그 안에는 훔친 프레디짐이 들어 있었다. 톰은 걸어가서 병 하나를 집어 들었다. 그가 말을 하는데, 토니의 머릿속에서 들렸던 것과 똑같은 비난하는 목소리였다.

"그러니까 그냥 숫자만 부풀린 게 아니었군. 당신은 견본품을 훔쳤어. 그리고 그걸 팔았겠지, 그렇지?"

토니는 고개를 끄덕였다.

"자, 내가 정리해보겠네. 우린 당신에게 높은 급여에 상여금, 수당을 주고 여행까지 보내줬어. 그런데 당신은 자신의 것을 더 많이 챙겼군그래. 우리가 이 일로 당신을 고소할 수도 있다는 걸 알고 있나?"

"톰,"

콜맨이 끼어들어 말했다. 그의 목소리는 분위기를 침착하게 가라앉혔고, 톰은 고개를 돌렸다.

콜맨은 자기가 보는 것을 이해하려고 애쓰는 것처럼 그 상자를 뚫어지게 쳐다보았다. 그는 토니에게 좀 더 가까이 다가가 테이블 끝에 앉았다.

"지금 이걸 왜 가지고 온 건가?"

토니는 침을 삼켰다.

"제가 한 일을 고백해야 했기 때문입니다. 그리고 용서를 구하려고요."

"용서라, 참 어처구니없군. 얼마나 오랫동안 이 짓을 해온 거야? 돈은 얼마나 벌었나?"

톰이 웃으며 말했다.

"19,000달러 정도 됩니다."

"19,000달러."

톰은 분명 그를 믿지 못했다.

"그게 다야? 정말?"

"톰,"

콜맨이 다시 말을 중단시켰다. 그는 약간의 연민과 불신의 눈으로 토니를 쳐다보았다.

"토니, 당신은 이미 해고되었는데 이렇게 하는 것이 이해가 되질 않네."

"저도 압니다. 하지만 저에겐 경종이 필요했어요. 전에는 직장이 있고 수입이 있었지만, 이젠 모든 걸 잃었어요. 저는 제 가족과의 관계를 바로잡고, 하나님과의 관계를 바로잡았어요. 그리고 당신과의 관계도 바로잡을 필요가 있었어요. 당신이 어떤 결정을 내리든 받아들일 각오가 되어 있습니다."

"당신을 체포해도?"

콜맨이 천천히 말했다.

"어떤 결과든지요."

"그럼 우린 더 편하지 뭐. 콜맨, 경찰에 전화하죠."

톰이 재빨리 말했다.

"아직 기다려요."

콜맨이 말했다. 그는 토니의 얼굴을 유심히 살피다가 말을 이었다.

"토니, 진술서에 서명을 하겠나?"

그는 고개를 끄덕였다.

"네, 그러겠습니다."

"그럼 이틀만 더 생각해보겠네."

"이틀요?"

톰이 믿을 수 없다는 듯이 말했다.

"그래요. 내 대답은 그때까지 기다려주게."

콜맨은 여전히 토니를 주시하면서 말했다.

토니는 바로 화를 내지는 않았지만 곧 그럴 것 같은 톰에게 눈길을 돌렸다. 이어서 "감사합니다."라고 말하고 그는 천천히 브라이트웰 사무실에서 걸어 나왔다. 다음에 콜맨이나 톰을 법정에서 보게 될까 그는 궁금했다.

엘리자베스는 다니엘과 제니퍼에게 줄을 돌려주면서 토니를 위해 기도했다. 지난 몇 년 동안 그들 부부 사이는 많이 멀어져 있었다. 그는 그의 길을, 그녀는 그녀의 길을 갔다. 그녀는 그가 변할 수 없다고 확신했다. 그의 모든 삶의 패턴은 정해져 있었다. 자신의 얼굴은 거울을 보기 전까지 볼 수 없지만, 다른 사람의 흠은 확실히 쉽게 보이는 법이다.

엘리자베스는 그동안 잘못된 상대와 결혼을 한 것은 아닌지 궁금했다. 왜 더 젊을 때는 토니가 문제를 해결하는 방식들을 보지 못했던 걸까? 왜 자신은 비상경보들을 무시하고 자신이 그를 바꿀 수 있다고 말했을까?

사실 그녀가 16년 동안 하려고 애써온 일을 하나님이 단 몇 주 만에 이루셨다. 그리고 하나님은 그녀 안에도 같은 일을 행하셨다.

"아빠는 언제 와요?"

잠깐 쉬는 동안 다니엘이 말했다.

"곧 올 거야."

엘리자베스가 말했다.

"신난다. 우리 둘 다 뛸 수 있게 아빠가 줄을 돌려주면 좋겠어요."

다니엘의 마음에는 아무런 망설임이 없었다. 아이는 새로운 아빠의 모습을 보았고 그를 받아들였으며 그가 자신의 삶에 뛰어 들어올 거라고 믿었다. 다니엘은 주저하지 않고 아빠를 신뢰했다. 엘리자베스도 그런 신뢰를 갖고 싶었다. 과거에 일어난 일과 아직 남아 있는 상처들에 연연하지 않고, 최선을 다해 믿고 그가 언제나 그녀를 친절하게 대해주었던 것처럼 그를 대하고 싶었다.

"다니엘, 아빠가 돌아오시면 아마 이야기를 좀 나눠야 할 거야. 오늘 아빠한테 중요한 회의가 있었거든."

"하지만 아빠는 우리 팀에 들어올 거예요."

"아빠가?"

"우리가 대회에서 활용할 수 있는 몇 가지 동작을 가르쳐줄 수 있다고 했어요."

그 말을 듣고 엘리자베스는 미소를 지었다. 토니는 좋은 코치, 좋은 동기 부여자, 좋은 영업사원이었다. 그는 딸과 딸의 친구에게, 그들이 대회에서 이길 수 있고 모든 면에서 뒤지지 않을 거라는 확신을 갖게 해주었다.

"아빠는 새로운 일자리를 구하고 있어요?"

다니엘이 말했다.

"새 일자리를 찾아야지. 하지만 이번 회의는 취업과 관련된 게 아니란다."

제니퍼가 줄넘기를 집어 들었고 다니엘은 가운데로 들어갔다. 엘리자베스와 제니퍼가 줄을 돌리자 다니엘이 자기 동작을 연습했다. 아이들은 한없는 에너지와 한없는 은총을 가진 듯했다. 어쩌면 어린아이처럼 이렇게 삶을 바라보는 태도가 엘리자베스에게 필요했는지도 모른다. 그녀가 토니를 용서하고 다니엘처럼 바로 태도를 바꿀 수 있다면 아마 그와의 관계가 훨씬 더 좋아졌을 것이다.

그녀는 토니를 위해 기도했고 하나님이 그의 마음속에서 역사하시는 것을 보았다. 하지만 그의 말이나 그녀를 바라보는 태도에서 옛 상처들을 끄집어내는 부분들이 여전히 남아 있었다. 그럴 때 그녀는 의식적으로 자신에게 진실을 말하고, 보이는 것이나 느낌대로 행동하지 말아야 했다. 그의 내면에서 변화가 일어나고 있다는 것을 알고, 그에 따라 행동해야 했다.

어쨌든 그녀도 예전과 같은 반응을 보였다. 어느 것도 쉽거나 빨리 되지 않았다. 하나님은 요술지팡이를 흔들어 그들의 결혼생활을 변화시켜주지 않으셨다. 사실 그들은 몇 주, 어쩌면 몇 달 간 친밀한 관계를 갖지 않았는데, 이는 토니가 베로니카에 대한 얘기를 한 것도 영향이 있었다.

그는 사실상 외도를 하지는 않았지만, 엘리자베스는 그를 신뢰할 수가 없었다. 그렇지만 그들의 얼어붙은 관계가 조금씩 녹고 있고 둘 사이에 온도가 상승하고 있는 것을 느낄 수 있었다. 그들의 교회 목사는 그들에게 천천히 가까워지면서 함께 데이트를 하고 그들의 관계에 다시 불이 붙게 할 것을 격려했다. 두 사람 모두에게 많이 와 닿는 말이었다.


토니는 엘리자베스의 차를 몰고 들어왔고 차고 문이 열렸다. 그가 주차를 하자 엘리자베스는 줄넘기를 중단했다.

"자, 애들아, 시원한 것 좀 마실까? 조금 후에 다시 시작하자."

토니는 차에서 내려 천천히 그들에게 걸어와 다니엘을 안아주었고 제니퍼도 안아서 들어 올려 주었다. 엘리자베스는 무슨 일이 있었는지 알아내려고 애쓰며 그의 얼굴을 살폈다. 토니는 항상 표정을 읽기가 어려웠다. 적어도 수갑을 차고 잡혀가진 않았으니 다행이긴 했다.

"잘됐어?"

그녀가 말했다.

그는 고개를 저었다.

"모르겠어. 톰은 나를 그냥 감옥에 보내고 싶어 했는데, 콜맨이 이틀만 더 생각해보겠대."

"정말?"

그녀는 걱정스런 표정으로 말했다. 그녀는 콜맨이 최종 결정권을 갖고 있다는 걸 알았다. 영업에 성공했을 때 보너스를 주는 사람이 그였다. 톰은 처음부터 토니를 좋아하지 않았다. 적어도 토니가 보기엔 그랬다. 하지만 콜맨은 늘 중립적으로 보였다. 그녀와 다니엘에게도 친절하게 대해주었다. 하지만 사업적인 면에서는 어떨지 알 수 없었다.

"많이 화난 것 같았어?"

"모르겠어."

토니는 고개를 저으며 밖의 나무들을 바라보았다. 푸르고 잎이 무성한 나무들에 생기가 넘쳤다.

"리즈, 지금까지 내가 한 일 중에서 가장 곤란한 일이었어."

"그래, 하지만 당신은 해냈어. 정말로 옳은 일을 한 거야."

그녀는 그에게 가까이 다가갔다.

"이제 기도하면서 기다리면 돼."

기도하며 기다린다, 그것은 지난 몇 주 동안 그녀가 했던 일이었다. 기다리는 시간 동안 믿음의 근육들이 더 강해졌다. 기다리며 하나님이 원하시는 일을 하는 것은 믿음을 단련하는 일이었다. 클라라가 말한 것처럼, 이제는 하나님이 원하시는 길을 가는 것에 방해하지만 않으면 되는 것이다.

"나랑 교대해서 다니엘이랑 연습 좀 하지 그래?"

"리즈, 아무리 대회를 준비하는 것이라지만 내가 감옥에 갈지도 모르는데 줄넘기를 해야겠어?"

"그건 모르는 일이잖아. 무슨 일이 있어도 우린 하나님을 신뢰해, 그렇지?"

그 말은 그에게뿐 아니라 그녀 자신에게도 하는 말이었다. 약간 상투적인 문구 같고 진부하게 들리기도 했지만, 그녀는 개의치 않았다. 그녀의 관심은 오로지 토니에게 있었다.

토니는 잠깐 생각에 잠겼고, 마음이 정상이 아니었다. "그래." 그는 단호하게 말했지만 안으로 들어가며 고개를 저었다. 그리고 쓴 웃음을 지으며 말했다.

"이건 아니야. 당신도 알잖아?"

엘리자베스는 함께 안으로 들어가면서 미소를 지었다. 토니가 옷을 갈아입는 동안 그녀는 클라라에게 전화를 걸어 방금 일어난 일을 알렸다. 클라라는 두 사람의 관계가 어떻게 진행되고 있는지, 토니가 어떻게 달라지고 있는지 몹시 알고 싶어했다. 어쨌든 엘리자베스는 클라라가 오로지 결과만을 위해 기도하기보다 좋은 일이 생기든 나쁜 일이 생기든 상관없이 그들을 위해 무릎을 꿇는다는 사실을 알고 있었다.

토니가 아이들과 함께 연습을 하러 밖으로 나갔을 때 클라라가 말했다.

"내 말을 들어봐요. 하나님은 이곳에서 일하고 계세요. 그분이 당신 남편의 마음속에 큰일을 행하셨어요. 회사가 어떤 결정을 내리는지는 중요하지 않아요. 그들이 토니를 부회장으로 고용하든, 당신 집으로 경찰특공대를 보내든 난 관심 없어요. 상황은 중요하지 않아요. 중요한 건 당신의 반응이에요."

"네, 그래도 경찰특공대가 오는 건 바라지 않아요."

클라라는 웃으며 말했다.

"요셉이 생각나네요. 형들에 의해 노예로 팔려간 소년의 이야기 알죠? 그건 배신을 당한 것이었죠. 그리고 그는 거짓으로 고소를 당하고 감옥에 갇혔지요. 그렇지만 그러는 동안 하나님은 그의 삶 속에서 계속 일하고 계셨어요. 요셉은 그냥 그 자신으로 살았을 뿐이에요. 하나님이 그에게 능력을 허락하신 것처럼 꿈들을 해석했죠. 그 이야기를 자세히 다 들으면 당신은 그 모든 일들 위에 하나님의 손길이 있었다는 걸 알 수 있었을 거예요. 좋은 일이든, 나쁜 일이든 말이죠. 하나님이 그 모든 일을 사용하실 거예요."

그녀는 창밖을 내다보았다. 다니엘과 제니퍼가 줄을 돌리고 토니가 발을 번갈아가며 뛰고 있었다. 다니엘의 얼굴에 번진 미소는 값을 매길 수 없을 만큼 귀했다. 아빠를 바라보는 다니엘의 얼굴에서 빛이 났다.

엘리자베스는 그것을 보면서 줄넘기의 동작, 리듬을 유지하고 동작을 끊지 않기 위해 애쓰며 계속 뛰는 모습이 마치 자신들의 삶과 같다는 생각이 들었다. 결혼생활의 줄은 계속 돌아갔고, 그녀와 토니는 줄이 그들 밑을 지날 때 두 발로 줄을 넘으려고 열심히 애쓰고 있었다. 재정의 줄도 그들 위로 지나갔고, 영적인 줄은 여러 방향으로 이동하며 서로 뒤엉켰다.

그녀는 그들이 땅에 닿지 않고 계속 공중에 떠 있도록 하나님이 붙잡아주시길 원했지만, 하나님은 그렇게 해주지 않으셨다. 줄을 넘으면서 그들은 더욱 강해졌다. 실수하면서 좀 더 즐겁게 리듬에 맞춰 발을 움직이게 되었다. 클라라의 말이 맞았다. 하나님은 그 모든 것을 사용하셨다. 고난의 시간을 통해 그녀를 더 가까이 이끄셨다. 그리고 그 싸움을 통해 그들을 화합하게 하셨다.

그날 저녁에 그들은 엘리자베스의 벽장인 기도 방에 앉아서 콜맨과 톰과 얽힌 상황을 위해 기도했다. 그녀는 토니가 입건되지 않도록 하나님이 해결해주시기를, 토니의 새 직장과 가족의 부양을 위해, 그리고 무슨 일이 있어도 주님을 신뢰하게 해달라고 기도했다.

토니는 기도를 시작하기 전에 약간 망설였다. 함께 기도하는 것이 편치 않았던 그는 처음엔 그냥 엘리자베스에게 기도하게 하고 자신은 그녀의 손을 잡고 가끔씩 손을 꽉 쥘 뿐이었다. 그녀는 그에게 그녀와 똑같이 할 것을 요구하지 않고 편한 대로 하게 해주었다. 하지만 곧 그는 그녀와 함께 큰소리로 기도했고, 곧바로 목소리와 마음이 환해졌다. 엘리자베스는 그가 하나님과 이야기하는 것을 들으며 믿을 수 없는 일체감을 느꼈다.

"하나님, 저는 새 일자리를 원하고 감옥에 가는 걸 원치 않습니다. 하지만 저의 행동에 대해 결과가 따른다는 것을 압니다. 제가 한 일이 사람들에게 상처를 주었다는 것도 압니다. 저는 우리 가족을 아프게 했고, 저의 고용주를 아프게 했습니다. 하나님이 저를 용서해주시고 제 마음을 붙들어주시고 저를 파괴하는 길로 더 가지 않게 해주셔서 감사합니다. 지금 저는 톰을 위해 기도합니다. 그는 저를 미워합니다. 그의 얼굴을 보면 그걸 알 수 있습니다. 그리고 저는 왜 그런지 이해할 수 있습니다. 하나님, 그러니 그에게 친절하게 대할 기회를 주세요. 그에게 주님의 사랑을 보여줄 기회를 주세요. 하나님이 어떻게 해주실지 저는 모르지만, 그 일을 가능케 하실 수 있다고 믿습니다. 또한 콜맨을 위해 기도합니다, 주님. 그는 성공해야 한다는 압박감을 많이 가지고 있습니다. 주주들과 그 밑에서 일하는 모든 사람들로부터 오는 압력도 많습니다. 하나님이 그를 축복해주시기를 기도합니다. 하나님이 그 회사를 축복해주시고 사람들을 돕는 일에 그 회사를 사용해주시기를 기도합니다. 새로운 약을 개발하는 연구팀에게 지혜를 주세요. 무엇보다 콜맨과 톰을 주님께로 이끌어주시기를 기도합니다. 지금 이 상황을 통해서도 그들에게 주님이 필요하다는 것을 깨닫도록 도와주세요. 그들에게도 용서가 필요하다는 것을요."

그들은 거의 한 시간 가까이 벽장 안에 있었다.

기도를 마치자, 토니가 손을 내밀어 엘리자베스를 일으켜주었다. 그녀는 그에게 가까이 이끌렸다. 그녀는 그의 눈을 바라보았고, 그는 그녀의 어깨에 손을 얹었다. 순간, 그가 키스를 하지 않을까 생각했다. 그러나 토니는 입술을 깨물며 벽에 붙은 성경구절을 보았다.

"기도하면서, 하나님께서 우리가 다니엘과 이야기를 나누길 원하신다는 느낌이 들었어. 그 아이에게 큰 부담을 안기는 건 좋지 않지만, 그렇다고 계속 비밀로 하는 것도 옳지 않은 것 같아."

"당신을 믿어."

엘리자베스가 말했다. 그리고 자기도 모르게 그 말이 입 밖으로 나가고 나서, 그것이 진심이라는 걸 깨달았다.

＋　　＋　　＋

저녁을 먹고 난 후에 토니가 다니엘에게 식탁에 앉으라고 하자, 다니엘의 얼굴은 두려워하는 기색이 역력했다.

"너한테 할 얘기가 있어."

"겁내지 마."

엘리자베스가 딸의 등을 쓰다듬으며 말했다.

"설마 이혼하려는 건 아니죠? 신디의 부모님이 그랬다고 했거든요. 신디와 신디 동생을 식탁에 앉으라고 했대요. 바로 이렇게."

토니는 앞으로 몸을 기울여 딸의 눈을 들여다보았다.

"네 엄마와 나는 서로 사랑해. 우린 하나님이 원하시는 사람이 되기 위해 결혼생활에 공을 들이고 있단다. 좋은 부모가 되려고 노력하는 중이야."

"아빠가 집을 나가는 건 아니죠? 신디의 부모님이 제일 먼저 한 일이 그거였대요. 신디 아빠가 집을 나간 거."

"난 아무 데도 안 갈 거야."

토니는 이 말을 하자마자 엘리자베스를 보았다. 그러자 그녀의 얼굴에서도 아픔을 볼 수 있었다. 그는 사실 아무 데도 안 갈 거라고 말할 순 없었다. 그 결정은 콜맨에게 달려 있었다. 아니, 실제로 그것은 하나님께 달려 있었다.

"다니엘, 아빠가 직장에서 나온 건, 그러니까 그들이 아빠 차를 가져간 이유는 아빠가 잘못을 했기 때문이야."

"아빠가 뭘 했는데요?"

"내 것이 아닌 약들을 내가 가져왔어. 그때는 그래도 된다고 생각했거든. 아무도 모를 거라고 생각했지. 그리고 그중 일부를 팔았어."

"도둑질을 한 거네요."

"맞아."

"왜 그랬어요, 아빠?"

"돈을 좀 더 벌려고. 회사에서 주는 것보다 더 많이 받을 자격이 있다고 생각했거든. 그런데 그건 잘못이었어. 그래서 내가 훔친 물건들을 그들에게 다시 갖다줬어."

그가 마음속에서 느낀 아픔이 다니엘의 얼굴에 나타났다. 그러나 딸의 눈을 통해서 보니 더 마음이 아파왔다. 그는 딸을 실망시켰다. 그래서 그 모습을 보자 마음이 찢어지는 듯했다.

"하나님이 용서해주실 거예요, 아빠."

그는 손을 내밀어 딸의 손을 쓰다듬어주었다.

"이미 용서해주셨어. 좋은 교훈을 얻었지. 우리가 실수했을 때 하나님께 용서를 구할 수 있다는 것 말이야. 하나님은 용서해주시겠지만 잘못에 대한 결과도 있는 거란다."

"무슨 말이에요?"

"내가 돌아가서 사과했을 때 그들은 그에 따른 결과가 있을 수 있다고 말했어. 내가 한 일들에 대해 그들이 나를 처벌할지 말지를 결정하는 중이야."

"하나님이 아빠를 용서하실 수 있는데, 왜 그들이 용서하지 못해요?"

토니는 엘리자베스를 보았고, 그녀는 '당신이 알아서 해'라는 눈빛을 보냈다.

"그들이 나를 용서해주면 좋겠어. 하지만 그렇더라도 난 벌을 받아야 할지도 몰라."

"그게 무슨 뜻이에요? 어떻게 벌을 받아요?"

"여러 가지가 있을 수 있어. 내가 돌려주지 않은 돈을 갚게 한다든지. 물론 그들이 요구하든 안 하든 그렇게 할 것이지만 말이야."

"다른 건 또 뭐가 있는데요? 아빠의 휴대폰을 빼앗아가요?"

다니엘은 엄마를 쳐다본 다음 다시 토니를 보았다. 아빠의 얼굴 표정을 본 다니엘은 "아빠를 감옥에 보낼 수도 있어요?"라고 말했다.

"나도 모른단다, 아가야. 그런 일이 일어날 거라고 생각하지 않지만, 아빠는 네 아빠로서 이 집에 계속 살면서 너와 한 팀으로 줄넘기 대회도 나갈 수 있게 최선을 다할 거야. 그리고 하나님께서 우리가 이 일을 함께 이겨내게 해주실 거야."

"정말이에요?"

"하나님은 뭐든지 하실 수 있어. 그리고 하나님은 널 무척 사랑하시지. 우리 세 사람을 다 사랑하시고, 우리에게 가장 좋은 것을 주기 원하셔. 그러니까 우리 계속 기도하면서 하나님이 어떻게 하시는지 보자, 알겠지?"

다니엘은 고개를 끄덕이고는 식탁을 바라보았다.

토니는 다시 딸의 손을 잡았다. 엘리자베스는 축복하듯이 다니엘의 머리에 손을 얹었고, 토니가 기도를 했다.

"아버지, 당신은 우리의 아버지이십니다. 우리를 이렇게 사랑해주셔서 감사합니다. 앞날을 두려워하지 않게 도와주세요. 무슨 일이 있어도 당신을 신뢰하도록 도와주세요."

"그리고 그 사람들이 우리 아빠를 용서하게 도와주세요."라고 다니엘이 작은 소리로 말했다.

"네, 그들이 저를 용서하도록 도와주세요, 아버지. 또한 그들이 용서를 하든 안 하든, 주님이 저를 용서해주신 것을 감사드립니다. 예수님의 이름으로 기도합니다, 아멘."

# 미스 클라라

엘리자베스가 도착했을 때 클라라는 커피를 준비해두고 있었다. 원래는 일주일에 한 번 만나자고 했으나, 두 사람은 훨씬 더 자주 대화를 나누게 되었다. 엘리자베스는 브라이트웰에 관한 모든 일이며 토니가 한 일, 그가 어떻게 죄를 깨닫고 고백했는지, 지금 그들이 어떻게 처벌을 기다리고 있는지 전부 이야기했다.

"하나님이 하늘에서 망치가 떨어지게 하지는 않으실 거예요. 당신도 그건 알고 있죠?"

클라라가 말하자, 엘리자베스는 고개를 끄덕였다.

"그렇다고 마음이 더 편해지진 않네요."

"그럴 거예요."

클라라는 잠시 생각한 후에 이렇게 말했다.

"오늘은 바디매오라는 사람에 대해 생각하고 있었어요."

"누구요?"

"거지 바디매오요. 그는 맹인이었지만 예수님이 일으키신 기적에 대해 들었어요. 그래서 주님이 지나가실 때 가만히 있지 않고 크게 소리를 질렀지

269

요. 사람들이 조용히 하라고 하는데도 말이죠. 자신을 만드신 분이 지나가시는데 어떻게 가만히 있을 수 있겠어요? 주님이 가까이 계시는데 어떻게 입을 다물고 있을 수 있겠어요? 그래서 예수님은 사람들에게 바디매오를 불러오라고 하셨어요. 나는 뻣뻣한 다리로 걸으며, 눈동자가 흐릿하고, 얼굴엔 수염이 텁수룩하고, 옷은 낡을 대로 낡은 그 사람의 모습을 상상해봤어요. 그리고 예수님의 얼굴에 나타난 동정심과 사랑도 볼 수 있었어요.

예수님은 그에게 한 가지 질문을 하셨죠. 바디매오가 해야 할 일을 시작한 게 아니라, 예수님이 '네게 무엇을 해주기를 원하느냐'고 물으신 거예요.

엘리자베스, 기도는 하나님이 우리를 가까이 이끄시고 우리 마음에 있는 생각을 물으시는 거예요. 대부분의 사람들은 그렇게 말하면 기도제목들을 죽 나열할 거예요. '주님, 저에게 이것을 주시고, 저것을 주시고, 또 다른 것도 주세요'라고 말이에요. 하지만 바디매오는 달랐어요. 그는 주님께 한 가지를 구했어요. 앞을 보게 해달라고 했죠. 바로 거기에 당신이 붙잡아야 할 진리가 있어요.

하나님이 제일 먼저 하고자 하시는 일은 당신이 보도록 도와주시는 거예요. 당신 자신을 보고, 당신의 죄를 보고, 하나님 없이는 아무것도 할 수 없는 자신의 무력함을 보도록 말이에요. 그런 다음 당신의 눈을 열어 모든 것을 온전히 보게 해주세요.

오, 이 생각을 하면 나는 피가 거꾸로 솟는 것 같아요. 난 바디매오가 부러워요. 그가 자신의 삶에서 제일 처음 본 것이 하나님이었잖아요. 상상할 수 있겠어요? 하나님이 당신의 얼굴을 바라보시는 모습을요. 하지만 하나님은 거기서 당신을 내버려두지 않으세요. 당신이 본 대로 행동하도록 도와주시죠. 그게 어려운 일이에요. 바로 여기서 하나님이 당신의 가장 큰 필요를 채워주시죠. 바로 보게 해주시는 거예요. 하나님은 당신이 자신의 힘만으론 얼마나 무력한 존재인지를 볼 수 있게 해주세요."

"요즘 인기 있을 만한 메시지는 아니네요."

엘리자베스가 말했다.

"맞아요. 대부분의 사람들은 '하나님은 스스로 돕는 자를 도우신다'는 문구가 성경에 나와 있는 줄 알아요. 잘 들어요, 하나님은 자신의 한계에 이른 사람들을 도와주세요. 바로 토니가 그 지점에 이르렀죠. 그게 얼마나 힘든지 잘 알지만, 좋은 일이기도 해요."

"우릴 위해 기도해주셔서 정말 고마워요."

"이 일을 결정하는 사람 이름이 뭐라고 했죠?"

"콜맨 영이에요."

클라라는 눈을 꼭 감고 기도했다.

"주 예수님, 콜맨 영을 주님은 아시지요. 아버지, 토니를 향해 그의 마음을 열어주세요. 그를 그냥 두지 말아주세요. 그가 마음대로 결정을 내리지 않게 해주세요. 토니가 잘못을 바로잡으려 하는 것에 대한 진실을 보게 도와주세요. 주님, 지금이라도 그가 토니에게 너그러워지도록 도와주세요. 그리고 어떻게든 이 일을 통해 주님이 영광 받으시길 원합니다."

클라라는 마음속에서 평안이 몰려오는 것을 느꼈다.

"또한 주님, 저는 토니와 엘리자베스, 그리고 그들의 딸의 삶 속에서 어떤 일을 이루어주시기를 간구합니다. 이 상황에서는 불가능하리란 걸 알지만 하나님은 하실 수 있다고 믿습니다. 토니가 감옥에 가지 않게 해주시고, 그가 고소를 당하지 않고 빚진 돈을 다 갚을 수 있게 도와주시며, 가족과 가까이 지내면서 마음속의 갈망들을 이룰 수 있는 일을 하게 해주세요. 모두를 위해 꼭 알맞은 일자리를 그에게 허락해주세요."

엘리자베스가 돌아간 후 클라라는 기도 방으로 가서 몇 시간을 기도했다. 잠이 들 때까지 토니와 콜맨 영을 위해 계속 기도했다.

# 하나님의 은혜는 넘친다

클라라와 만난 후, 엘리자베스는 트웰브스톤 부동산에서 하루를 보내며 일에 집중하려고 했지만 그러기가 힘들었다. 법정에 선 토니, 끌려가는 토니, 수갑을 차고 죄수복을 입은 토니에 대한 두려움을 떨쳐버릴 수가 없었다. 그녀는 이런 것들이 지금 바로 현실로 일어난 것은 아니란 것을 알고 있었다. 하지만 일어날 수 있는 일이기도 했다. 토니는 그들 곁을 떠나 있어야 할 것이고, 그들은 집을 잃을 것이며, 그녀와 다니엘은 마음을 추스르고 일상으로 돌아가야 할 것이다. 적어도 당분간은 그럴 것이다. 그녀는 머릿속에서 들리는 그런 소리를 뿌리쳤지만, 강하게 계속 밀려와 휩쓸리지 않고 버티기가 너무 힘들었다.

'그의 선택으로 널 이 자리까지 오게 했어. 무슨 근거로 그가 다시는 이런 일을 하지 않을 거라고 생각해? 콜맨은 토니를 용서하지 않을 거야. 너와 다니엘은 아마 네 어머니 집으로 들어가게 될 거야.'

머릿속에서 들리는 그 음성은 너무도 강했고, 그녀와 토니는 결코 잘될 수 없으니 다른 새로운 사람을 찾아봐야 할 거라고 말했다. 클라라는 그 음성을 잠재우려면 말씀으로 자신의 마음을 깨끗하게 해야 한다고 했다. 그래서 엘리자베스는 외우고 있는 성경구절들을 떠올렸다. 그녀의 생각을 향해 퇴거 통지를 내려 나쁜 음성들을 쫓아낼 수 있기를 바랐지만, 그렇게 되진 않았다.

그녀는 계속 기도했고, 콜맨의 마음을 너그럽게 해달라고, 그가 토니 안에서 일어난 변화를 이해하게 해달라고 계속 간구했다. 하지만 어떤 사람이 변화되었다고 해서 자유로워질 수 있는 것은 아니었다. 그녀는 그것을 알았다. 그러나 그는 좋은 사람이었다. 좋은 남편이자 아버지이며, 생산적인 사회의 일원이 되기 위해 노력하고 있었다. 그녀는 단지 콜맨이 큰 잘못을 범한 토니가 아니라 진정한 토니의 모습을 봐주길 원했다.

점심시간에 그녀는 클라라에게 전화를 걸어 이야기를 나누면서 조금 힘을 얻었다. 그녀의 차분한 목소리를 다시 듣는 것만으로도 엘리자베스에게 평안의 파도가 밀려오는 듯했다. 클라라는 이제 그녀의 집에서 지내지 않았기 때문에, 어쩌면 엘리자베스와 다니엘이 당분간 그녀의 집을 임대할 수도 있었다. 그 생각을 이야기하진 않았지만, 하나님에게서 나온 아이디어인 것 같았다.

온종일 엘리자베스의 마음은 그 생각뿐이었다. 미래의 일을 구상하고, 일을 해결해나갈 방법들을 생각하며 마음을 가라앉히려고 애썼다. 만일 하나님께서 그녀가 원하는 대로만 되게 해주신다면, 삶은 하나님과의 형량거래의 연속일 것이다. 그녀는 콜맨이 어떤 결정을 할지, 톰이 그에게나 법률 팀 사람들에게 어떤 영향을 미칠지에 대해 생각하며 자신과 끊임없는 싸움을 했다. 그것은 마치 어떤 스포츠 경기의 결과를 예측하는 것 같았다. 하지만 이것은 트로피나 전리품을 얻기 위한 시합이 아니라 그들 가족의 삶이 걸린 일이었다.

오후에 맨디가 엘리자베스를 자기 사무실로 불러 다른 부동산업자와 얽혀 있는 이야기를 했다. 그는 그 도시에서 함께 일하기 힘든 사람으로 유명했다. 그는 TV와 라디오 광고까지 해서 사람들에게 집을 가장 빨리 팔아주고 가장 많은 돈을 받게 해주는 사람으로 알려져 있었다. 내내 미소 짓는 얼굴로 가장 친한 친구가 되어 주면서 말이다. 그 사람과 함께 일해 본 부동산 업자들은 모두 그가 겉 다르고 속 다른 사람이라고 말했다. 거짓말과 사술을 사용하여 일단 계약하게 함으로써 사람들을 많이 힘들게 했다. 수십 년간 능력을 쌓아온 부동산 업자들도 그의 부동산에서 매물이 올라왔다는 얘길 들으면 탐탁지 않게 여겼다.

"절대 당신 몫을 빼앗기면 안돼요. 그는 으스대며 모든 걸 자기 마음대로 하려고 해요. 하지만 당신에겐 강력한 것이 있어요. 그동안 쌓아온 신뢰와 돈 많은 고객들이 있으니까요. 그 사실을 잊지 마세요."

맨디의 말에 엘리자베스는 고개를 끄덕였고, 좋은 충고를 해준 맨디와 함께 부동산 거래에 대해 이야기를 나누었다. 그리고 엘리자베스는 자세를 고쳐 앉으며 말했다.

"어쨌든 이 일뿐만 아니라 신경 쓰일 일이 많네요."

그때 맨디가 엘리자베스의 얼굴에서 무엇을 발견한 듯 유심히 보았다. 그녀는 좀처럼 틈을 보이지 않는 능숙한 사업가였으나, 가끔씩 엘리자베스를 깜짝 놀라게 했다.

"당신과 토니에게 무슨 일이 있는지 다 알진 못하지만, 동생 문제로 다툰 일에 대해 얘기한 이후로 최근에 많이 신중해보여요. 잘 하고 있는 것 같아요. 그리고 당신 안에 어떤 변화가 일어난 것이 보여요."

"정말이에요?"

"네, 얼마 전에 리사와 이야기를 나눴어요. 당신은 항상 자신의 일을 잘해왔어요. 전문적이고, 공손하고, 맡은 계약을 잘 마무리했죠. 하지만 최근에는 좀 다른 차원의 삶을 살고 있는 것 같아요."

엘리자베스는 미소 지었다. 그녀는 맨디와 리사에게 영적으로 자신에게 일어난 일에 대해 이야기할 기회를 달라고 기도해왔다. 토니와의 상황이 그들의 마음속에 들어갈 계기가 된 것일까?

"제 고객 중 한 분이 저에게 하나님과 더 가까워지고 토니를 위한 기도를 시작하도록 정말로 큰 도전을 주었어요. 토니에 관한 모든 걸 변화시키려 하고 내가 원하는 사람으로 만들려고 하기보다는 먼저 하나님이 나를 변화시키도록 격려해주었어요."

엘리자베스의 말에 맨디는 얼굴을 찡그리며 생각하다가 그 고객이 누군지 맞혀보려고 했다. 두 번의 추측 끝에 엘리자베스는 그 사람이 클라라 윌리엄스라는 걸 밝혔다.

"그 사랑스러운 노부인이 당신을 기도하게 한 거예요?"

엘리자베스는 고개를 끄덕였다. 그녀는 맨디에게 벽장, 즉 기도 방에 대해 말해주었고 어떻게 해서 결국 그녀가 모든 걸 내려놓고 하나님께 맡기기로 했는지 이야기해주었다.

"전 저의 모든 문제를 토니 탓으로 돌렸어요. 그 사람을 제가 원하는 대로 살게 할 수만 있다면 우리는 잘 지낼 수 있을 거라고 생각했죠. 하지만 하나님은 토니나 나의 상황을 변화시키는 것보다 더 큰 일을 하기 원하셨어요. 나에게 내 자신의 마음을 보여주기 원하셨던 거예요. 그리고 그건 매우 힘든 과정이었어요."

"하지만 그는 당신에게나 당신 동생에게, 그리고 돈 문제에 인색하게 굴었잖아요. 당신도 다른 여자들처럼 그냥 이를 악물고 참기로 한 거예요?"

맨디가 말하자 엘리자베스는 그저 미소를 지었다.

"아뇨, 그게 바로 이 모든 일의 아이러니예요. 처음엔 지금 당신이 말한 것처럼 생각했어요. 클라라의 말도 토니가 모든 결정을 하게 해야 한다는 뜻으로 받아들였죠. 그가 열 표를 가지면 내가 한 표를 갖는, 그런 걸로 생각했죠. 하지만 우리는 함께 노력해야 했어요. 그는 예수님이 교회를 사랑하신 것처럼 저를 사랑해야만 했죠. 그런데 그렇게 하지 않았어요."

"그 근처에도 못 갔겠죠."

"우리가 만난 상담자는 서로의 추한 면들을 지적하도록 허락해주었어요. 그것도 사랑의 한 부분이라고 했죠. 저는 잔소리를 하거나 고압적인 태도를 보이고 싶지 않고, 그는 내가 자신을 강압적인 사람으로 생각하는 걸 원치 않죠. 하지만 사실은 토니와 저, 둘 다 변화가 필요했어요. 이번에 그걸 처음 알았어요."

맨디는 알 수 없다는 표정을 지어 보였다.

"뭐, 어쨌든 다행이네요, 엘리자베스. 진심이에요. 하지만 이해는 가지 않네요. 당신이 남자에게 그런 권한을 주면 그는 당신을 지배하려 할 거예요."

그때 그녀의 휴대폰이 울렸고 그녀는 흘긋 내려다보았다.

"난 어서 이 일을 처리해야겠네요."

엘리자베스는 고개를 끄덕이며 자기 책상으로 돌아가 준비하던 계약서를 마저 정리했다. 맨디와의 짧은 대화는 의문과 의심과 고통 한가운데서도 하나님이 자신을 사용하여 누군가의 마음에 씨앗을 뿌리실 수 있다는 것을 보여주었다. 이 모든 일에 관하여 가장 말도 안 되는 일이었다.

그녀는 하나님께 쓰임 받으려면 삶의 모든 것을 말끔하게 정돈해야 한다고 생각했다. 하지만 지금 그녀는 가장 연약하고 상처받기 쉬우며, 답을 얻지 못한 온갖 질문들과의 싸움 한복판에 있었다. 그런데 바로 그 순간 하나님이 개입하셔서 자신을 강력하게 나타내셨다. 비록 그녀의 머릿속에서는 미래에 대한 여러 목소리들이 소용돌이쳤지만, 그 와중에도 하나님이 나타나신 것이다. 그것이 바로 감사할 이유였다.

클라라는 가끔씩 기도할 때 옛 찬송가를 사용하는 걸 좋아했고, 엘리자베스는 중고서점에서 찬송가집을 한 권 발견했다. '내 평생에 가는 길'은 클라라가 제일 좋아하는 찬송가 중 한 곡이었다. 클라라는 엘리자베스에게 그 찬송가 작사가의 이야기를 들려주었다. 그 사람이 겪었던 모든 문제와 상실까지…. 사무실에서 엘리자베스가 자신의 일기장에 써놓은 그 가사를 읽고 있을 때, 문득 그 가사가 그녀의 마음을 적셨다. 모든 구절이 마음에 와 닿았고, '큰 풍파로 무섭고 어렵든지'라는 곳이 깊이 공감되었다.

처음에 '저 마귀는 우리를 삼키려고 입 벌리고 달려와도'(Though Satan should buffet)라는 가사를 보았을 땐 잘못 읽은 줄 알았다. 'buffet'라는 단어가 뷔페식당을 뜻하는 줄 알았기 때문이다. 그러나 작가가 말하는 'buffet'는 그녀가 느끼는 사탄의 공격과 싸움을 뜻하는 것이었다. 마귀는 항상 그녀의 결혼생활과 가족, 그녀의 마음을 멋대로 뒤흔들어놓았다.

저 마귀는 우리를 삼키려고
입 벌리고 달려와도
주 예수는 우리의 대장되니
끝내 싸워서 이기리라.

그녀는 클라라가 그 가사를 좋아하는 이유를 알 수 있었다. 자신과 토니에게 무슨 일이 일어나도, 악한 자의 영향력에 의해 거센 파도가 밀려와도 그녀에겐 선택권이 있었다. 즉 그녀는 파도에 휩쓸려 길을 벗어나는 것을 택할 수도 있고, 하나님의 사랑으로 다스림을 받을 수도 있었다. 하나님이 그녀에게 사랑을 나타내기까지 얼마나 멀리 계셨는지, 이제야 그분의 독생자이신 예수 그리스도의 죽음의 의미를 알 수 있을 것 같았다.

자신을 구원하시고자 하는 계획과 함께, 하나님께서 자신에게 많은 관심을 갖고 계시다는 것, 또한 자신을 얼마나 축복하기 원하시는지를 실감할 수 있었다. 너무나 끔찍한 그녀의 처지를 바라볼 수도 있고, 큰 그림을 바라볼 수도 있었다. 큰 그림은 하나님이 궁극적으로 다스리고 계시며, 어떤 일이 일어나도 그녀와 동행하신다는 것이었다.

하나님이 자신과 함께하신다는 이 진리는 엘리자베스의 삶의 파도 속에 깊이 내린 닻과 같았고, 그녀를 한자리에 머물게 해주었다. 온갖 문제들의 수면 위에서 그녀의 몸이 얼마나 깐닥거리는지는 중요하지 않았다. 그녀의 영혼은 하나님의 은혜로 단단히 고정되었기 때문이다.

토니는 오후에 다니엘과 함께 주민센터로 가서 줄넘기 팀과 함께 몸을 풀었다. 땀을 흘리니 기분이 한결 좋아졌다. 근육을 풀어주고 몸을 움직이면 다른 일을 집중하는 데 도움이 되었다. 하지만 그의 뇌리에 머무는 먹구름이 너무 짙어서 완전히 떠나보낼 수가 없었다. 그것은 마치 그가 3학년 때 학교에서 그를 괴롭히던 아이 같았다. 운동장으로 걸어가는 생각만 해도 그는 두려움에 사로잡혔다. 그는 겁을 먹고 움츠리는 대신, 스스로 채찍질하고 힘을 내서 운동장으로 가야만 했다.

지금 가장 무서운 것은 콜맨의 결정이었고, 그와 더불어 톰이 가진 영향력도 두려움의 원인이었다. 나비넥타이를 맨 그를 생각할 때마다 속이 답답해졌고, 보이는 것은 그가 테이블 위에 올려두었던 훔친 약이 든 상자뿐이었다. 그 모든 죄책감과 수치심이 만천하에 드러났다.

그는 또다시 그 생각을 떨쳐내며 좀 더 힘껏 스트레칭을 하고 그룹에 합류했다. 다니엘의 코치인 트리시는 팀을 잘 이끌어왔고, 심판들에게 좋은 점수를 받을 만한 다양한 동작들을 가르치고 리듬을 익히게 했다. 지켜보는 관중이 많고 집중을 방해하는 것들도 많은 이런 대회에서는 반복이 핵심이었다. 즉 줄의 리듬과 몸이 움직이는 느낌을 근육이 기억하게 만드는 것이다. 그녀는 소녀들이 동작에 대해 생각할 필요도 없이 자동적으로 할 정도로 연습을 시키려 했다. 그리고 놀랍게도 트리시는 토니가 개입하는 것에 전혀 어색하게 느끼지 않는 듯했다.

그녀는 자신의 영향력을 행사할 수 있었고, 오랫동안 공들여온 팀에 토니가 들어오는 걸 좀 꺼려할 수도 있었다. 하지만 그 대신 그녀는 토니에게 보조 코치 역할을 맡으면 어떻겠느냐고 권했다.

"당신은 이 소녀들과 뭘 하는지 잘 알고 있는 것 같아요. 전에 코치를 해본 적 있으세요?"

트리시가 말했다.

"많진 않아요. 하지만 어릴 때 좋은 코치들을 많이 만났어요."

그가 말했다.

소녀들은 연습을 시작할 준비가 되었고 트리시는 그들에게 최종 지시를 내렸다. 그녀는 토니를 보며 마치 "화이팅"이라고 말하듯이 한 손을 내밀었다. 그때 다니엘과 다른 아이들을 바라보는데 마음속에서 무언가가 울컥했다. 아마도 그의 불확실한 미래 때문에, 즉 그가 통제할 수 없는 일 때문에 그들과 함께 대회에도 못 나가는 일이 벌어질 수 있다는 것을 알기에 느껴지는 감정이었을 것이다. 하지만 그 순간 어떤 힘이 그에게 다가와 그의 마음을 움직였다.

그가 자신의 딸과 그녀의 친구들을 바라보듯이 하나님도 그런 눈빛으로 자신을 바라보셨을 것이다.

토니는 팀의 결점과 작은 동작에서 부족한 면들을 보지 않았다. 그는 약간의 격려와 함께 그들이 할 수 있는 것을 보았다. 바로 하나님이 자신을 이렇게 바라보신다면, 하나님이 능력 주실 수 있는 사람을 이런 눈으로 바라보신다면 어떻게 하나님의 뜻에 따르지 않겠는가?

그는 몸을 구부려 두 손을 무릎에 대고 말했다.

"내가 너희들을 보면서 느낀 점을 말해줄게. 너희들은 무한한 가능성을 가지고 있어. 마음만 먹으면 뭐든지 할 수 있어. 다만 너희들이 그 사실을 알지 못하기 때문에 제대로 능력을 발휘하지 못할 수 있어. 실수를 할 때, 원하는 대로 동작이 나오지 않을 때, 너희들이 한 동작에 대해 신경질적이고 또 고약한 말을 내뱉을 수 있어. 실수를 하지 않기 위해 지시에 따라 동작과 자세를 바로잡으려고 노력을 해야 하는 것은 당연해. 하지만 실수하지 않으려고 노력한다고 해서 목표를 달성할 수 있는 것은 아니야. 실수에 너무 신경 쓰지 말라는 거야. 이해가 가니?"

제니퍼가 손을 들었고 토니가 고개를 끄덕여주었다.

"피아노를 칠 때도 그래요. 실수하지 않으려고 애를 쓸 때마다 꼭 실수를 더하게 돼요."

"맞아. 좋은 예야. 음악을 연주할 때 너희는 곡을 듣고, 악보를 보고, 연주를 하지. 그냥 너희 손이 연주를 하도록 맡기는 거야. 줄넘기 동작도 그와 똑같지. 그냥 잘하겠다는 생각으로 두 줄 사이로 뛰어 들어가는 거야. 발밑에 스프링이 있는 것처럼, 발이 바닥에 닿으면 바로 튀어오를 거라는 걸 알고 뛰기 시작하는 거야."

다니엘과 제니퍼, 그리고 나머지 팀원들이 활짝 웃었다. 그들은 그의 말에 귀를 기울이며 이 새로운 사고방식을 받아들였다.

"줄을 돌릴 때도 그래요."

다른 팀에 속한 조이가 말했다.

"당연하지. 그리고 절대 너희가 맡은 역할이 덜 중요하다고 생각해선 안 돼. 팀의 모든 사람은 결과에 똑같이 기여하는 거야."

모든 사람의 얼굴에 미소가 번졌고, 토니는 고등학교 때 축구팀에서 그와 똑같은 말을 해주었던 코치를 떠올리며 목이 메었다. 그 당시 장비 관리자는 축구를 사랑하지만 기술이 없는 장애아였다. 그는 더러운 옷들을 치우고 코치가 시키는 온갖 고된 일을 다 했다. 그리고 코치는 그를 가리키며, 팀에 기여하는 모든 사람은 팀의 승리를 위해 각자의 역할을 다 한 것임을 강조했다.

토니가 말했다.

"또 한 가지 중요한 게 있어. 때때로 너희는 정말 열심히 집중하고, 발동작이나 타이밍, 이기는 것, 팀을 실망시키지 않는 것에 신경 쓰느라 정작 우리가 즐기는 건 잊어버리지. 얘들아, 여기서 우리가 하고 있는 일은 정말 재미있는 일이야, 그렇지? 그러니까 웃어. 심판들 눈에는 그게 보일 거야. 물론 이빨이 얼마나 많이 보이느냐를 보고 점수를 기록하진 않겠지만, 그래도 확실히 영향을 끼칠 거야. 자기가 하는 일에 행복해하는 사람은 관심을 끌게 돼 있어. 왜냐하면 우리 모두 그렇게 살기를 원하거든. 너희가 충분히 즐기고 웃으면 모든 게 달라질 거야. 한 동작도 그냥 하지 말고, 정말 마음에서 우러나듯이 해야 돼. 그럼 사람들이 전에 보지 못했던 걸 보게 해줄 수 있을 거야."

그가 말을 마치자 모든 팀원들이 한 손씩 포개고 팀 이름을 외쳤다. "혜성!" 그의 말 한 마디 한 마디가 그들의 마음을 사로잡았다. 트리시도 그의 격려와 도전에 미소를 지었다.

토니는 벽에 걸린 시계를 흘긋 보았다. 연습 시간이 얼마나 남았는지 보기 위해서였다. 그의 하루 중 가장 즐거운 시간이 지나가고 있었다. 그의 남은 인생에 대한 결정이 내려지기 전에 딸과 함께 보낼 시간이 얼마나 될까? 다시 먹구름이 몰려왔다.

그날 저녁, 엘리자베스는 그릇을 식기세척기에 넣으며 싱크대에서 접시를 닦는 토니를 보았다. 그들은 설거지를 하기 전에 다니엘에게 이불을 덮어주고 나왔다. 낮에 그렇게 활동을 많이 했으니 지금은 잠이 들었을 거라고 엘리자베스는 생각했다.

예전에는 토니가 잔디 깎기, 쓰레기 버리기, 자동차 유지, 관리 등 바깥에서 하는 일을 모두 책임지고, 엘리자베스는 집안일을 돌보는 것이 불문율이었다. 하지만 최근에는 토니가 설거지부터 청소기 돌리는 일까지 모든 일에 좀 더 적극적인 모습을 보이고 있었다. 심지어 그녀가 일을 하니 그가 저녁식사를 준비해야겠다고 말하기도 했다.

"빨래는? 당신이 집안일을 책임진다며……."

그녀가 농담조로 말했다.

"내가 빨래에 대해 어떻게 생각하는지 당신도 잘 알잖아."

그가 하루 중 처음으로 미소를 보였다. 그는 다시 접시를 닦았고, 그녀는 그런 그를 유심히 보았다.

"불안해 보여."

"생각하지 않으려고 애쓰고 있어."

사실은 그들 둘 다 불안했다. 그녀는 단지 그것을 드러내지 않으려고 노력하고 있을 뿐이었다.

"몇 시에 갈 거야?"

그녀가 묻자 그는 마치 밖을 보고 자신의 자유시간을 계산하듯이 뒷창을 바라보며 말했다.

"9시."

토니는 다시 브라이트웰 건물에 발을 들여놓을 일이 없을 줄 알았다고 했다. 하지만 그가 엘리베이터에 탈 일이 한 번 더 남은 듯했다.

그때 초인종이 울렸다. 엘리자베스는 시계를 보고 다시 토니를 보았다. 이상한 일이었다. 이 늦은 시간에 올 사람이 없었기 때문이었다.

토니가 문을 열고 그녀가 따라 나가보니, 콜맨 영이 현관 앞에 서 있었다. 그는 스포티한 재킷 차림에 진지한 표정이었다.

"콜맨?"

"안녕, 토니."

그는 엘리자베스를 보며 말했다.

"안녕하세요, 엘리자베스."

"안녕하세요, 콜맨. 잘 지내셨어요?"

"네, 고마워요."

그의 목소리가 왠지 좋게 들리지 않았다. 그는 토니를 똑바로 쳐다보았다.

"갑작스러운 방문이라는 건 알지만, 나와 몇 분간만 얘길 할 수 있겠나?"

"네, 물론이죠. 어서 들어오세요."

콜맨이 집안으로 들어왔고, 그들은 서로 마주앉았다. 그가 그들의 집 거실에 앉을 거라고는 꿈에도 생각지 못했다. 그녀는 머리카락을 뒤로 넘기며 심호흡을 했다. 그리고 마음속으로 조용히 기도했다.

'우리 주 예수님, 콜맨이 무슨 말을 하든 받아들일 수 있게 도와주세요.'

토니는 콜맨에게 차나 카페인 없는 음료를 대접할까 하다가 어떤 것을 마시고 싶어 하는지 물으려고 했다. 그가 어떤 제안을 하기도 전에 콜맨이 먼저 말을 꺼냈다.

"토니, 당신이 방문했던 일에 대해 곰곰이 생각해봤네. 사실은 지난 이틀 동안 그 생각만 했을 거야."

그는 토니 앞에서 양손의 깍지를 끼고 차분하고 침착한 목소리로 말했다.

"자네가 한 일은 분명 잘못이었어. 난 정말 실망했네. 하지만 전에도 영업 사원을 해고해봤지만, 당신처럼 찾아와서 용서를 빌고 자기가 잘못한 일에 대해 완전히 책임을 지겠다는 사람은 본 적이 없어."

이야기를 계속 할수록 콜맨의 목소리는 더 부드러워지는 듯했고, 그의 눈 빛은 관심과 이해를 하고자 하는 것처럼 보였다.

"나 자신에게 계속 왜일까 물었어. 당신이 왜 그렇게 했을까?"

그 질문이 세 사람 가운데 던져졌다. 토니는 당장 끼어들어 큰소리로 다시 설명을 하고 싶었지만, 그의 심장이 너무 빨리 뛰어서 숨을 쉬는 것도 버거웠 다. 그는 엘리자베스가 바로 옆에서 콜맨의 모든 말을 놓치지 않고 듣는 것 을 느꼈다.

"내가 생각해낸 유일한 답은 그 일을 바로잡으려는 자네의 갈망이 진심이 라는 것일세. 그리고 자네는 자신이 한 일을 뉘우치고 있어. 그래서 자네를 믿기로 했네. 자네한테 다시 일자리를 줄 순 없어. 하지만 고소는 하지 않기 로 했네."

토니는 숨이 막히는 듯했고, 방금 콜맨이 한 말에 대해 생각하기도 힘들었 다. 기쁘고 감사한 동시에 그의 영혼이 무감각해진 것 같았다. 눈에 눈물이 고였고, 참아보려고 애를 썼지만 이제는 참을 것도 없이 표현할 수 없는 기쁨 만이 그의 모든 부분을 통해 흘러나왔다. 엘리자베스를 언뜻 보니 깜짝 놀라 서 눈이 휘둥그레져 있었다.

"19,000달러는 회사로 돌려주는 것이 옳다고 생각하네."

토니는 고개를 끄덕이며 처음으로 입을 열었다.

"이미 그렇게 하기로 결정했어요."

콜맨의 얼굴에 미소가 번졌다.

"음, 그렇다면 자네가 합의서에 서명만 하면 다 정리가 될 것 같군."

방안에 감돌던 긴장감이 사라지고, 토니는 엘리자베스가 그의 팔을 붙잡 는 것을 느꼈다.

"난 이만 가볼 테니, 좋은 저녁 시간 보내게."

토니와 엘리자베스는 그와 악수를 나누었고 작은 소리로 고맙다고 말했다. 다른 말은 많이 할 수가 없었다.

콜맨이 돌아가자 엘리자베스는 토니를 향해 돌아섰다. 감정을 억누를 수가 없었다.

"토니, 이건 은혜였어."라고 엘리자베스가 말했다. 그녀의 얼굴엔 이미 눈물 자국이 있었다.

"우리를 향한 하나님의 은혜였어."

그들은 서로를 바라보았다. 그들의 흐르는 눈물은 이제 심포니를 이루었다. 그는 천장을 향해 눈을 들었고, 그 천장을 지나 존재하는 다른 세계를 바라보았다.

"감사합니다, 예수님."

몇 분 후에 다니엘의 방에서 움직이는 소리가 들렸다. 엘리자베스가 클라라에게 전화를 하러 간 사이에, 토니는 살금살금 계단을 올라갔고 다니엘이 문 앞에서 듣고 있는 것을 발견했다.

"누가 왔어요?"

다니엘이 말했다.

"그래, 우리 다니엘. 다시 자러 가자."

다니엘은 하품을 하면서 이불 속으로 기어들어갔다. 토니는 다시 이불을 잘 덮어주었다. 그때 그 아이의 얼굴에 걱정스러운 표정이 보였다.

"경찰이었어요? 아빠를 잡아가려고 하는 거예요?"

토니는 웃으며, 여전히 벅찬 감정으로 말했다.

"회사에서 오신 분이야. 미스터 영이라고. 그분이 내 사과를 받아주셨다는 걸 알려주러 오셨어."

"정말이에요?"

"그래, 경찰도 오지 않을 거고, 감옥에 가지도 않을 거라고 했어."

"오, 아빠."

다니엘은 일어나 아빠를 끌어안았다. 마치 하나님이 직접 토니를 안아주신 것 같은 느낌이 들었다.

✦　✦　✦

엘리자베스가 클라라와 전화통화를 하고 오니 토니가 침대에 앉아 있었다. 토니에게 다니엘에 대해 묻자, 딸과 나누었던 대화를 말해주었다. 그의 눈에서 눈물이 흘렀다.

그녀는 또다시 그들에게 일어난 일이 믿기지 않아서 입을 막았다.

"클라라가 분명 온 동네 사람들을 다 깨웠을 거야. 그 나이의 여성이 사탄을 걷어차는 얘기를 그렇게 많이 하는 걸 들어본 적이 없어."

토니는 웃었다.

"그녀는 단지 말만 하는 게 아니라 실제로 그렇게 하고 있어."

엘리자베스는 침대에 앉아 그녀의 벽장을 가만히 바라보았다.

"익숙해지는 데 시간이 좀 걸릴 거야."

"뭐가?"

"용서, 은혜, 그러니까 콜맨에게 그 말을 듣는 것과, 그 말을 믿고 그대로 행동하는 건 별개의 일이야."

"콜맨에게도 그렇고, 당신과 나에게도 그렇지."

토니가 말했다.

"무슨 뜻이야?"

"내가 잊고 있던 걸 당신이 일깨워주길 기다리고 있었어. 오래된 음성, 오래된 패턴들에 귀 기울이는 것. 용서는 양방향의 길이야. 당신도 알지?"

그녀는 고개를 끄덕였다.

"우린 갈 길이 멀어, 토니. 그렇지만 올바른 방향으로 가고 있어, 그렇게 생각하지 않아?"

그는 고개를 끄덕였다. 그녀를 바라보는 그의 눈빛은 그녀가 오랫동안 잊고 살았던 감정을 다시 일으켰다. 그는 손을 내밀었고 그녀는 그 손을 잡고 이불 속으로 들어갔다. 그는 손을 뻗어 불을 껐고, 방은 곧 캄캄해졌다.

토니가 속삭였다.

"기도할래?"

엘리자베스는 웃었다.

"그래, 기도로 시작해."

토니는 슬머시 팔로 그녀를 감싸고 가까이 끌어당긴 다음 조용한 목소리로 하나님을 찬양하고 그의 자비와 용서와 그들의 삶에 개입하신 것에 감사하며 기도했다. 그는 또한 기꺼이 그를 위해 싸워주는 아내를 주신 것에 감사했다. 엘리자베스는 그를 꼭 끌어안으며 모든 말에 동의했다.

토니는 기도를 마친 후 그녀에게 키스했다. 천천히, 부드럽게……. 그녀도 그에게 키스를 했다.

정말 오랜만에, 사라졌던 관계가 돌아왔다. 그들은 너무 오랫동안 잃어버렸던 친밀감을 즐겼다. 달콤하고 사랑스러웠다. 열정적이고 만족스러웠다. 하나님이 다시 그들을 하나가 되게 해주셨다. 그것은 아름다웠다.

# 미스 클라라

    클라라는 하나님을 찬양하는 것이 가끔 해야 할 일이라고 생각하지 않았다. 그것은 항상 해야 하는 일이고, 유익이 따르는 일이었다. 찬양은 클라라의 영적 생활에서 이제 몸에 배어 있었다. 그녀에게 찾아온 좋은 일들에 대해 하나님을 찬양했고, 그녀가 이해할 수 없는 일들에 대해서도 하나님께 감사했다. 경험상 두 경우 모두 하나님이 역사하고 계신다는 것을 알았기 때문이다. 하나님은 항상 일하고 계셨고, 항상 찬양받기에 합당하셨다.

    이것을 희망사항으로 여기고 하나님을 떠난 이들도 있지만, 클라라는 매우 부당한 일을 겪고도 여전히 하나님께 영광을 돌리는 사람들에 대해 읽었다. 예수님을 사랑하고 따르던 사람들이 예루살렘 밖의 언덕에 서 있었다. 번개가 치고 죄 없는 하나님의 아들이 피를 흘릴 때 그들은 눈앞에 펼쳐지는 그 광경을 믿을 수가 없었다. 역사 속의 그날, 지구상의 그 자리에서, 하나님은 그가 좋은 일들과 나쁜 일들에 대해 찬양을 받기에 합당하시냐는 질문을 잠재우셨다. 하나님은 가장 나쁜 일이 일어나게 하셨고, 그것을 가장 좋은 일로 만드셨기 때문이다. 하나님은 원수에게서 승리를 낚아채셨고 주의 이름을 부르는 자는 누구나 구원을 받게 해주셨다.

모든 상황에서 감사한다는 것은 하나님의 관점으로 모든 것을 바라보겠다고 고백하는 것을 의미했다. 찬양하는 것은 모든 것을 이해해야 한다는 생각으로 그녀를 자유롭게 해주었다. 클라라는 그 모든 것을 내려놓을 수 있었다.

콜맨 영이 토니에 관해 우호적인 결정을 내렸다는 엘리자베스의 전화를 받았을 때 클라라는 달나라까지 날아갈 것 같았다. 이제 감옥에 가지 않고, 오점이 기록으로 남지 않을 것이며, 토니는 가족과 함께 계속 살면서 은혜 속에서 성장해가고 빚도 갚을 수 있을 것이다.

클라라는 두 손을 올리고 함성을 지르며 하나님께 감사했다. 아마 10억 마일 떨어진 곳의 잠자는 천사를 깨웠을 것이다. 그녀는 천사들이 잠을 자는지 알 수 없지만, 한 죄인이 회개할 때 천사들이 기뻐한다는 건 알고 있었다. 그녀는 자신의 기도 방에까지 행진했고 기도제목 옆에 체크 표시를 하고는 또 한 번 함성을 지르며 하나님을 찬양했다.

하나님을 찬양하는 것은 그녀의 마음에 다른 무엇으로 채울 수 없는 것을 채워주는 것을 의미했다. 하나님이 "이스라엘의 찬송 중에 계신다"고 말하는 시편 22편을 읽었다. 하나님이 그녀의 찬송을 받으셨고 그녀의 기쁨의 함성들을 즐겁게 받으셨다고 믿었다.

하지만 그 유익은 하나님을 위한 것만이 아니었다. 그것은 그녀에게도 영향을 미쳤다. 그녀는 하나님을 찬양할 때 오직 하나님만 찬양받기 합당하시며 자신은 그런 존재가 못 된다는 것을 잘 알았다. 하나님만 다스리시며 오직 하나님만 영광을 받기에 합당하시고, 하나님만 거룩하신 것이다. 그러므로 찬양은 겸손한 행동이다. 또한 자신을 낮출수록 더 큰 평안이 밀려왔다.

하나님께 하나님 자신에 관한 진리를 말씀드릴 때 그녀는 걱정하거나 불안해하지 않았다. 그녀가 하나님께 하나님이 어떤 분이신지를 고백할 때, 하나님의 진리가 상기되었다. 또한 그렇게 할 때 그녀는 더 이상 마귀가 좋아하는 곤경에 빠지지 않았다.

"함께 주의 이름을 높이세."

이 말은 기쁨을 얻는 비결이었다. 그녀의 삶에서 기쁨이 흘러나와 만나는 모든 사람들에게 흘러가기를 원했다.

"주님, 이러한 찬양이 끊이지 않게 해주실 주님께 감사드립니다. 주님을 찬양하는 것은 우리가 영원히 할 일입니다! 그것은 제가 하기 원하는 일입니다. 주님의 얼굴을 뵐 때까지 모든 호흡과 모든 기도와 모든 심장 박동으로 주님을 찬양하기 원합니다. 저를 완전히 변화시키시고 또 엘리자베스와 토니를 변화시키시는 주님을 찬양하기 원합니다. 또한 세상에 일어나는 온갖 나쁜 일들과 전쟁과 살인과 불의 속에서도 주님을 찬양할 것입니다."

"주님을 찬양할 때 육신은 잃을 것이 없습니다, 주님. 할렐루야!"

# 진정한 만족

토니는 주민센터 카페의 한 구석에 있는 테이블에 마이클과 함께 앉아 있었다. 그곳은 활기가 넘치고 떠들썩했다. 엄마들은 라떼를 마시면서 아이들이 오전 프로그램을 마치고 나오기를 기다리고 있었다.

마이클의 얼굴 표정이 정말 재미있었다. 그가 얼굴을 찌푸리니 빡빡 깎은 머리에도 주름이 겹겹이 생겼다.

"이봐, 네가 직장과 집에서 그런 일들을 겪는지 전혀 몰랐잖아. 왜 나한테 말을 안 한 거야?"

토니는 어깨를 으쓱했다.

"자존심 때문이지 뭐. 모든 일을 감추고 싶었어."

"서로 의지하며 살아야지, 안 그래? 그래서 친구가 필요한 거잖아."

"나도 이젠 그렇게 생각해. 그래서 너한테 얘길 하고 싶었던 거야."

마이클은 커피를 한 모금 마시며 미소 지었다.

"좋아, 비록 너의 결혼생활과 신앙에 관한 문제긴 하지만…. 솔직히 말할게. 네가 정말 화난 모습으로 농구를 할 때부터 뭔가 문제가 있다는 걸 알았어. 태즈메이니아 주머니곰이 돌아다니는 것 같았으니까. 그날 밤 기억나?"

토니는 고개를 끄덕였다.

"그래, 그날 밤에도 많은 일이 있었지."

"그때부터 널 위해 기도하기 시작했어. 하다 말다 하긴 했지만."

"하다 말다?"

"차를 타고 너희 집 앞을 지날 때나 여기서 다니엘과 엘리자베스를 볼 때, 그리고 네 생각이 날 때……. 안쓰럽고 작은 네 마음을 하나님이 만져주시길 기도했지."

토니는 환하게 웃었다.

"그럼, 그 기도가 응답받은 거네. 지금 난 아주 진지해. 더 이상 좋아 보이거나 아내가 같이 가길 원한다는 이유로 교회에 가지 않아. 하나님이 나타나셨어. 그분이 가장 중요한 걸 보여주셨어."

토니는 자신이 직장에서 쫓겨난 이유에 대해 좀 더 자세히 말해주었다. 그는 자신이 견본품을 훔친 것에 대해 마이클이 그를 판단하고 비난할까 봐 두려웠지만, 그는 아무 말 없이 이야기를 들어주었다. 토니가 이야기를 마치자 마이클이 말했다.

"힘들게 교훈을 얻었구나."

"다시 돌아가서 잘못을 고백하는 건 더 힘든 일이었지만, 그렇게 해야 한다는 걸 알았어."

"정말 잘했어. 하지만 내가 만약 그 톰이란 사람과 같이 있었다면 머리를 세게 한 대 때려주었을 거야."

토니가 웃으며 말했다.

"사실은 나도 그러고 싶었어. 지금도 그래. 만약 기회가 주어진다면 내가 무슨 짓을 할지 나도 몰라."

"복수는 강력한 동기 부여 요인이지. 하지만 네가 후회할 짓을 하는 건 보고 싶지 않아. 너도 알다시피, 예수님은 원수를 위해 기도하라고 하셨잖아. 어쩌면 네가 그렇게 해야 하는지도 몰라. 네가 기도해주는 사람을 미워하긴 힘들 테니까."

마이클이 말하자 토니는 미소를 지었다.

"믿거나 말거나, 난 그를 위해 기도했어."

"설마 '주님, 그의 이빨을 부러뜨려 주세요' 이런 식으로 기도한 거 아냐?"

토니는 웃었다.

"아니, 그냥 언젠가 어떤 식으로든 내가 그 사람에게 다가갈 기회가 있게 해달라고 기도했어."

"좋네. 톰은 그저 네가 한 일 때문에 그런 거니까……. 그게 잘못이었다는 걸 너도 인정한 거지?"

"그럼, 당연하지."

"그래. 그가 성도가 아니라면, 그의 관점에서 그 일을 볼 때 네가 잘못한 일에 대해 대가를 치르게 하고 싶은 거겠지."

토니는 고개를 끄덕였다.

"그래서 난 그 사람의 비난을 그냥 받아들여야 하는 거야?"

"아니, 그 일을 제삼자의 관점에서 보자는 말이야. 때로는 우리에게 상처를 주는 사람들에 대해 가장 생각하기 힘든 것이, 하나님이 그들을 어떻게 바라보실까 하는 거야. 머리를 세게 때려주고 싶을 때마다, 하나님께선 네가 돌아온 것처럼 그들도 하나님께 돌아오길 원하신다는 걸 기억해야 해."

"난 그를 그런 식으로 보지 못하겠고, 여전히 머리를 때려주고 싶은데?"

토니가 말했다.

"이렇게 생각해보자. 네가 내게 어떤 비열한 행동을 했어. 그것 때문에 너한테 많이 화가 나 있는데, 너한테 심장마비가 왔다는 연락을 받았을 때 내가 거절을 했어. 난 이 친구를 도와주고 싶지 않다고 말이야. 그게 좋은 생각인 것 같아?"

"아니."

"왜 아니야?"

"그럼 네가 직장을 잃을 거 아냐."

"맞아, 하지만 더 큰 이유가 있어. 난 누구든 쓰러진 사람을 도와주겠다고 약속을 했어. 아무것도 묻지 않고 말이야."

"무슨 말인지 알겠어. 그러니까 그가 용서를 구하거나 용서받을 필요가 있다고 생각하지 않더라도, 내가 그를 용서해야 한다는 말이잖아."

마이클은 고개를 끄덕였다.

"분명히 그럴 기회가 있을 거야."

"회사에 다시 갈 일은 없어. 그럴 기회는 없을 거야."

"그럼 편지를 써. 비행기를 한 대 빌려서 하늘에 쓰든가."

그는 잠시 생각하다가 앞으로 당겨 앉으며 말했다.

"화요일 아침마다 하는 남자들의 성경공부모임이 있어. 같이 아침식사를 하고, 기도하고, 자신들의 힘든 싸움들에 대해 이야기를 나누지. 용서가 어떤 것인지에 대해서도 이야기하고 말이야. 그 모임에 반대하는 사람들이 있어서 우린 커뮤니티실에서 모여. 그들은 우릴 예수쟁이, 그런 비슷한 이름으로 불러. 시간을 낼 수 있다면 너도 참석하면 좋겠어."

"야, 지금 난 가진 게 시간밖에 없어."

토니가 말했다.

"아직 취업 계획이 없는 거야? 집 대출금 때문에 부담이 이만저만이 아니겠는걸."

토니는 고개를 끄덕였다.

"차도 한 대로 줄었어. 리즈가 집을 몇 채 더 팔기로 해서 차가 많이 필요할 거야. 솔직히 말하면, 가까운 데서 직장을 찾고 싶어. 항상 출장을 다녀야 하는 일 말고."

"내가 지금 한 영업사원의 죽음을 보고 있는 거야? 넌 출장 다니는 걸 좋아하는 줄 알았는데."

"그랬었지. 돈이 훨씬 더 좋았으니까. 영업을 하고 보너스를 받는 게 좋았어. 하지만 우선순위가 바뀌니까 모든 것이 분명히 보이더라."

마이클이 고개를 끄덕였다. 그는 뭔가 대답을 하려다가, 토니의 뒤에 있는 사람을 보고 중단했다.

"안녕하세요, 어니!"

주민센터 관리자인 어니 팀스가 평소와 같은 어리둥절한 표정으로 지나갔다. 그는 커다란 상자를 들고 자기 사무실로 가던 중이었다.

"마이클," 하고 어니가 멍한 눈으로 말하고는 토니에게 고개를 까딱했다.

"상자 들고 어딜 가는 거예요?"

마이클이 말했다.

"내 사무실을 정리하고 있어요. 아직 소식 못 들었어요?"

"무슨 소식요?"

"저보고 나가라는데요? 어제 이사회에서 결정을 내렸대요. 그래서 정리하고 나가려고요."

마이클은 일어서서 걱정스런 얼굴로 바라보며 한 손을 그의 어깨 위에 올렸다.

"몰랐어요, 정말 유감이에요."

"어쩔 수 없죠 뭐."

어니는 침착하게 받아들이고 남자답게 행동하려고 애쓰는 듯했다.

"그 기분이 어떤지 저도 알아요. 전 브라이트웰에서 해고당했거든요."

토니가 말했다.

"정말 안타까운 일이네요."

어니가 말했다.

"앉으세요. 제가 커피 한 잔 살게요."

마이클이 말했다.

어니는 상자를 보다가 그의 사무실로 향하는 복도를 바라봤다.

"앉아요. 이야기를 나누면 좀 도움이 되지 않겠어요?"

토니가 말했다.

"네, 그럴 것 같네요."

마이클이 커피를 사러 가자 어니는 의자에 앉았다.

"갑자기 그렇게 된 거예요?"

토니가 말했다.

"이렇게 될 줄 알고는 있었어요. 저는 정말 이 일에 적임자가 아니거든요. 동시에 처리해야 할 행정적인 일들이 너무 많았어요. 여기서 관리자의 주된 업무는 모두가 한 팀으로 일하게 하는 것이잖아요? 저는 조직을 잘 다루지 못했어요. 정말 사교적인 사람이 못되거든요. 그들이 저를 내보낼 때 한 말도 그거예요. 하지만 퇴직금을 넉넉하게 줘서 불평할 수가 없네요. 그 덕에 생각할 수 있는 시간도 좀 생겼고요."

토니는 그의 이야기를 주의 깊게 들었다. 몇 주 전만 해도 그는 다른 사람의 문제에 조금도 관심을 갖지 않았다. 지금과 같은 상황에서도 오히려 어니가 해고된 걸 좋아했을 것이다. 그럼 체육관 예약 시간에 대해 혼동하는 일도 줄어들 테니 말이다. 그는 어떤 일들을 판단할 때 오로지 그것이 자신의 삶에 얼마나 영향을 미치는지만 생각했다. 그런데 이제는 힘들어하는 한 남자가 보였다. 가족이 있고 꺼져가는 희망과 꿈을 붙잡고 있는 사람이 보였고, 그 사람의 힘든 싸움에 그의 마음도 움직였다.

마이클이 커피를 가지고 왔고, 그 둘은 어니의 이야기를 열심히 들었다. 그들에게 모든 이야기를 털어놓은 어니는 한 손에 커피를 들고 앉아 먼 곳을 바라보았다.

"아시다시피, 토니가 겪은 실직은 그에게 중요한 전환점이 되었어요."

마이클이 말하자 어니는 토니를 바라봤다.

"정말이에요?"

"정말 솔직하게 말해서, 지금 전 편안해요."

토니가 말했다.

"그렇게 빨리 새 직장을 찾았어요?"

어니가 말했다.

"아뇨, 아직 다른 일자리를 찾지 못했어요. 다음에 뭘 할지도 모르겠고요."

"그런데 어떻게 편안할 수가 있어요?"

토니는 조금 머뭇거렸다. 어니가 영적으로 어떤 상태인지 알 수 없었고, 신앙이라는 이름으로 그를 공격하는 일만은 하고 싶지 않았기 때문이다. 하지만 하나님이 그의 삶 속에서 하신 일을 그에게 말하는 것이 자연스러울 것 같았다.

마이클은 토니를 보며 눈썹을 치켜올렸다. 농구골대 아래서 방금 공을 패스해준 팀원의 표정이었다.

"제가 바닥을 쳤을 때 하나님이 저를 붙잡으셨다고 할 수 있겠네요. 저는 출세와 성공과 돈을 좇았어요. 하지만 하나님은 저에게 무엇이 중요한가를 깨닫게 해주셨지요. 제가 그것을 향해 달려갈 때 하나님이 제게 평안을 주셨어요. 진정한 만족을 얻게 하셨죠. 비록 앞으로 어떻게 될지 모르지만 말이에요."

"정말 잘됐네요. 정말로 당신 덕분에 행복해졌어요."

"당신은 어때요? 하나님과 관계를 맺고 있으세요?"

어니는 눈살을 찌푸렸다.

"교회는 가요. 어쩌다 한 번씩. 아내가 다니거든요."

"아내가 당신을 위해 기도하나요? 토니의 아내가 열심히 기도한 덕에 토니의 모든 삶이 풀렸거든요."

마이클이 말했다.

"당신의 아내가 기도해서 당신이 실직을 했는데, 그래서 행복하다고요?"

어니가 말했다.

"실직을 해서 행복한 건 아니에요. 그리고 제 아내는 나쁜 일이 일어나게 해달라고 기도하지 않았어요. 우리의 결혼생활을 위해 기도했죠. 저의 신앙이 살아나게 해달라고 기도했어요. 하지만 전 잘못된 길로 가고 있었어요. 나 자신과 내 능력을 믿었거든요. 그런데 그게 다 끝났어요. 전 이제 더 이상 저 자신의 지혜에 의지하지 않아요."

어니는 커피를 한 모금 마시며 테이블에 시선을 둔 채 생각에 잠겼다.

"생각할 일이 많죠?"

마이클이 말하자 어니는 고개를 끄덕였다.

"우리가 당신을 위해 기도해도 될까요? 절 그렇게 쳐다보지 마세요. 바닥에 뱀들을 풀어놓고 기어 다니게 하지 않을 테니까."

마이클이 말하자 어니는 일어섰다.

"고마워요. 하지만 전 가봐야겠어요."

마이클은 고개를 끄덕였다.

"그래요. 다음에 또 봐요. 하지만 우린 당신과 당신 가족을 위해 기도할 거예요."

어니는 "고마워요."라고 말하고는 상자와 커피를 들고 그 자리를 떠났다.

"안타깝네. 우리의 말을 제대로 듣지 않아."

토니가 말했다.

"들었어. 다만 들을 준비가 되어 있지 않아서 그래. 그래도 괜찮아. 사람들의 마음을 움직이는 건 네가 할 일이 아냐. 그건 하나님의 일이지. 넌 하나님이 하신 일을 충실히 나누기만 하면 돼. 네가 너에게 일어난 일을 그에게 이야기해준 건 정말 잘한 일이었어."

"그래, 하지만 그는 그냥 가버렸어. 결과는 실패야."

"나한테도 그와 똑같이 했던 사람이 있었는데, 생각이 날 것 같네. 그런데 그 사람이 지금 앞에서 날 쳐다보고 있어."

토니는 씩 웃었다.

"내 기도 목록에 새로운 이름이 추가된 것 같아."

엘리자베스는 휴대폰을 만지작거리며, 불안한 마음을 가라앉히려고 괜히 페이스북을 훑어보았다. 가족 모두 두 줄 넘기 대회장으로 가는 길이었다. 그녀는 알림 메시지를 보고, 자기가 올린 사진을 보았다. 토니가 다니엘을 안고 있는 사진인데 둘 다 혜성 팀 티셔츠를 입고 있었다. 사람들에게 받은 댓글이 10개 있었는데, 모두 잘하라는 응원 메시지였다.

"오늘 클라라 부인도 올 거예요?"

다니엘이 물었다.

"잊지 않겠다고 했어."

엘리자베스가 말했다.

"제 간식은 가져왔어요?"

다니엘은 꼭 간식을 챙겼다. 그들은 미신을 믿지 말라고 말한 적은 없지만, 다니엘은 땅콩버터와 샐러리 줄기와 지렁이모양 젤리를 먹으면 더 잘 뛴다고 믿고 있었다.

"아, 그럼, 여기 가져왔지."

"다니엘, 긴장되니?"

토니가 백미러를 보면서 말했다.

"네, 많이요."

"당신도 긴장돼?"

엘리자베스가 토니에게 말했다.

토니는 활짝 웃으며 말했다.

"당연하지. 하지만 넘어지지만 않으면 잘할 거야."

"정말로 공중제비를 돌 생각이야?"

엘리자베스가 말했다. 토니는 자신들이 연습하는 동작 몇 가지를 그녀에게 이야기해주었는데, 그녀는 토니가 체조 기술을 줄넘기대회에서 선보일 수 있을지 확신하지 못했다.

"공중제비를 돌 거냐고? 그럼, 우린 꼭 할 거야."

토니는 목소리 톤을 높여 말했고 다니엘은 키득키득 웃었다. 엘리자베스에게 그것은 하나님이 역사하셨다는 증거였다. 그들의 관계에 변화가 일어나기 전에 그녀와 토니는 말다툼을 하지 않고는 단 10분도 같이 차를 타고 가지 못했었다. 그런데 지금 차 안의 분위기는 즐겁기만 했다.

"그리고 그게 다가 아니지, 다니엘?"

토니가 말했다. 그러자 엘리자베스는 토니만큼 활짝 웃는 얼굴로 딸을 돌아보았다.

"당신은 아직 아무것도 못 봤어, 리즈."

토니가 덧붙여 말했다.

"그래, 난 지금 무척 긴장돼."

그녀가 말했다.

그들은 대회가 열리는 샬럿 북부의 한 체육관을 향해 갔다. 토니는 좀 일찍 도착해서 분위기에 익숙해지기 원했다. 그 건물은 브라이트웰 사옥에서 멀지 않았다. 멀리 위풍당당하게 서 있는 건물을 보았을 때 엘리자베스가 토니의 어깨에 한 손을 얹으며 말했다.

"저곳이 그립지 않아? 광이 나는 바닥에 멋진 사무실이?"

"월급이 그립지. 매일매일 주어지는 도전들도. 하지만 내가 배운 것들과 바꾸진 않을 거야. 이젠 돌아가지 않을 거야."

"하나님이 당신을 위해 좋은 길을 예비해놓으셨을 거라 생각해. 그리고 다니엘이 당신의 다음 직장을 위해 구체적으로 기도하고 있어."

"그래?"

토니가 다시 백미러를 보며 말했다.

"네. 아빠가 집과 가까운 곳에서 일하게 해달라고 기도하고 있어요. 출장도 안 다니고, 우리가 이사 가지 않아도 될 만큼 돈도 벌게 해달라고요. 아, 그리고 우리 두 줄 넘기 팀에도 계속 함께할 수 있게 해달라고요."

토니는 웃었다.

"정말 구체적인걸."

"네, 클라라 부인이 그랬어요. 하나님은 구체적인 기도에 응답하는 걸 좋아하신다고."

"그렇게 말했어, 정말?"

토니가 말했다.

그들은 주택가의 정지신호 앞에 멈췄다. 그리고 근처 주차장에 기묘하게 세워놓은 차를 한 대 발견했다. 차 문과 트렁크 문도 열어놓은 채, 정장바지에 멜빵을 맨 한 남자가 휴대전화로 통화를 하고 있었다. 조금 몸을 돌리니

나비넥타이가 보였다. 그는 휴대폰에 대고 큰소리를 치며 흥분한 듯 손짓을 했다.

"톰 아니야?"

그녀가 말했다.

"맞아. 타이어가 펑크 났나 보군."

토니는 정지신호 앞에서 기다리며 말했다.

엘리자베스는 그를 보며, 누군지 모르지만 전화로 상대방과 하는 대화를 상상해보았다. 이런 불편한 일을 겪는 것도 인과응보였다. 한편으론 그가 곤란한 일을 겪는 것이 기쁘기도 했다. 그런데 토니가 그를 지나쳐 왼쪽으로 돌아 주차장으로 들어가더니 톰의 차 뒤에 섰다.

"아빠, 우리 늦는 거 아니에요?"

"아니, 괜찮아. 오래 걸리지 않을 거야."

"뭐하는 거야?"

엘리자베스가 말했다.

"잠시 해야 할 일이 있어."

그는 차를 세우고 모든 걸 말하려는 듯한 표정으로 그녀를 처다보았다. 그녀는 제대로 이해할 수가 없었다. "곧 돌아올게." 하고 그는 말했다.

엘리자베스는 토니를 말리고 싶었다. 경솔한 행동은 하지 말라고 하고 싶었다. 만일 그가 어떤 식으로든 톰의 마음을 상하게 한다면, 콜맨이 고소를 하지 않겠다는 그의 결정을 재고할지도 모르는 일이었다. 하지만 그녀는 아무 말도 하지 않았다. 토니가 이미 마음을 정했기 때문에 다 지난 일이었다. 그녀는 그가 그 고장 난 차를 향해, 이름만 들어도 위축되지 않을 수 없는 그 사람을 향해 일부러 다가가는 모습을 보고 알 수 있었다.

'주 예수님, 지금 토니를 도와주시겠습니까? 그에게 주님의 뜻과 마음을 주시겠습니까, 오 주님.'

"아빠가 뭘 하려는 거예요, 엄마?"

다니엘은 안전벨트를 풀고 앞으로 바싹 당겨 앉았다.

엘리자베스는 혹시 토니가 경솔한 행동을 할 경우 딸의 눈을 가리고 싶었다. 주변에 다른 사람은 없었다. 아무도 보지 못할 것이다.

"나도 잘 모르겠어, 다니엘."

클라라는 모든 삶은 우리가 진심으로 하나님을 믿는지 아닌지에 대한 시험이라고 말했었다. 우리가 매일 하는 수많은 선택들은 하나님을 진심으로 따르고 있는지, 하나님께 진심으로 순종하고 있는지를 보여주며, 가장 중요한 시험 중 하나는 우리에게 잘못한 사람에게 보복을 하려 하는지의 여부였다. 토니는 때때로 분노를 이기지 못하던 사람이었다. 엘리자베스는 창문을 내리고 무슨 말을 할 생각에 창문 쪽으로 가까이 갔다.

톰은 셔츠로 이마의 땀을 닦다가 토니가 그를 향해 성큼성큼 걸어오는 것을 보았다. 톰은 약간 두려운 표정으로 한 걸음 물러섰다. 토니가 무언가를 잡으려고 트렁크 안으로 몸을 숙이자, 그는 차에서 물러섰다. 그는 타이어를 떼어내는 지렛대를 찾아냈다.

토니는 항상 운동으로 건강을 잘 유지하고 있었다. 티셔츠를 입고 있어서 그의 이두박근이 더욱더 두드러졌고, 톰에 비해 매우 육중해 보였다. 그가 앞으로 다가서니 톰은 또 한 걸음 뒤로 물러섰다.

누가 그곳을 지나가거나 창문으로 보고 있었다면, 치명적인 무기를 든 흑인이 백인에게 다가가고 있는 줄 알았을 것이다. 게다가 그들의 뒷이야기를 알고 있다면 911에 전화를 했을지도 모른다. 엘리자베스는 톰이 휴대폰으로 어딘가에 전화를 걸어 도움을 요청하든지 아니면 그냥 돌아서서 최대한 빨리 도망치지 않을까 하는 생각을 했다.

토니는 톰에게 뭐라고 말을 하려는 듯 가까이 다가갔지만, 엘리자베스는 말소리를 들을 수 없었다. 두 사람은 그냥 서로 마주보고 있었다. 그때 토니가 차 옆에 쪼그리고 앉아서 바퀴의 큰 너트를 풀기 시작했다.

엘리자베스는 미소를 지었고 다니엘은 긴장한 채 보고 있었다.

"뭐하는 거예요, 엄마?"

"톰 아저씨의 펑크 난 타이어를 갈아주고 있는 거야."

"톰 아저씨가 누구예요?"

"아빠가 잘못을 고백했을 때 아빠한테 야박하게 굴었던 사람이 있어. 같은 회사에서 일하는 분이야. 그런데 똑같이 야박하게 구는 대신, 아빠는 저 사람한테 은혜를 베풀고 있는 거야."

다니엘은 아빠가 너트를 풀고 차 밑에 들어가 잭으로 차를 들어 올리는 것을 유심히 지켜보았다. 그는 스페어타이어를 끼우고 너트를 조인 다음 차를 내리고 다시 조였다.

타이어를 다 끼우고 나서는 펑크 난 타이어를 도구들과 함께 뒤에 넣고 손을 털며 다시 톰에게 다가갔다. 톰의 얼굴이 약간 부드러워진 듯했다. 아니면 엘리자베스와 다니엘이 했던 질문을 그도 하고 있었는지도 모른다. 토니가 왜 그렇게 한 걸까? 그냥 지나쳐가면서 모른 척할 수도 있었다.

토니가 더러운 손을 내밀자 톰은 약간 머뭇거렸다. 그러다가 토니의 손을 잡고 악수를 했다. 고맙다는 말은 없었다. 어떤 질문도 없었다. 그저 악수를 했을 뿐이고 토니는 차로 돌아왔다.

"왜 그랬어요?"

다니엘이 말했다.

"아빠가 그렇게 대접받고 싶어서야, 다니엘."

엘리자베스는 미소를 지으며 마음을 변화시켜주신 하나님께 감사했다. 차가 톰을 지나쳐가면서 보니, 그는 뭔가 놀란 사람처럼 뒷바퀴를 빤히 쳐다보고 있었다. 마치 일종의 기적을 목격한 사람 같았다. 엘리자베스는 실제로 그렇다는 걸 알았다.

# 미스 클라라

클라라가 클라이드에게 두 줄 넘기 경기장에 데려다달라고 부탁하자, 마침 그날 아침에 샬럿에서 회의가 있으니 문제없을 거라고 했다. 그는 어머니의 요청에 고개를 저으며 말했다.

"어머니, 구경하러 가는 거예요, 참석하러 가는 거예요?"

그는 클라라에게 미소를 지으며 마음을 따뜻하게 하는 표정을 지었다.

가는 동안 두 사람은 최근의 뉴스에 대해, 클라이드의 직장생활에 대해 이야기를 나누었고, 결국 대화는 그녀의 손녀딸, 할리에게로 향했다.

"저번에 할리가 학교 다녀온 후에 뒷마당으로 들어왔어. 난 그때 내가 할 수 있는 가장 강력한 일을 하고 있었거든."

클라라가 말했다.

"기도하고 계셨군요."

"그렇게 믿으니 좋구나. 사람들은 '그래, 이제 우리가 할 수 있는 건 기도뿐이야'라고 말하지. 그런데 기도는 우리가 할 수 있는 최고의 일이야. 그래서 난 창가에 앉아서 기도하고 있었는데 할리가 마당에서 걸어오고 있었어. 그 아이는 날 보지 않았지. 늘 그 아이가 날 다시 찾아오길 바랐어. 하지만 일주일 동안 그냥 그렇게 기도했단다. 그 아이가 나에게 오게 해달라고, 그냥 지나가다가 내가 다시 부탁하지 않아도 오게 해달라고……."

클라이드는 신호등 앞에 멈춰서 클라라를 쳐다보았다.

"그래서 어머니가 나가서 그 아이와 이야기를 나누셨어요?"

클라라는 클라이드에게 한 손가락을 흔들며 말했다.

"아니. 창문도 두드리지 않았어. 창문 밖으로 소리치지도 않았고. 그냥 기다렸어. 그리고 기도했지."

"그래서 어떻게 됐어요?"

신호가 녹색으로 바뀌자, 누군가 뒤에서 빵빵거렸다.

"내가 뭔가를 하기를 기다리는 것처럼 조금 어슬렁거리더라. 그런데 내가 나타나지 않으니까 그 아이가 창문으로 와서 들여다보더라고. 나를 걱정하듯이 말이야. 난 손을 흔들며 문을 가리켰지. 그랬더니 마침내 그 아이가 들어오더라고."

"어머니는 낚시꾼이 됐으면 아주 좋았겠어요."

클라라는 웃으며 말했다.

"나이가 먹고 경험이 쌓이다 보니 그렇게 인내심이 생기더구나. 그냥 가만히 앉아서 기다리니 그 아이가 들어오고 싶은 생각이 든 거야."

"그래서 좋은 대화를 나누셨어요?"

"이제 막 대화를 나누기 시작했다고 해야겠지. 당장 불도저로 담을 허물 수도 있겠지만, 보통은 벽돌을 하나하나 제거하는 게 더 좋아."

"어머니가 우리와 함께 사셔서 너무 좋아요. 정말이에요."

클라이드의 GPS가 어디에서 돌라고 말하고 있었지만, 클라라는 체육관을 가리켰다. 클라이드는 체육관 앞에 차를 세우고 문을 열어주었다.

"경기 끝나고 전화하시면 제가 모시러 올게요. 알겠죠?"

클라라는 안에 들어가 엘리자베스를 만나서, 제일 먼저 토니가 직장에서 자신을 그토록 야박하게 대했던 사람을 위해 무슨 일을 했는지 들었다. 클라라는 하마터면 체육관 안에서 할렐루야를 크게 외칠 뻔했다. 몇 분 후에 토니를 발견했을 때, 그는 몸을 풀며 준비를 하고 있었다. 클라라는 토니에게 시간을 좀 내줄 수 있는지 물었다.

"물론이죠, 클라라 부인. 무슨 일이죠?"

토니가 말했다.

"엘리자베스에게 당신이 펑크 난 타이어를 갈아줬다는 얘길 들었어요. 어디서 그런 힘을 얻었어요? 아, 물론 신체적인 힘을 말하는 게 아니에요."

토니는 웃었다.

"음, 사실을 알고 싶으시다면, 제가 톰을 위해 기도해왔거든요. 제 친구 한 명이 그렇게 할 것을 권하더라고요. 그리고 네 원수를 사랑하고 그들을 위해 기도하라는 마태복음 말씀도 생각났고요. 그런데 마침 타이어를 교체할 상황이 생긴 거예요."

클라라는 빙그레 웃으며 고개를 저었다.

"좋은 일이지만, 어려운 일이기도 해요."

토니의 눈이 별처럼 반짝거렸다.

"주차장에서 톰을 봤을 때 우리가 그냥 지나가면 안 된다는 걸 알았어요. 그가 전화로 누군가에게 막 소리를 지르고 있었거든요. 아마 회의에 늦고, 상황은 절망적이고, 날은 덥고, 땀도 나고 그랬을 거예요."

"그 사람은 자기 타이어를 직접 갈지 못하나요?"

"제 말을 이해하실지 모르지만, 톰은 타이어를 교체할 사람이 아니에요."

"그러니까 그 사람을 봤을 때 주님이 당신에게 무엇을 하라고 말씀하시는 것을 알았다는 거예요?"

토니는 고개를 끄덕였다.

"원수를 위해 기도하는 것, 하나님께 그 사람의 삶 속에 들어가 그를 축복해달라고 기도하는 것, 그것은 좋은 시작이었어요. 하지만 막상 자신의 기도가 응답이 될 수 있는 기회가 주어지자, 얘기가 또 달라지더라고요. 전 그걸 세심하게 조정할 수가 없었어요. 톰에게 제가 왜 그렇게 하는지 말하지 않았어요. 복음도 전하지 않았고요. 설교도 하지 않았어요. 다만 그의 타이어를 갈아주고, 악수를 나누고, 그냥 왔어요."

"당신이 설교는 하지 않았어도, 그에게 행동으로 복음을 들려준 거예요. 용서받은 마음으로 사는 것이 어떤 것인지 그에게 보여준 것이지요."

토니는 미소를 지었다.

"저도 그런 것 같아요, 제가 해낸 건가요?"

"하나님이 당신을 통해서 그 일을 하신 거예요. 하나님이 하시는 일은 참으로 놀라워요. 내 생각엔 앞으로 그 사람에게 당신이 가진 소망의 이유에 대해 이야기할 기회가 꼭 생길 거예요. 그런 일이 일어나길 기도할게요."

"우리 부부도 기도할게요, 클라라 부인. 우리 가족을 이렇게 중요하게 생각해줘서 고마워요."

클라라는 입술을 오므리며 말했다.

"당신 가족이 나한테 어떤 의미가 있는지 당신은 몰라요, 젊은이. 이제 나가서 예수님을 위해 공중제비를 멋지게 해내요."

토니는 자기 팀으로 돌아가 대회 준비를 했다. 클라라는 그가 운동하는 모습을 보며 다시 한 번 하나님을 찬양했다.

체육관이 꽉 차기 시작했을 때 클라라는 엘리자베스를 발견했다.

"많은 사람들이 하나님을 위해 위대한 일들을 하기 원해요. 그리고 많은 사람들이 세상을 변화시키기 원해요. 난 그런 말을 들을 때면 그저 고개를 저어요. 세상을 변화시킬 수 있는 분은 하나님뿐이에요. 하나님만이 사람의 마음과 생각을 바꾸실 수 있기 때문이죠. 토니는 스스로 나가서 톰에게 사랑과 용서를 보여주기 위해 그를 위해 선한 일을 한 게 아니에요. 하나님이 톰의 삶 속에서 어떤 일을 행하시기를 기도했죠. 그리고 기회가 주어졌을 때 그 기회를 잡았어요. 하지만 그건 그가 하늘에 계신 아버지의 마음에 가까이 간 후에 일어난 일이었어요. 때때로 기적은 타이어를 교체하는 일처럼 나타나죠."

"그 기적은 저에게도 일어났어요. 저는 토니를 돌이키기 위해 아무 일도 하지 않았어요. 그저 하나님께 가까이 다가가 하나님께서 역사하시기를 간구했을 뿐이죠."

엘리자베스가 말했다.

클라라는 출전 팀들 속에서 다니엘과 토니를 찾았다.

"당신의 어린 딸이 아마 당신을 위해 똑같은 일을 해줄 거예요."

"그게 뭔데요?"

"언젠가 그 아이가 당신으로 하여금 무릎을 꿇게 만들 거예요. 모든 아이들이 자기 부모에게 그렇게 하죠. 그런 일이 벌어질 때 내가 한 말을 기억해요. 다니엘의 문제를 당신이 해결해야 한다고 생각하지 말아요. 이것은 하나님이 당신을 그분께로 이끄시고, 당신 자신의 지혜가 아닌 하나님을 의지하도록 도우시는 방법이에요."

"꼭 기억하도록 할게요."

엘리자베스가 웃으며 말했다. 그리고 나서 그녀의 얼굴이 진지해졌다.

"부인의 집이 걱정이에요. 몇 사람이 관심을 보이긴 했는데, 아직……."

클라라는 고개를 저으며 말했다.

"하나님이 적합한 가족을 데리고 오실 거예요. 하나님의 때에…. 그러니 걱정하지 말아요."

그 말에 엘리자베스는 마음이 놓이는 듯했다. 그리고 고개를 옆으로 기울이며 말했다.

"클라라 부인, 하나님이 스포츠 행사에도 관심을 가지실까요? 우리가 한 팀이 이기게 해달라고 기도하고, 또 다른 사람이 다른 팀을 위해 기도하면 하나님이 어떻게 하실까요?"

"하나님의 본성에 대한 질문이군요. 그건 아주 심오한 주제예요. 작은 일들로 하나님을 근심시키고 싶지 않다며 기도하지 않는 사람들이 있어요. 자동차 키를 분실했거나, 주차할 자리가 없거나, 어떤 경기에서 이기길 원하거나, 그럴 때 말이에요. 난 하나님이 그 모든 일들에 관심을 가지신다고 믿어요. 하나님이 당신의 머리카락 수를 세시고 참새 한 마리도 땅에 떨어지지 않게 하신다면, 그분은 작은 일들에도 관심을 가지시는 거예요. 그 작은 일들이 바로 큰 일들에 영향을 미치기 때문이죠. 사람들이 그런 일들에 대해 기도하지 않겠다고 말하는 것은 실제로 하나님께 그 부분에 관여하지 말라고, 자신들이 다 할 수 있다고 말하는 거예요. 그리고 그건 위험한 일이죠. 우리가 어떤 치약을 사야 할지에 대해 열흘 동안 금식하며 기도해야 한다는 말이 아니에요. 그렇지만 하나님은 암과 충치에 똑같이 관심이 있으시답니다. 지금 난 누가 이기느냐에 관심이 있는 것이 아니고 누가 더 하나님께 가까이 다가오느냐에 관심을 가지고 있어요. 하나님은 우리가 이기든 지든 하나님께 더 가까이 나아가기를 원하세요. 우리의 능력과 무능력을 사용해서 하나님을 찬양하게 하시죠. 그러니 어떤 선수는 멋지게 공을 잡아내고 경기 후 인터뷰에서 하나님을 찬양하겠죠. 한편 다른 선수는 그 경기에서 패함으로써 겸손해질 거예요. 그는 하나님을 찬양할 수 없을까요? 어려운 상황 속에서 드리는 그의 찬양은 어떤 면에서 더 훌륭할 거예요. 그가 하나님을 신뢰하기 때문이죠."

"그럼 다니엘의 팀이 이기게 해달라고 기도하는 건 잘못이 아니네요?"

"그럼요, 나도 여기에 오면서 그렇게 기도했는걸요. 그리고 하나님이 토니의 마음과 당신의 가족 안에서 계속 역사하셔서 당신들이 하나 되게 해달라고 기도했어요. 그게 이 대회에서 우승하는 것일 수도 있겠죠."

# 같이 춤추고 노래 부르고

토니는 가족과 다른 팀원들과 함께 체육관으로 걸어 들어갔을 때 너무 놀라서 숨이 멎는 줄 알았다. 주최 측에서 준비를 잘해놓은 줄은 알았지만, 이 정도일 줄은 몰랐다. 네 면이 모두 관람석으로 둘러싸여 있고 가운데 공간은 대회를 위해 남겨놓았다. 위에는 '두 줄 넘기 시 선수권대회'라는 표지판이 걸려 있었다.

"정말 넓다."

제니퍼가 말했다.

다니엘은 놀라서 눈이 휘둥그레졌다. "와!"라는 감탄사밖에 안 나왔다.

"내가 이래서 좀 일찍 오려고 했던 거야."

엘리자베스가 관람석으로 가기 전에 토니가 엘리자베스에게 말했다.

"주위 환경에 적응할 시간을 주려고……."

"여전히 공중제비를 돌 생각이야?"

그녀가 작은 소리로 말했다.

"여보, 공중제비는 걱정하지 마."

토니는 스트레칭을 하며 다른 팀원들도 똑같이 하도록 도와주었다. 클라라 부인이 그에게 다가와 말을 걸었고, 그녀가 자리를 떠날 때 그의 눈이 촉촉이 젖어 있었다. 그녀는 양 옆으로 팔을 흔들며 기쁨의 춤을 추듯이 신나게 걸어갔다. 진짜 그랬을 것이다. 그녀는 충분히 기뻐할 이유가 있었다.

트리시가 아이들을 격려하기 위해 체육관 한 구석에 모두를 불러 모았다. 그녀가 이야기를 할 때 토니는 심판석에 가서 경기 순서를 확인하고는 급히 돌아왔다.

"난 너희들이 이룬 모든 것이 정말 자랑스러워. 그리고 너희들이 경기하는 모습을 어서 보고 싶어."

트리시는 그렇게 말하고는 몸을 돌려 토니에게 말했다.

"당신도 하고 싶은 말이 있죠, 토니?"

"네, 고맙습니다, 코치님. 얘들아, 잘 들어라. 방금 심판들과 얘기하고 왔는데, 우리 순서가 마지막이란다."

"좋았어!"

다니엘이 흥분을 감추지 못하고 말했다.

"우리가 얘기한 거 잘 기억해. 우리가 원하는 건 마지막으로 인상적인 경기를 보여주는 거야. 그렇지? 너희들이 긴장하고 있는 거 알아. 사실은 나도 긴장되거든. 하지만 우린 그 불안한 에너지를 로켓 연료로 만들 거야. 알겠지? 너희들도 나와 같은 생각이지?"

소녀들은 모두 고개를 끄덕이며 동의했다.

그가 손을 가운데 두자, 아이들이 그 손 위에 자신들의 손을 포갰다.

"좋아, 다 날려보내자. 하나, 둘, 셋에 '혜성'하고 외치는 거야. 하나, 둘, 셋, 혜성!"

엘리자베스는 사람들로 꽉 찬 체육관의 열기를 느끼며 클라라 옆에 앉아 있었다. 그녀는 친구에게 혜성 팀 티셔츠를 갖다 주었고, 클라라는 옷깃이 달린 녹색 셔츠 위에 그 티셔츠를 겹쳐 입었다. 클라라는 경기장에서 모르는 사람들과 마치 오래전에 연락이 끊긴 친구들처럼 이야기를 나누었다. 줄넘기를 하는 자녀들에 대해 물었고, 실제로 경기가 시작되기 전에 그녀의 기도 목록에 추가할 사람을 세 사람이나 발견했다. 이것이 기도 전사의 삶이었다. 항상 의무감을 가지고, 전투에 임할 준비가 되어 있는 것이다.

"그럼 두 줄을 동시에 돌리는 거예요?"

클라라가 묻자 엘리자베스가 말했다.

"두 줄이 서로 반대방향으로 돌아가요."

클라라는 팀들이 몸을 푸는 모습을 보며 고개를 저었다.

"와, 눈과 손의 협응력이 대단하군요."

팀의 가족들은 복도와 관람석에서 돌아다니며 날씨에 대해 이야기를 나누었다. 엘리자베스는 한 어머니가 발목이 접질렸는데도 대회에 나온 딸에 대해 이야기하는 걸 들었다.

엘리자베스는 클라라가 경기에 어떤 반응을 보일지 잘 몰랐다. 가만히 앉아서 경기를 지켜볼지, 아니면 매우 흥분하며 몰입할지 알 수 없었다. 하지만 팀들을 소개하자 그녀가 매우 점잖고 새침할 거라는 선입견은 모두 사라져 버렸다. 가만히 앉아 있다가 혜성 팀을 소개하자 벌떡 일어나 다니엘과 토니, 나머지 팀원들을 큰소리로 응원했다.

"힘껏 우리 팀을 응원하고 싶어요."

그녀는 엘리자베스의 떡 벌어진 입을 보고 말했다.

"바울은 무엇을 하든 마음을 다해서 하라고 했어요. 그게 무슨 일이든 상관없어요. 콩을 까든, 설거지를 하든, 내가 좋아하는 두 줄 넘기 팀을 응원하든 말이에요. 난 온 힘을 다할 거예요."

엘리자베스는 고개를 저으며 이런 힘을 그녀의 삶 속에 불어넣어주신 하나님께 감사했다.

진행자가 "자, 두 줄 넘기 시 선수권대회를 시작할 준비가 됐습니까?"라고 말했다.

사람들이 함성을 질렀고 클라라는 일어나 박수를 쳤다.

진행자가 대회에 처음 온 사람들을 위해 규칙을 설명하고 참석한 선수들에게 주의사항을 말해주었다. 그리고 드디어 시작할 시간이 되었다.

"우리 팀들 다 준비되셨죠? 먼저 스피드 줄넘기부터 하겠습니다. 자, 시작합니다!"

"스피드 경기는 그냥 들어가서 미친 듯이 뛰면 되는 거죠?"

클라라가 말했다.

"맞아요. 팀에서 제일 빠른 선수들을 가운데 두고, 정해진 시간 동안 뛰는 만큼 점수를 얻죠. 그 후에는 자유형 경기가 있어요. 거기서 모든 독창적인 동작을 선보일 거예요."

"그럼 토니가 공중제비를 도는 건가요?"

"그 얘긴 어떻게 들으셨어요?"

"다니엘이 나한테 잘 보라고 했거든요."

세 팀이 동시에 경기를 했고, 한 심판이 주어진 시간 안에 몇 번을 뛰는지 기록했다. 엘리자베스는 선수들의 유연한 몸놀림과 호흡이 척척 맞는 모습에 깜짝 놀라며 감탄했다. 가운데서 뛰는 선수들만 보고 있으면 줄을 돌리는 2명의 선수들은 잊어버리기 쉬웠다. 그러나 모든 선수가 집중하여 한 동작에 열중해야 했다.

"봤어요? 저렇게 빨리 뛰다니 믿을 수가 없어요. 마치 손을 움직이는 것 같잖아요. 심지어 줄도 보이질 않아요. 심판들은 어떻게 줄을 넘는 횟수를 셀 수 있을까요?"

클라라가 말했다. 그녀의 말이 맞았다. 선수들이 뛸 때 그들은 한 구역에 들어가 세 사람이 아닌 한 사람으로 같이 움직일 수 있는 능력이 있는 것 같았다. 엘리자베스는 두 팀의 속도를 혜성 팀과 비교해보았다. 줄을 넘을 때마다 심판이 계측기로 수를 기록했고, 그녀는 지켜보면서 이 라운드에서는 혜성 팀이 다른 팀들만큼 높은 점수를 받지 못했을 거라는 결론을 내렸다. 자유형 경기에서 잘해야만 했다.

"타임!"

한 심판이 소리쳤다. 엘리자베스는 손바닥이 땀에 젖은 채 클라라를 쳐다보았다.

"너무 긴장돼서 못 보겠어요."

클라라는 고개를 젖히며 웃었다.

"이제 여기 있는 이상 꼼짝없이 볼 수밖에 없다는 거 알잖아요! 힘내라, 혜성 팀!"

많은 스포츠들이 남녀를 분리하지만 두 줄 넘기 대회는 그렇지 않았다. 여자아이들이 남자아이들보다 더 많았지만 아주 많은 것은 아니었다. 줄이 돌아가는 소리와 나무 바닥에 발이 닿는 소리가 관중들과 팀원들의 응원소리와 뒤섞였다.

"이번 라운드와 다음 라운드 점수가 어떻게 적용되는지 이해가 안 가요."

클라라가 말했다.

"피겨 스케이트랑 비슷해요. 스피드 경기는 스케이트 선수들이 정해진 점프를 하는 기술 경기랑 비슷한 거죠. 자유형 경기는 긴 프로그램과 비슷하고요. 각 팀들은 스타일 포인트로 심판들을 감동시키려고 노력하죠."

엘리자베스가 말했다.

"그럼 스피드 경기 다음엔 모든 게 심판들과 그들의 판단에 달린 거네요."

클라라가 말했다.

"맞아요. 토니는 자기네 순서가 맨 마지막이라고 정말 좋아했어요. 심판들에게 마지막 감동을 남길 수 있다고 말이에요."

스피드 경기가 끝나자 잠깐 쉬는 시간이 있었다. 다니엘이 가쁜 숨을 몰아쉬면서 땀을 흘리며 다가왔다. 클라라는 그녀를 꼭 안아주었다.

"네가 최선을 다해 빨리 뛰는 걸 봤어! 어땠어?"

"정말 재밌었어요! 하지만 자유형 경기 때문에 아직 약간 긴장되긴 해요."

다니엘이 말했다.

"너희 팀 선수들과 코치들은 지금까지 준비를 잘해왔잖니. 그리고 내가 널 위해 기도할 거야."

"그건 불공평한 혜택 같은데요."

엘리자베스가 웃으며 말했다. 클라라도 웃었다.

"그럴지도 모르지. 하지만 난 괜찮아."

진행자가 팀들을 다시 호명했고, 7명의 심판들이 채점 테이블에 앉았다.

엘리자베스는 토니가 팀으로 돌아가기 전에 그와 포옹을 했다.

"하나님이 공중제비를 할 수 있게 도와주실까?"

"당신은 보기만 해."

토니가 말했다.

✦　✦　✦

토니는 팀원들과 함께 첫 번째 팀이 경기장 가운데로 나가는 것을 지켜보았다. 진행자가 말했다.

"자, 스피드 점수가 자유 경쟁 점수에 합산될 겁니다. 그럼 이제 자유형 경기를 시작하겠습니다. 첫 번째 팀은 달 토끼들입니다."

관중들은 노란 옷을 입은 그 팀을 열광적으로 응원했다. 그들은 꽤 인상적인 경기를 선보였고, 토니는 다니엘과 다른 선수들이 불안한 마음으로 지켜보는 것을 알 수 있었다. 그는 야생마 팀을 소개하는 동안 팀원들을 다시 불러 모았다.

"내가 보니 너희들은 다른 팀과 자신을 비교하고 있어. 그들이 물구나무서기하는 걸 보고, 또 얼마나 빠른지 보면서, 그렇지?"

"우린 그들만큼 잘하지 못하잖아요. 그렇게 빠르지도 않고요."

제니퍼가 말했다.

"한 여학생이 하는 거 봤어?"

조이가 말했다.

"자, 우리는 혜성 팀이야. 혜성은 뭘 하지? 갑자기 솟아오르며 모두를 깜짝 놀라게 하지, 그렇지? 자, 우리도 그렇게 할 거야. 저 팀들은 훌륭하고 빨라. 그들이 하는 걸 즐겁게 봐. 그렇지만 너희 동작에 집중해. 비교는 심판들에게 맡기고, 알겠지?"

토니가 말했고, 트리시도 그들을 격려해주었다. 그리고 나니 팀원들이 조금 더 편안해진 것 같았다.

토니는 트리시를 한쪽으로 데려가 말했다.

"제일 마지막이 아니라 제일 먼저 하게 해달라고 부탁했어야 했나 하는 생각이 들어요. 정말 괴롭네요."

트리시는 미소를 지으며 고개를 저었다.

"우린 아주 잘해낼 거예요!"

다음은 호랑이 팀이었는데, 선수 중 한 명이 뒤로 공중제비 넘는 것을 시도했다가 실패했다. 토니는 심판들을 흘긋 보았다. 그들은 득점표에 뭔가를 적고 있었다. 만약 그들이 완벽한 동작을 선보이면, 그가 공중제비를 시도해야 할까? 약간의 의심이 들기 시작했다. 자신의 자존심 때문에 공중제비를 돌려고 하는 걸까? 대회는 그의 개인 능력을 발휘하기 위한 것이 아니라 팀을 위한 것이었다.

'넌 자랑하려고 하는 거야. 넌 그저 네 자신한테 관심을 끌려고 하는 거야. 이 대회의 주인공은 네가 아니라 소녀들이야.'

머릿속에서 그런 음성이 들렸다. 토니는 그 목소리를 떨쳐내며 자신에게 진실을 말했다. 그는 아무것도 그를 방해하지 못하게 할 것이다. 그는 자신의 가족과 함께하도록, 그가 할 수 있는 최선을 다하도록, 그의 딸과 아내와 팀을 위해 최선을 다하도록 이 자리에 와 있는 것이다.

한 팀에서 2명이 체육관 바닥에 거의 닿을 듯한 자세로 줄을 넘으면서 브레이크 댄스 동작을 선보이자 그는 놀라움에 고개를 절레절레 흔들었다. 그런 동작을 해낼 수 있을 거라고는 생각도 못했다. 그리고 심판들이 득점표를 쳐다보는 모습을 보고, 그 팀이 홈런을 쳤다는 걸 알았다.

각 팀마다 기술과 동작들이 점점 더 복잡해지는 것 같았다. 빠른 천사들 팀은 남자 4명이 너무나 신나는 동작에 빠르게 돌기, 공중제비 등을 선보였다. 그들은 한 번의 중요한 점프를 놓쳤지만, 관중들과 아마도 심판들까지 감동시킨 듯했다. 토니는 한 심판이 다른 심판을 보면서 '와우' 하고 말하는 것을 보았다. 과연 그의 팀도 '와우' 하는 감탄사를 이끌어낼 수 있을까 하는 의문이 들기 시작했다.

그들의 차례가 가까워오자 긴장감이 더욱 커졌다. 토니는 마지막으로 격려하기 위해 소녀들을 불러 모았다.

"좋아. 경기장에 모든 걸 쏟아 붓는 거야, 알겠지? 나가서 우리가 할 수 있는 걸 다 보여주자고!"

"자, 이제 자유형 경기 마지막 팀입니다. 혜성 팀에게 성원을 보냅시다!"

진행자가 말했다. 관중들의 함성을 들으며 혜성 팀이 나왔다. 토니는 엘리자베스를 쳐다보았고, 그녀는 긴장된 미소를 지어 보였다. 그는 혼자 경기장 한 구석에서 눈을 감고 기도했다.

'주님, 이 경기를 주님께 바칩니다. 저에게 주신 에너지와 이곳에 있는 친구들과 제 가족에게 감사드립니다.'

음악이 시작되고 줄이 돌아갔다. 토니는 심호흡을 했다. 그는 신호를 보고 뛰기 시작했다. 그 다음 몇 분 동안 정말 마법 같은 일이 벌어졌다. 그는 공중제비를 넘으며 줄 안으로 들어갔다가 높이 뛰어서 뒤로 공중제비를 돈 다음 정확하게 착지를 했다. 그리고 곧바로 돌아가는 줄에 맞춰 뛰었다.

사람들은 열광했고 토니는 에너지가 넘쳤다. 개인들의 목소리는 들을 수 없었지만 그의 머릿속에서 포효하는 소리가 들렸고, 팀원들이 준비할 때 마음속으로 박자를 맞추었다.

다음엔 제니퍼가 뛰어 들어와 두 줄 안에서 놀라운 동작을 선보였다. 그리고 토니가 가운데로 뛰어 들어왔고 다니엘이 합류했다. 그들은 한 발로, 그 다음엔 다른 쪽 발로 뛰었고, 공중에서 두 발을 치기도 했다. 그들이 집 앞에서 몇 시간 동안 연습했던 정말 어려운 동작이었다.

다니엘이 나오고 토니가 다시 혼자서 뒤로 공중제비를 돌자, 관중들은 일제히 일어서서 환호했다.

엘리자베스는 그동안 그 팀이 연습하는 걸 죽 봐왔다. 토니와 다니엘이 집 앞에서, 또 비가 오면 차고 안에서 연습하는 걸 봤지만, 막상 경기장에서 경기하는 장면을 볼 준비가 되어 있지 않았다. 하지만 그들의 모든 노력과 수고와 땀과 초조함이 합쳐져서 하나의 놀라운 공연을 이루어낸 것 같았다.

그녀가 볼 때 절정은 토니가 다니엘을 안아 올려 그의 등 뒤로 회전시키면서 계속 줄을 넘고, 중간에 제니퍼가 합류하는 장면이었다. 마지막으로 음악이 끝나는 시간에 완벽하게 맞춰서 줄이 멈추었고, 그들은 우레와 같은 박수갈채를 받았다.

"잘했어! 정말 잘했어!"

클라라가 소음을 뚫고 크게 외쳤다.

엘리자베스도 감정을 억누를 수가 없었다. 이것은 하나님이 토니의 삶과 그들의 가족 안에서 일하고 계신다는 또 하나의 증거였다. 그녀는 그들 앞에 험난한 길이 펼쳐지리라는 것을 알고 있었다. 하지만 이 벅찬 느낌을 병에 담아 간직하고 있다가 가끔씩 쏟아내고 싶었다.

토니는 다니엘을 붙잡고 마치 승리의 춤을 추듯이 그녀를 빙빙 돌리며 체육관을 돌았다. 머지않아 다니엘은 그와 함께 결혼식장에 들어가 그녀의 인생을 향해 나아갈 것이다. 엘리자베스는 그 장면이 눈앞에 잠깐 스쳐가는 걸 볼 수 있었다. 그녀는 가족과 함께하는 어떤 순간도 놓치고 싶지 않았다. 단한 순간도······.

토니는 다니엘을 어깨 위로 올렸고, 다니엘은 웃음을 감추지 못했다. "우리 아빠예요!"라고 다니엘은 소리쳤다.

'그래 맞아. 너희 아빠야.'

엘리자베스는 생각했다.

그 순간 클라라를 보니 그녀는 그 모든 광경과 소리들을 음미하고 있었다.

"무슨 생각을 하셨어요?"

클라라는 활짝 웃으며 말했다.

"내년에는 당신과 내가 팀에 들어가야겠다고 생각했어요."

✦ ✦ ✦

토니는 진행자가 점수에 대해 자세히 이야기하는 걸 들으면서 그의 팀과 함께 서 있었다. 그때 3등이 발표되었다. 혜성 팀이 아닌 것을 알고 약간 심장이 내려앉았다. 그들이 다른 팀들보다 높은 점수를 받았을 리는 없었다.

"그리고 2등은 혜성 팀입니다!"

진행자가 말했다. 다니엘이 눈과 입을 크게 벌린 채 그에게 안겼고, 그들은 함께 날듯이 경기장 중앙으로 뛰어나갔다. 그들은 함께 서서 큰 박수와 트로피를 받았다.

"정말 정말 잘했어."라고 트리시가 시끄러운 가운데 말했다.

각 팀원은 메달을 받았고 돌아가며 트로피를 안아보았다. 그것은 주민센터에 보관될 것이다. 부모들은 사진을 여러 장 찍었다. 토니는 미소지으며 올림픽에 나가야겠다고 생각했다. 엘리자베스가 내려와 함께 가족사진을 찍었다.

"클라라 할머니, 이리 오세요."

다니엘이 말했다.

"아니, 난 너희 가족이 아니잖니."

그녀가 말했다.

토니가 다가가 말했다.

"당신도 우리와 같은 가족이에요."

토니는 그동안 여러 해 동안 스포츠 행사에서 사진을 많이 찍었다. 기억에 남을 만한 축구시합들과 유명한 선수들과 찍은 사진들도 있었다. 하지만 그 중 어느 것도 그의 가족과 클라라와 함께 찍은 이 사진 뒤에 감춰진 감정과 비교할 수 없을 것 같았다. 그는 오랫동안 그 사진을 그의 책상 위에 두고 일할 것이다. 그러자 그에게 직장이 없다는 것이 생각났다. 그는 하나님께서 자신에게 사무실을 마련해주실 것을 믿고, 믿음으로 그 사진을 액자에 넣기로 했다.

집으로 가는 길에, 토니가 엘리자베스에게 말했다.

"집에 잘 가셨는지 모르겠네. 우리가 태워다 드렸어야 하는데……."

"아들에게 데리러 오라고 전화를 하시더니 우리가 사진 찍는 동안 조용히 가버리셨어. 클라이드를 만나고 싶었는데, 얘기만 많이 들었거든."

엘리자베스가 말했다.

"곧 만나게 되겠지."

토니가 말했다.

"아, 축하하는 의미에서 음악을 좀 틀면 어때요?"

뒷좌석에서 다니엘이 말했다.

"마침 그러려고 했어."

토니가 말하고는 음악을 틀자, 세 사람은 똑같이 몸을 좌우로 흔들면서 춤을 췄다. 엘리자베스의 전화가 울리자 그녀는 토니의 어깨를 살짝 쳤다.

"잠깐, 기다려봐. 매수자일지도 몰라. 이제 전문가의 목소리로 변할 시간이야."

그녀는 토니에게 장난스러운 표정을 지으며 말했다.

존스 목사라는 사람이 월요일 아침에 집을 보고 싶다고 하는 것이 토니에게도 들렸다. 자신이 직장을 잃자, 엘리자베스의 일이 더 많아졌다. 그는 이것을 위협적으로 받아들이거나 자신이 가족을 부양하지 못하는 것을 기분 나빠하는 대신, 하나님께서 엘리자베스를 통해 부족한 소득을 채워주시는 것에 감사했다.

"클라라 부인의 집을 보겠다는 사람이 있어."

엘리자베스는 전화를 끊자마자 말했다.

"정말 잘됐네. 바로 클라라 부인에게 전화해서 말씀드려."

"아니, 아직 기대감을 가지시게 하긴 싫어. 어떻게 되는지 좀 지켜보고."

"저도 같이 가도 돼요?"

다니엘이 뒷좌석에서 말했다.

"정말 그러고 싶어?"

"엄마가 일하는 데 같이 가본 적 없잖아요."

"그래, 좋아."

엘리자베스가 웃으며 말했다.

차 안이 조용해지자, 토니가 백미러를 보며 말했다.

"다니엘, 2등으로 만족해?"

다니엘의 얼굴은 천사처럼 환했다.

"우리가 1등을 한 것만큼 기분이 좋아요. 저는 우리가 함께 있는 게 좋거든요."

토니는 미소를 지으며 아내를 쳐다보았다. 다니엘이 정확히 잘 말해주었다. 그들은 함께 있었다. 그동안 많은 일이 있었고, 많은 눈물을 흘렸고, 그가 늘 살던 삶의 방식을 버려야 했고, 또 많은 줄넘기 연습을 해야 했지만 그들은 함께 했다.

토니는 늘 자신이 버는 돈의 액수나 남들과 비교해서 얼마나 빨리 달리느냐를 가지고 성공을 평가했다. 그는 늘 숫자나 상대를 꺾고 이기는 것으로 성공을 평가했다. 그런데 그의 인생에서 처음으로 함께하는 것이 다른 어떤 느낌보다 더 좋다는 걸 알았다. 성공은 숫자에 관한 것이 아니었다. 왜냐하면 그 숫자들은 곧 없어질 수 있기 때문이었다. 그리고 그가 팀에 속해 있으며 그 팀이 함께 앞으로 나아가고 있다는 사실이 돈이나 메달이나 트로피, 또는 그가 받은 어떤 칭찬보다 더 좋았다.

성공은 어떤 사람이 당신에게 줄 수 있는 것이나 당신이 노력해서 얻을 수 있는 것이 아니다. 하나님이 당신의 삶 속에서, 당신의 삶을 통해 역사하시게 하는 것이 성공이다. 그리고 그것은 좋은 일과 나쁜 일 모두 하나님의 영광을 위해 사용될 수 있다.

토니는 다시 음악을 틀었고, 세 사람은 집으로 가는 동안 같이 춤을 추고 노래를 불렀다.

# 미스 클라라

클라라는 묘지에 차를 세우고 긴 거리를 걸어 레오의 무덤까지 갔다. "많은 사람들이 기도하지 않는 이유는 기도의 효력을 믿지 않기 때문입니다. 하지만 불행히도 기도가 효력을 나타내지 않는 이유는 우리가 진실로 기도하지 않기 때문입니다."라고 한 목사님의 말씀이 생각났다. 그 말이 옳았다. 클라라는 기도하는 동안 얻는 지혜와 지식에 늘 깜짝 놀랐다.

"레오, 주님이 역사하고 계셔. 엘리자베스의 삶과 토니의 삶 속에서…. 할리의 삶 속에서…. 얼마 전에 할리가 제복을 입은 당신 사진을 보고 잘생겼다고 했는데, 당신이 그 말을 들을 수 있었다면 얼마나 좋았을까. 그 아이 말이 맞아. 당신은 참 미남이었어."

클라라는 한 손으로 매끄러운 묘비를 쓰다듬으며 그녀의 영적인 삶에 대해 생각했다. 그녀는 아직 목적지에 도달하지 못했다. 어떤 자리가 편안해지려고 하면, 주님께서 그녀를 흔들어 깨우시며 그녀를 더 가까이 다가오게 하셨다. 그것은 분명 그녀로 하여금 더욱더 예수님을 닮고 주님의 형상을 따르게 하시려는 것이었다. 그리고 지금 그녀 앞에서 그녀를 신경 쓰게 하고 있는 것은 바로 집의 매매였다.

"레오, 이사를 가기로 결정하고 나서는 하나님께 모든 일이 순조롭게 진행되게 해달라고 기도했어. 엘리자베스도 걱정을 많이 했는데, 그녀가 하나님께서 다 알아서 하실 거라고 했어. 하지만 솔직히 나도 좀 낙심이 되는 게 사실이야. 하나님이 이 모든 경험을 통해 엘리자베스를 나의 삶 속으로 데려오셨다는 걸 알지만 말이야. 그 점에 대해선 하나님께 감사드렸어. 하지만 왜 아무도 우리 집을 투자 가치가 있다고 생각하지 않는지 모르겠어. 우린 그 집을 잘 관리해왔는데……. 엘리자베스는 우리 집의 첫인상이 좋다고 했어. 그게 뭔지는 잘 모르겠지만…….

아직도 현관 앞에 성조기를 걸어놓았어. 당신이 자랑스러워했던 그 깃발을. 그런데 지난 며칠 동안 내 기도가 조금 바뀌었어. 전에는 하나님께 적절한 사람들을 보내달라고 기도했거든. 그런데 지금은 하나님이 복을 주실 수 있는 사람을 우리 집으로 인도해달라고 기도하고 있어.

전에 여러 번역본으로 시편 87편 말씀을 읽었는데, 마지막 구절에 '나의 모든 근원이 네게 있다'라는 말씀이 나오더라고. 나는 그 말씀을 묵상하기 시작했어. 그 글을 쓴 저자는 하나님의 성, 시온에 대해 말하고 있었어. 하지만 이것은 하나님 자신이 우리의 기쁨의 근원이라고 말해도 무리가 없다고 생각해.

당신은 내가 성경을 얼마나 여러 번 통독했는지 알지. 그리고 난 하나님의 선하심을 떠나선 영원한 기쁨이 없다고 믿어. 하지만 그 구절을 읽을 때 좀 다른 걸 봤어. 그동안 우리 집을 파는 일, 그리고 엘리자베스에게 돌아갈 수수료로 그녀와 그 가족을 돕는 것에만 집중하다 보니, 우리 집에 새로 들어올 사람들에 대해 기도하는 걸 잊고 있었던 거야. 그래서 바로 그 자리에서 하나님이 나의 기쁨이요, 나의 소망이며, 나의 유업임을 고백했고, 하나님과 하나님의 때를 기다리겠다고 기도했어. 그 다음에 언젠가 우리 집을 보러 올 가족을 위해 기도했어.

'하나님, 이 집에 들어와 사는 사람들이 이 동네에서 빛이 되기를 원합니다. 믿는 사람을 이 집에 보내주시길 기도합니다. 하나님을 향한 열정을 가진 사람을 보내주시길 기도합니다. 성령 충만하여 주님의 뜻을 따르는 사람을 이곳으로 인도하시어 이 집으로 그들을 축복해주시지 않겠습니까?'

딸이 경건한 신랑감을 만나게 해달라고 기도하는 아버지처럼 난 그 가족을 위해 기도하기 시작했어. 그리고 구체적인 일들은 하나님께 맡겼어. 당신도 알다시피 난 하나님이 막연한 기도보다 구체적인 기도에 응답해주기 원하신다고 믿거든. 그래서 하나님 안에서 경건하고 강한 사람들이 그 집에 들어오기를 기도했어. 군인과 연관이 있고, 나라를 섬기는 사람들을 사랑하는 사람이 그곳에 살게 되길 기도했어. 그들에게 어린아이들이나 손주들이 있어서, 커다란 뒷마당에서 즐겁게 뛰어놀게 해달라고 기도했어. 그리고 하나님의 뜻이라면 이번 주에 그들을 보내달라고, 또한 그들이 나처럼 그 집을 보는 순간 사랑에 빠지게 해달라고 기도했어.

레오, 때로는 기도를 마치고 일어날 때 따뜻한 느낌이 들어. 하나님이 미소를 짓고 계신 것 같은, 어쩌면 우리가 함께 보내는 시간을 나보다 더 즐거워하시는 것 같은, 그런 느낌말이야. 그런데 어떤 때는 아무런 느낌도 없어서, 하나님이 내 모든 기도를 들으셨고 나를 인도하고 계신다는 걸 믿음으로 받아들여야 할 때도 있어. 어제가 그런 날이었어. 하지만 내가 돌파구를 찾았다는 것, 또는 하나님이 드디어 내게 다가오셨다는 걸 느꼈어. 이제는 하나님이 역사하실 테니 난 하나님을 기다릴 거야."

# 하나님이 보낸 사람

엘리자베스는 집을 보여줄 때 다니엘을 데려간 적이 없었다. 그것이 흔히 있는 일이 아니고, 또 '전문가답지' 않다는 것도 알았다. 하지만 고객이 목사님이니 이해해줄 거라고 생각했다. 딸에게 집을 소개하는 동안 해야 할 일과 하지 말아야 할 일들에 대해 일러주었다.

"내가 집을 보여드리는 동안, 넌 거실에 조용히 앉아 있어야 돼."

월요일 아침에 다니엘은 일찍 일어나 준비를 하고 엄마와 함께 사무실에 들렀다. 직원들인 맨디와 리사가 다니엘에게 말했다.

"두 줄 넘기 대회는 어떻게 됐니?"

맨디가 물었다.

"2등을 했어요. 우리 아빠를 보셨어야 하는데……. 아빠가 공중제비를 돌고 등 뒤로 저를 빙빙 돌렸어요."

맨디는 박수를 치며 말했다.

"나도 가서 봤으면 좋았을 텐데……."

그녀는 엘리자베스에게 말했다.

"토니와의 문제들이 한결 좋아진 것 같은데?"

"점점 더 좋아지고 있어요."

엘리자베스는 웃으며 말했다.

평소에는 엘리자베스가 자기 차에 고객을 태우고 여러 집들을 보러 다니는 걸 좋아했지만, 그 목사님이 한 집만 보기를 원했기 때문에 클라라의 집에서 만나기로 한 것이다. 목사님은 좀 오래된 차를 몰고 왔다. 타이어가 닳은 걸 보니 주행거리가 꽤 되는 것 같았다. 그는 소화전 가까운 곳에 주차를 했지만, 그녀는 아무 말 하지 않기로 했다.

존스 목사는 60대 정도 되어 보였고 그의 아내도 비슷해 보였다. 그녀는 예뻤고 엘리자베스를 따뜻하게 맞아주었다. 그녀는 과하다 싶을 만큼 다니엘을 반겨주었다. 존스 목사님은 한쪽 무릎을 꿇고 앉아 다니엘에게 이것저것 물었다. 그 덕에 두 줄 넘기 대회에 관한 모든 이야기를 들어야만 했다.

"나도 네 또래의 손녀딸이 있단다. 그 아이도 너처럼 두 줄 넘기를 시켜야겠는걸?"

"아마 저랑 같은 팀이 될 수도 있을 거예요!"

다니엘이 말했다.

존스 목사는 인도를 걸으며 담 너머로 집을 들여다보았다.

"이 뒷마당은 손주들한테 아주 좋은 장소가 되겠는데? 주일 오후마다 함께 즐길 수 있을 것 같아."

그들은 안으로 들어갔고, 다니엘은 얼른 앞서서 계단으로 뛰어갔다. 그리고 엘리자베스가 시킨 대로 거실에 가서 조용히 앉았다.

"이 집에 대해선 어떻게 아셨어요?"

엘리자베스가 말했다. 그러자 존스 부인은 이상한 표정을 지으며 남편을 슬쩍 쳐다보았다.

"이 사람이 기도 드라이브를 하고 있었어요."

"기도 드라이브요?"

"차를 몰고 동네를 다니면서 하나님과 대화를 나누는 거예요. 우리가 아는 사람들을 위해, 곳곳의 필요들을 위해 기도하죠. 그리고 우리는 이사 갈

곳을 찾고 있었기 때문에 몇몇 지역을 돌아다니면서 눈에 띄는 집이 있는지 살펴보았죠. 그런데 앞에 걸린 깃발이 제일 먼저 눈에 들어왔어요."

"아, 그랬군요. 제가 집을 보여드릴게요. 여기부터 보시고 이층으로 올라갈까요?"

"앞장서서 안내해주세요."

존스 목사가 말했다.

"이 집은 정말 특별한 집이에요. 1905년에 지어졌지만 몇 차례 수리가 되었어요. 여기 사시던 분은 과부인데, 이 집에서 50년을 사셨지요. 그분은 정말 놀라운 분이세요."

"이런 목조부분은 요즘 보기 힘든데."

존스 목사가 입구로 들어가면서 말했다. 그는 나무로 된 난간을 쓰다듬으며 솜씨에 감탄했고, 시선을 위로 향했다.

"저 위에 손을 좀 본 것 같네요. 천장에 여러 조각을 붙여놓은 것 같아요."

엘리자베스는 웃으며 말했다.

"제 고객분에게 아들이 있는데, 어릴 때 아주 장난꾸러기였나 봐요. 무슨 일이 있었는지는 모르겠지만, 이 집 아들 클라이드가 천장에 구멍을 내서 수리를 했다고 했어요. 물론 문제가 된다면 다시 손을 볼 수도 있어요."

"우리 아들도 그랬어요. 아이들은 본래 물건을 부수도록 만들어졌나 보다 생각하나 봐요. 다행히 군대에 들어갔어요. 지금은 직업군인이고요."

존스 부인이 웃으며 말했다.

"어느 부대에 있어요?"

"아프가니스탄에 있어요. 우린 그 아이를 위해 매일 기도한답니다."

존스 목사가 자랑스럽게 말했다.

"이 집 주인분의 남편도 군인이셨어요."

"앞에 국기가 걸려 있는 걸 보고 궁금했어요. 아마 우리 아들이 군대에 있어서 그게 더 눈에 들어왔던 것 같아요."

"자, 그럼 이층으로 안내할게요."

엘리자베스가 말했다. 그녀와 존스 부인이 앞장서고 존스 목사는 천천히 모든 것을 살펴보았다. 엘리자베스는 매수자가 그 집에 사는 모습을 그려보기 시작할 때 그것이 좋은 신호 중 하나라는 걸 알았다. 그들의 물건을 어디에 둘지, 누가 어디에서 잠을 잘지, 그런 것들을 상상해보는 것이다. 그녀는 그들에게 부담을 주지 않고 필요한 정보를 최대한 제공해주고 싶었다. 그냥 그곳에서 숨을 쉬며 그 집을 느껴보게 하고 싶었다.

"난 이런 오래된 집들이 좋아요. 독특한 부분이 많거든요."

존스 부인이 말했다.

"오, 저도 그렇게 생각해요. 부부 침실을 보여드릴게요."

그들은 방으로 들어갔고, 존스 목사는 혼자서 조용히 생각하며 둘러보았다. 엘리자베스는 그가 강대상에서도 그렇게 조용한지 궁금했다.

그녀는 존스 부인을 침실로 안내했다.

"가장 큰 욕실은 최근에 수리를 했어요. 하지만 욕조는 그대로 두었죠. 타일은 모두 새 거예요. 전 무엇보다 바닥이 원목으로 된 것이 제일 좋은 것 같아요."

"저도 나무 바닥을 좋아해요."

존스 부인이 말했다.

"또 한 가지 좋은 점은 동네가 오래되고 확실히 자리를 잡아서 아주 조용하다는 거예요."

엘리자베스가 뒤를 돌아보니 존스 목사가 클라라의 벽장 안에 들어가 있었다. 벽에 붙어 있던 종이들은 모두 떼어내고 없었다. 뒷마당이 내다보이는 작은 창이 있었지만, 그는 거기에는 별로 관심이 없는 듯했다. 그녀는 그가 벽장에 유독 관심을 보이는 이유가 궁금했다. 집의 여러 부분을 보여주었는데, 이런 모습은 처음이었다.

"사역한 지 얼마나 오래 되셨어요?"

엘리자베스가 물었다.

"같은 교회에서 35년 동안 목회를 했어요. 그 교회를 정말 사랑했지만, 이젠 변화가 필요한 때라는 걸 알았어요. 그리고 우리 아이들, 손주들과 가까이 살면서 도움을 주고 싶기도 했고요."

존스 부인이 말했다.

존스 목사는 다시 벽장 안으로 들어갔다. 존스 부인이 그를 흘긋 쳐다보았다. 마침내 그녀도 더 이상 참지 못하고 말했다.

"찰스, 거기서 뭐해요?"

그는 마치 지성소에 들어갔던 것처럼 벽장에서 다시 나왔다. 그리고 그들을 쳐다보면서 뒤를 가리키며 말했다.

"이 벽장 안에서 누군가 기도를 했던 것 같아."

엘리자베스는 그들에게 클라라의 기도 방에 대해 아무 말도 하지 않았다. 그러면서 그를 유심히 쳐다보았다.

"맞아요. 그곳이 그녀의 기도실이었어요. 그걸 어떻게 아셨어요?"

그는 잠시 생각하더니 말했다.

"이 집에서 아주 중요한 부분인 것 같아요."

존스 목사는 그의 아내를 쳐다보았고 둘 사이에 통하는 것이 있었다. 오랫동안 함께 살면서 강건한 결혼생활을 해온 부부만이 알 수 있는 것이었고, 이 유대감이 서로의 마음을 알도록 도와주었다. 존스 부인은 그에게 미소를 지어 보이며 고개를 끄덕였다. 그들은 아무 말 하지 않고도 표정만으로 많은 대화가 오고 갔다.

"우리가 이 집을 사겠습니다."

존스 목사가 말했다.

엘리자베스는 존스 부인을 쳐다보았고, 둘 다 미소를 지었다. 이런 상황은 한 번도 본 적이 없었다. 보통은 집을 보여준 다음 며칠 후에 다시 와서 두 번, 세 번 보고 나서야 결정을 하곤 했는데 이것은 유례없는 일이었다. 집에 들어온 지 10분도 안 돼서 그들은 집을 살 마음이 생긴 것이다.

그들은 주방에 가서 살펴보고 있었다. 엘리자베스가 자주 자신의 마음을 털어놓던 곳이었다. 그곳엔 그녀의 눈물이 배여 있었다. 그때 다니엘이 들어오자 존스 부인이 아이를 꼭 안아주었다.

"우린 네 엄마를 통해 이 집을 사기로 했단다."

그녀가 말하자 다니엘의 눈이 휘둥그레졌다.

"하지만 엄마, 사람들은 절대로 집을 본 첫날 집을 사지 않는다고 하셨잖아요."

엘리자베스는 멋쩍은 표정으로 그들을 쳐다보았다.

"아, 제가 이런 적이 처음이거든요."

그들은 바로 부동산으로 가서 계약서에 사인을 했다. 사인을 마치자, 엘리자베스는 매도자와 의논하고 답변이 오는 대로 다시 연락하겠다고 했다.

존스 목사는 떠나기 전에 엘리자베스의 손을 잡고 말했다.

"당신의 고객분이 당신의 삶에 중대한 영향을 끼친 것 같네요."

"목사님께서 상상하시는 것 이상으로요."

엘리자베스가 말했다.

그녀는 좋은 소식을 전하기 위해 서둘러 클라라의 아들 집으로 향했다. 안경 낀 한 남자가 문을 열었다.

"안녕하세요, 어서 오세요. 당신이 엘리자베스군요."

그는 약간 느린 말투로 말했다.

"네, 고마워요."

그런데 그의 얼굴에서 약간 익숙한 모습이 보였다. 클라라의 벽난로 선반 위에 놓여있던 사진들 때문만이 아니었다. 그녀는 생각해보려고 애썼지만 잘 생각이 나지 않았다.

"아, 꼬마 숙녀도 오셨네요."

그는 다니엘을 보고 웃으며 말했다. 그때 생각났다. 그의 목소리, 지난 몇 주 동안 뉴스에서 들은 목소리였다. 시에서 법령을 통과시키는 문제로 논란이 있었는데, 의회에서 서로 대립하던 파벌들이 시 행정 담당관에 의해 화해하게 되었다고 했다.

"당신은 C. W. 윌리엄스, 시 행정 담당관이시죠?"

엘리자베스가 말하자 그는 고개를 끄덕였다.

"네, 맞아요."

클라라가 자기 아들에 대해 했던 이야기들, 그 아들이 말썽을 피웠던 일이며, 그녀를 성가시게하고 무릎 꿇게 만들었다는 그 모든 이야기들이 다시 떠올랐다.

"당신이 클라이드였어요?"

그녀는 믿을 수 없다는 듯이 말했다.

"네, 제가 클라이드입니다." 하고 그는 웃으며 말했다.

"말도 안 돼."

그녀의 뒤에서 익숙한 목소리가 들렸다.

"어서 와요, 엘리자베스!"

클라라가 여왕 같은 모습으로 천천히 주방에서 걸어 나왔다.

"안녕, 다니엘!"

"만나서 반가워요. 제가 다 설명 드릴게요."

클라이드가 말했다.

엘리자베스는 클라이드와 악수를 한 다음 클라라에게 다가갔다.

"당신 아들이 시 행정 담당관이라는 걸 말씀해주지 않으셨잖아요."

"내가 그랬어요?"

엘리자베스는 고개를 저었다.

"내 아들이 시 행정 담당관이에요."

클라라는 태연하게 말했다.

엘리자베스는 웃음을 참을 수가 없었다. 클라라는 정말 놀라움이 가득한 사람이었다. 엘리자베스는 그 놀라운 일들이 언제 끝날지 궁금했다.

"아, 전해드릴 좋은 소식을 가지고 왔어요."

엘리자베스가 말했다. 그러자 클라라는 한 손을 들어 올리며 그녀의 말을 막았다. 그리고 눈을 감고 생각에 잠겼다.

"당신이 나한테 할 얘기는……."

그녀는 눈을 뜨고 마치 하늘에 쓰인 대본을 읽듯이 천장을 바라보며 천천히 말했다.

"텍사스에서 온 어느 은퇴 목사와 그의 아내가 내 집을 사고 싶어 한다는 거죠?"

그녀가 다시 엘리자베스를 바라볼 때 두 눈이 반짝거렸다.

"아, 제가 원하는 하나님과의 관계는 바로 이런 거였어요. 그렇게 하나님이 제게도 말씀해주시면 좋겠어요. 하나님이 어떻게 말씀하셨어요?"

"아, 사실은 당신 딸한테 들었어요. 여기 오는 길에 내 새 스마트폰으로 문자메시지를 보내줬어요."

엘리자베스는 다니엘을 한번 쳐다보았다.

"화내지 마세요, 엄마. 아무한테나 문자메시지를 보내진 않아요."

"이것 참 편리하네요. 벌써 기도 앱과 찬송가도 두어 개 다운받았어요."

클라라가 자기의 휴대폰을 보여주며 말했다.

엘리자베스는 고개를 저었다. 그녀는 클라라에게 서류를 보여주었지만, 그녀가 알고 싶어 하는 건 오로지 그 목사가 누구이며 왜 그녀의 집을 마음에 들어 하느냐는 것이었다. 그 목사님의 아들이 군인이라는 얘길 들었을 때 클라라는 마치 세상에서 제일 좋은 소식을 들은 것처럼 주먹을 쥐고 흔들었다.

"그들은 그 집 뒷마당에서 손주들과 뛰어놀며 여러 가지 조언을 해주고 싶다는 얘기도 했어요."

엘리자베스가 말하자, 클라라는 눈을 감았다.

"하나님은 정말 놀라운 분이세요. 내가 구체적인 것들을 위해 기도했더니, 내가 상상했던 것보다 더 많은 일을 행하셨어요."

엘리자베스는 클라라가 커피를 마저 타는 동안 거실로 갔다. 그리고 "여호와는 네게 복을 주시고 너를 지키시기 원하며 여호와는 그의 얼굴을 네게 비추사 은혜 베푸시기를 원하며"라고 적혀 있는 벽걸이를 지나갔다.

'하나님은 정말 그렇게 해주셨어.'라고 엘리자베스는 생각했다.

클라이드의 딸은 다니엘보다 2살 더 많았다. 그는 냉동고를 열어 아이스 캔디 2개를 꺼내 포장을 뜯어주었다. 소녀들은 같이 깔깔거리며 뒷마당으로 나갔다.

곧 클라라가 엘리자베스를 향해 천천히 걸어왔다. 마치 제물을 들고 오듯이 뜨거운 커피 두 잔을 조심스럽게 들고 왔다.

"자, 마셔요. 뜨거운 커피 두 잔이에요."

"음, 뜨거운 커피라면 마실게요."

엘리자베스가 웃으며 말했다.

클라라는 머그잔 2개를 작은 테이블 위에 내려놓고 자리에 앉았다. 그녀의 눈에서, 그리고 그녀의 마음에서 뭔가가 쏟아져 나올 것만 같았다. 어쩌면 그것은 그들의 관계의 한 장이 끝난 것에 대한 아쉬움이었는지도 모른다.

"우리 앞으로도 종종 만날 거죠?"

엘리자베스는 그렇게 말하며 그녀와 자신을 안심시켰다.

"그럼요. 하지만 우리 둘만은 안 돼요."

"무슨 뜻이에요?"

"당신이 전도해야 할 또 한 사람을 찾아야 해요. 나도 그렇게 할게요. 누구나 때로는 도움이 필요해요."

엘리자베스는 그 역동적인 변화를 곰곰이 생각했다. 그녀가 클라라를 다른 사람에게 소개해줄 수 있을지 잘 몰랐다. 그녀를 자기 혼자만 알고 싶었기 때문이다. 그런데 곧 그녀의 여동생인 신시아가 떠올랐다. 그녀는 멀리 살고 있지 않았고, 하나님과의 더 깊은 관계가 필요했다.

"클라라 부인, 당신과의 우정이 저에게 얼마나 소중한지 말로 다 표현할 수가 없어요."

"나한테도 그래요."

"아니에요. 전 저에게 얼마나 많은 도움이 필요한지 인정하고 싶지 않았어요. 그리고 매일 반복해서 똑같은 일을 행하는 이 비정상적인 상태에서 저를 깨워줄 사람이 필요했어요. 당신은 하나님이 저에게 보내주신 선물이었어요."

클라라는 따뜻한 미소를 지어 보였다.

"이것이 일방적인 관계라고 생각하지 말아요. 당신은 당신이 생각하는 것보다 나에게 훨씬 더 중요한 사람이에요."

"네, 고마워요. 당신의 기도와 하나님을 향한 열정이 당신 남편에게 얼마나 큰 의미가 있었을지 상상이 안 가요. 그분에 관한 얘기를 듣고 싶어요."

잠시 후 클라라의 시선이 아래로 향했다. 그녀의 눈에 눈물이 고이기 시작했고, 엘리자베스는 자신이 클라라의 민감한 부분을 건드렸다는 걸 알았다. 그녀는 사과하고 그 말을 다시 주워 담고 싶었지만 어떤 말도 하기 전에 클라라가 먼저 말했다.

"아뇨. 미안해할 것 없어요."

클라라는 진지한 표정으로 입술을 오므렸다. 엘리자베스는 지금은 울 때가 아니라 축하할 때라고 생각했다. 하지만 클라라가 밀실에 감춰진 먼 과거의 기억으로 데려가는 것을 그대로 따를 수밖에 없었다. 클라라는 안타까운 목소리로 말했다.

"사실 그때 난 지금과 달랐어요. 레오가 죽었을 때 우린 사이가 그리 좋지 않았어요. 난 항상 뒷전으로 밀려나는 느낌이었지요. 그리고 억울했어요, 엘리자베스. 너무 억울했어요."

그녀는 주먹을 꼭 쥐고, 마치 그 감정이 다시 자신의 영혼을 가득 채운 것처럼 강조해서 말했다.

"하지만 그때 하나님이 나에게 뭘 해야 하는지 보여주셨어요. 레오를 위해 싸우라고, 레오를 위해 기도하라고 저를 재촉하셨는데, 제가 거절했죠. 그리고 계속 미루다 보니, 이미 너무 늦은 거예요."

이제는 그 감정이 그녀의 목소리로 흘러나왔고, 그녀는 간신히 엘리자베스에게 정곡을 찌르는 말을 해주었다.

"너무 늦을 때까지 진실을 부인하는 것만큼 슬픈 일은 없어요."

엘리자베스는 감정이 벅차오름을 느꼈다. 구름이 둘 사이를 갈라놓고 있었다. 그녀의 친구에 대해, 그녀의 형제에 대해 그동안 몰랐던 모든 것들의 구름이었다. 지난 몇 달 동안 그 간격이 많이 가까워졌지만, 이제 더 가까워졌다.

클라라는 잠시 쉬었다가 천천히 또박또박 말을 이어갔다.

"그건 나의 교만이었어요, 엘리자베스. 나의 이기적인 교만이었어요! 그걸 고백하고 회개하고, 하나님께 용서를 구했어요. 하지만 아직도 상처가 남아 있어요. 그때부터 하나님과 더 많은 시간을 함께 보내며 그분의 말씀을 읽기 시작했어요. 그리고 제일 먼저 기도로 싸우는 법을 배웠죠."

엘리자베스가 기억하는 모든 대화는 이 주제로 돌아갔다. 기도하라, 하나님의 능력을 의지하라, 다른 무엇보다 하나님을 찾아라, 이것이 클라라가 지나온 과거였다. 그리고 그녀는 고통과 후회를 계기로 더 앞으로 나아갔다.

"난 이제 늙은이예요. 그리고 내가 배운 걸 남한테 전해주지 않았다는 걸 깨달았어요. 마지막으로 레오의 무덤을 찾아갔을 때 하나님께 내가 도울 수 있는 사람을 보내달라고 기도했어요. 내가 올바로 싸우는 법을 가르쳐줄 수 있는 사람을…. 그래서 하나님이 내게 엘리자베스 조던을 보내주신 거예요."

엘리자베스의 뺨으로 눈물이 흘러내렸다. 클라라는 그녀의 두 손을 꼭 잡고 몸을 앞으로 숙여 그 손에 입을 맞추었다. 그리고 다시 똑바로 앉아 마음을 가라앉히려고 애쓰며 한 손을 뻗어 엘리자베스의 얼굴을 부드럽게 어루만졌다.

"그러니까 당신은 내 기도 응답이었어요."

엘리자베스는 너무 놀라 아무 말도 못했다. 눈물이 하염없이 흘러내렸다. 클라라는 인생의 거울에 비친 자기의 모습을 보았다. 엘리자베스는 프로젝트가 아니라, 그녀가 선택했던 길과 다른 길을 가도록 도와주어야 할 사람이었다. 하지만 클라라만 거울을 보고 있었던 것이 아니었다. 엘리자베스도 자신의 모습을 바라보며 인생의 몇 가지 선택들이 자신을 어디로 인도할지 돌아보고 있었다. 그런데 놀랍게도 그 거울은 하나님의 은혜를 보여주었다.

클라라는 아직 끝나지 않았다. 그녀는 또 다른 언덕으로 돌격하여 싸울 준비를 하고 있는 것 같았다. 그리고 그녀가 할 수 있는 만큼 모든 확신을 끌어모아, 다시 한 번 엘리자베스에게 말했다.

"자, 이제 당신도 다른 문제 있는 젊은 아내들에게 싸우는 법을 가르쳐주어야 해요."

엘리자베스는 벅찬 마음으로 고개를 끄덕였다.

"네, 그럴게요."

그녀는 마치 지친 선수에게 배턴을 넘겨받듯이 말했다. 그리고 선수처럼 다시 한 번 "그럴게요."라고 속삭였다.

# 기적은 계속된다

두 줄 넘기 대회가 끝난 후 토니는 허탈감에 빠졌다. 그동안 다니엘과 그 팀과 함께하며 사실상 주민센터에서 살다시피 했다. 직장도 없고, 온라인 채용공고를 보고 여섯 군데 회사에 이력서를 보내놓긴 했지만 아직 아무런 전망도 보이지 않았다. 그렇지만 그러는 동안 자신이 하나님과, 또 가족과 점점 더 가까워지고 있는 것을 발견했다.

마이클은 야간 근무를 마친 후 토니와 만나 아침식사를 같이 했다.

"혹시 줄넘기와 관련된 정규직이 있을까 해서 계속 찾아봤는데, 아직 너한테 적합한 일은 못 찾았어."

토니는 웃었다.

"그 얘기 들었어?"

"들었냐고? 우리 딸이 온통 그 얘기만 해. 우리 딸이 대회장에 갔었는데 네가 온 체육관을 돌아다니며 재주넘기를 했다고 하더라. 여기서 돌고 저기서 돌고 다니엘을 곤봉처럼 빙빙 돌리고 말이야. 다니엘은 곤봉 같았고, 네가 그 아이를 들고 흔들었다고 하더라. 진짜 그렇게 말했어."

"경쟁이 치열했지."

토니가 말했다.

"아니, 넌 내 말을 이해하지 못하고 있는데, 잘 들어. 우리 아이는 스포츠에 전혀 관심이 없어. 책 읽고, 그림 그리고, 창밖을 가만히 내다보는 걸 좋아하지. 그런데 그날 아이가 집에 와서 '아빠, 나도 다니엘이랑 그 애 아빠처럼 줄넘기하고 싶어요.'라고 하는 거야."

"그래서 뭐라고 했어?"

"줄넘기를 주면서 연습해보라고 했지."

"넌? 너도 줄넘기 할 거야?"

"내 말은, 그 아이가 네가 하는 걸 보고 자기도 똑같이 하고 싶은 마음이 생겼다는 거야. 네가 그 아이한테 동기를 부여해준 거지. 그건 은사야, 토니."

"그래서 네가 두 줄 넘기와 관련된 일자리를 찾으면……."

마이클이 중간에 말을 막았다.

"이곳을 한번 둘러봐. 이게 다 뭘 위한 걸까? 사람들에게 경기에 집중하라고 동기를 부여하고 있어. 운동해라, 네 몸을 챙겨라, 체력을 키워라, 이런 곳이 네 인생에서 최적의 자리인 거 너도 알지?"

"그래서 무슨 말을 하려는 거야?"

"아내와 난 어젯밤에 널 위해 기도했어. 갑자기 아내가 이런 말을 하더라. '토니가 주민센터에 취직하면 어떨까?' 그 생각은 한 번도 해본 적이 없는데, 네가 딱 적임자일 것 같더라고."

토니도 그 생각을 잠깐 해본 적은 있지만, 해고당한 어니가 마음에 걸려서 그 생각은 잊어버렸다.

"아마 이런 곳을 운영해본 경험이 많은 사람을 찾고 있을 거야. 난 경험이 없잖아."

"넌 사람들을 모으고 한 팀으로 일하게 만든 경험이 있어. 그들이 필요로 하는 게 바로 그거 아니겠어? 이름 뒤에 학위가 10개는 달린 지식인이 필요한 게 아니잖아. 다른 사람들이 자신의 삶을 돌보도록 동기를 부여할 수 있는 사람이 필요한 거야. 지원해봐도 손해 볼 건 없잖아?"

그 말에 토니는 할 말이 없었다. 손해 볼 건 아무것도 없었으니 말이다.

"사실은 지금 헨리 피터슨이 올 거야. 우리 교회에 다니고, 이 센터의 이사회 회장이야."

마이클이 말했다.

"정말? 난 한 번도 본 적이 없는데?"

마이클은 고개를 옆으로 기울이며 우스꽝스러운 표정을 지었다.

"교회에 네가 한 번도 본 적이 없는 사람이 얼마나 많은데."

"하지만 달라지고 있어."

토니가 말했다.

마이클은 "아멘." 하고 말하더니 곧 일어서서 피터슨에게 손을 흔들었다.

"마이클, 그만해."

토니는 갑자기 불안해하며 말했다. 그는 인터뷰에 적합한 옷차림도 아니었다.

피터슨이 테이블로 다가와 마이클과 악수를 했다. 토니가 자리에서 일어나자, 마이클이 그를 소개했다.

"관리자로 추천하고 싶은 사람이 있어요. 주민센터에 정말 귀중한 자산이 되어 사람들을 화합하게 만들 사람이에요. 제 친구 토니 조던입니다."

마이클이 말했다. 피터슨은 토니를 보더니 이렇게 말했다.

"지난 주말에 두 줄 넘기 대회에 나가지 않았어요?"

토니는 웃으며 고개를 끄덕였다.

"정말 놀라운 퍼포먼스였어요."

"거기 오셨어요?"

"우리 손자가 빠른 천사들 팀이었거든요."

"그 팀이 정말 잘했죠."

토니가 말했다.

"네, 그랬어요. 하지만 당신이 팀의 모든 아이들을 도와 서로 협력하게 하는 걸 볼 수 있었어요. 당신은 정말 탁월했어요."

토니는 실제 코치는 트리시였다고 말했다. 그랬더니 마이클이 고개를 저으며 말했다.

"이게 바로 토니의 문제예요. 전에는 절대 남에게 공을 패스해주지 않았거든요. 그런데 이제는 코트 안의 모든 사람들에게 공을 던져줘요."

"실례지만, 무슨 말씀인지?"

피터슨이 묻자 마이클은 웃으며 말했다.

"토니 조던은 정말 진국이에요. 한 일주일이면 이곳의 체계를 잡고 원만하게 운영해갈 수 있을 거예요 그리고 한 달이면 회원을 늘리기 위한 계획을 세울걸요?"

토니는 마이클이 하는 말들을 믿을 수가 없었다. 하지만 그들이 이야기를 나눌수록 센터에 대한 비전이 더 뚜렷해졌다. 그곳은 집과 가까웠다. 여름에는 자전거를 타고 다닐 수도 있었다. 출장 갈 일도 없을 테니, 그가 원하는 만큼 엘리자베스와 다니엘과 함께 시간을 보낼 수 있었다. 불과 몇 분 전만 해도 아무 희망이 없었는데 갑자기 큰 꿈이 그의 마음을 사로잡았다.

"어때요, 토니? 그 자리에 관심이 있어요?"

그가 말했다.

"물론입니다. 여러 가지 면에서 그곳을 정비하는 데 도움이 될 수 있을 것 같습니다."

토니가 말했다. 그러자 피터슨은 잠깐 생각하더니 말했다.

"지금 직장에 다니고 있나요?"

"얼마 전에 브라이트웰 제약회사를 그만뒀어요. 최고의 영업사원이었죠."

토니가 말했다.

"흥미롭네요."

토니는 고개를 저었다.

"제가 그만둔 게 아닙니다. 쫓겨난 거예요. 당신이 알아야 할 것 같아서요."

"하지만 좋게 나왔겠죠?"

토니는 고개를 끄덕였다.

"그렇다고 할 수 있겠네요."

"우수 영업사원이었으면 연봉도 많이 받고 복지혜택도 많았을 텐데, 여기서 받는 월급은 그만큼 안 될 거예요."

피터슨이 말하며 자기 시계를 보았다.

"얼마를 말씀하시는 건가요?"

마이클이 말하자 토니는 그만하라는 듯이 그의 말을 막았다. 마이클은 '네가 안 물어보면 내가 물어볼게'라고 말하듯이 어깨를 으쓱했다.

그는 급여 범위를 알려주었고, 그것은 토니가 브라이트웰에서 받던 돈의 절반 정도가 되었다. 그는 재빨리 매달 집으로 가져갈 수 있는 돈을 계산해 보았다.

"제가 그 일을 맡을 수 있을 것 같습니다."

토니가 말했다. 그러자 피터슨은 지갑에서 명함을 꺼내어 토니에게 건네주었다.

"온라인 지원서가 있어요. 오늘 지원서를 작성하고 내일 내 사무실에서 만나 이야기를 나눕시다. 최대한 빨리 이 일을 진행하고 싶어요."

토니는 명함을 받고 그와 악수를 했다. 그가 떠나자 마이클이 활짝 웃으며 말했다.

"어떻게든 네가 두 줄 넘기와 관련된 일자리를 찾을 줄 알았어. 축하해, 관리자님."

엘리자베스는 일찍 사무실에 도착했다. 그날 도시의 양 끝에서 마무리 지어야 할 일이 2개나 예정되어 있어서 시간을 잘 분배하고 모든 계약서를 확실히 준비해두어야 했다. 흔히 보험 때문에 일이 마무리되지 않는 경우가 많아서, 그녀는 양쪽 주택자금 대출회사에서 필요한 것을 다 준비했는지 확인했다.

장난꾸러기 두 아들과 소프트웨어 판매원 남편을 둔 그녀의 고객 멜리사

테이버는 벌써 세 번이나 그녀에게 전화를 했다. 그날 오전에 매매를 마무리해야 하는 집 중 하나였다.

전날은 종일 운전을 했고, 매매를 마무리 짓고는 오후에 또 다른 부동산 2개를 보여주어야 했다. 그녀는 그 일이 즐거웠고 하나님께서 그녀에게 고객들을 보내주시는 것이 감사했다. 클라라도 이미 몇 사람을 소개해주었다.

휴대폰이 울려서 화면을 보니 신시아였다. 그녀는 전화를 받아 동생이 어떻게 지내는지, 대런의 직장 구하는 일은 어떻게 되고 있는지 물었다.

"사실은 오늘 면접이 있어. 된다는 보장은 없지만, 적어도 약간의 희망은 있어."

신시아가 말했다.

"정말 잘됐네. 이 일이 잘되기를 기도할게. 너희 가족 모두를 위해서도."

전화상으로 침묵이 흘렀다. 그때 신시아가 이렇게 말했다.

"언니, 시간 되면 같이 점심 먹을래?"

엘리자베스는 그 말을 듣는 둥 마는 둥했다. 그녀는 너무 바빴고, 꽉 찬 스케줄에 기진맥진한 데다 저녁엔 토니와 다니엘이 그녀를 기다리고 있기 때문이었다. 하지만 왠지 애원하는 듯한 동생의 목소리에 마음이 약해졌다.

"오늘 오전엔 두 계약을 마무리해야 해. 그리고 오후에 집을 보여줘야 해서 점심은 거를 예정이야. 하지만 저녁은 어때? 토니에게 미리 얘길 해두어야 하지만, 문제될 건 없어."

신시아는 무거운 한숨을 내쉬었다.

"응, 그러면 되겠네."

그들은 5시 30분에 한 레스토랑에서 만나기로 했다. 토니는 그녀가 신시아와 만나는 것을 적극 지지해주었다. 엘리자베스가 마지막 집을 보여주고 나니 시간이 늦어 있었다. 급히 가보니 신시아는 이탈리안 레스토랑에서 막대 모양 빵을 먹으며 기다리고 있었다.

그들은 주문을 했고, 신시아는 또다시 자기 가족의 재정적 어려움에 대해 이야기했다. 그녀와 아이들이 얼마나 힘들었는지, 이 모든 일이 그녀에게 얼마나 무거운 짐이 되는지…….

"우리가 좀 더 도와줄 수 있으면 좋을 텐데."

엘리자베스가 말했다. 그러자 신시아는 고개를 저었다.

"형부가 실직해서 언니네도 힘든 거 알고 있어. 그것 때문에 만나자고 한 건 아니야."

엘리자베스는 몸을 앞으로 기울였다.

"그럼 왜 만나자고 한 거야?"

"뭔가 달라져서……. 언니가 좀 달라졌거든. 언니 얼굴에서, 전화 받는 목소리에서 그걸 느낄 수 있었어. 마음속에서 뭔가 새로운 힘이 사방으로 흘러 넘치는 것 같아."

엘리자베스는 미소를 지었다.

"내 제안에 대해 좀 더 생각해봤어?"

신시아는 고개를 끄덕였다.

"언니도 알다시피, 처음엔 하나님에 대해 확신이 없었어. 이게 언니한테 중요한 일이고, 언니의 변화에 있어 중요한 부분이라는 건 알아."

"단지 한 부분이 아니야. 그건 전부야. 난 나의 삶과 결혼생활에 일어난 변화를, 아침에 일어났을 때 느끼는 감정을 설명할 수가 없어. 그 모든 건 네가 말하는 '하나님'과 관련이 있어."

종업원이 샐러드를 가지고 왔고, 신시아는 올리브와 고추를 얼른 가져갔다. 엘리자베스는 씩 웃었다. 그들은 어릴 때 늘 음식을 가지고 싸웠는데, 오랜 세월이 지난 지금도 변함이 없어서였다. 신시아는 샐러드가 다 없어질 때까지 허겁지겁 먹었고, 그들은 한 접시 더 주문했다. 엘리자베스는 동생이 샐러드를 끊임없이 먹을 거라는 걸 알고 있었다.

"내 제안에 대해 두려운 게 뭐야?"

신시아는 두꺼운 녹색 냅킨으로 입을 닦았다.

"모르겠어. 그냥 내가 원하지 않는 일을 언니가 강요할 것 같아."

엘리자베스는 고개를 끄덕였다.

"합리적인 두려움이야. 특히 우리가 지나온 일들을 생각하면 말이지."

"또는 언니가 이 일로 나를 협박할 것 같아. '성경을 읽어. 그래야 네 대출금 갚는 걸 도와줄 거야.' 이런 식으로 말이야."

"네가 그렇게 생각하지 않으면 좋겠어. 조건은 아무것도 없어. 목표는 단지 성경을 읽고, 하나님과 우리의 삶에 대해 좋은 질문들을 하고, 하나님께 더 가까이 나아가는 거야. 그게 나의 유일한 안건이야."

"또 한 가지 두려운 건 우리가 어릴 때처럼 될 것 같아서야. 언니는 모든 걸 다 알고 있고, 난 아무것도 아는 게 없는 것 같을 거야. 난 그게 싫어."

"신시아, 솔직히 말하자면, 난 이 일을 통해 나 자신에 대해 어려운 교훈을 배우게 된 것 같아. 난 너를 가르치고, 걸스카우트 배지를 받게 하려고 애쓰고, 하나님의 비위를 맞추려고 하는 게 아니야. 이건 우리 두 사람이 하나님을 향해, 서로를 향해, 진리를 향해 나아가는 문제야. 그런데 네가 나한테 솔직하게 다가와서 하기 어려운 얘기들을 꺼내놓는 걸 보니, 이 일이 정말 잘될 것 같아. 우리 두 사람 모두에게……."

"그렇게 생각해?"

"응. 나에게 기도와 성경에 대해 많은 걸 가르쳐준 한 놀라운 노부인을 만났어. 그리고 그 모든 과정 속에서 나는 나만 성장하고 있다고 생각했어. 그런데 그녀도 성장하고 있었던 거야. 하나님은 내가 알 수 없는 방법으로 그녀를 연단하고 계셨어. 그러니 네가 나와 만남을 가지면 너도 나에게 영적인 도움을 주는 거야."

신시아의 파스타가 나왔고, 엘리자베스는 수프와 샐러드를 먹었다. 그들은 많이 웃으며 이야기꽃을 피웠다. 그들은 서로 달랐고, 여러 가지 면에서 서로 멀리 떨어져 있었지만 엘리자베스는 그들이 좀 더 가까워지는 것을 느낄 수 있었다.


토니는 7시까지 모든 준비를 마쳤다. 저녁을 먹고 주방을 정리했다. 엘리자베스가 들어와서 싱크대에 지저분한 그릇들이 있는 걸 보면 어떤 기분이

들지 알았기 때문이다. 그런 일은 절대 일어나게 하고 싶지 않았다.

거실 벽에 그녀의 자동차 헤드라이트가 비치자, 그는 그녀가 장식용으로 사용하던 금속 양동이에 따뜻한 물을 받았다.

엘리자베스는 일하러 갈 때 입는 옷차림으로 걸어 들어왔다. 그녀의 머리카락은 여전히 풍성하고 아름다웠다. 그녀가 들어오는 모습을 보니 매우 피곤하다는 걸 알 수 있었다.

"안녕, 잘 지냈어?"

그녀가 말했다.

"어서 와."

토니가 부드럽게 말했다.

"뭐해?"

"조금 있다 말해줄게. 저녁식사는 어땠어?"

"좋았어. 신시아가 정기적으로 나랑 만나는 것에 사실상 동의했어. 우선 화요일 오후에 만날 거야."

"그들을 도와주지 않은 나를 용서했을까?"

"응, 그럼, 그럴 거야. 그래도 우리가 500달러를 준 것에 대해 정말 고마워했어. 더 도와주고 싶지만 지금은 그럴 여력이 없다고 말했어. 동생도 이해했고. 그런데 디저트를 못 먹었어."

왠지 엘리자베스의 목소리가 그에게 더 부드럽게 들렸다. 아마 너무 피곤해서 그런 것 같았다. 어쩌면 돈 문제에 대한 부담감이 좀 줄어들어서 그런 것일 수도 있었다. 아니면 정말로 그녀가 그를 따뜻하게 대하고 있었는지도 몰랐다. 그녀는 다시 그를 신뢰하고 있었다. 특히 그가 그녀에게 신시아와 만나서 저녁을 먹으면 좋겠다고 했을 때 그에게 정말 고마웠다.

"자, 잘 들어. 당신한테 할 얘기가 있어. 내 얘길 듣고 한번 생각해본 다음에 대답해. 알겠지?"

토니의 말에 엘리자베스는 눈으로 질문을 했다.

"무슨 얘기야?"

토니는 미소를 지었다.

"오늘 면접을 봤어. 그리고 그 자리에서 일을 맡아달라는 제안을 받았어."

그녀의 얼굴이 환해졌다.

"무슨 일인데?"

"주민센터의 새로운 관리자가 되는 거야."

그녀는 잠시 눈을 다른 데로 돌렸다. 그녀가 생각중이라는 걸 알 수 있었다. 그녀에겐 너무나 갑작스러운 일이었다.

"리즈, 우린 그곳을 너무 잘 알아. 당신도 알지? 확실히 난 그 일을 할 수 있을 것 같아."

그녀는 조금 더 생각했다.

"집에서 더 가까워지겠네."

"급여는 전에 비해 반밖에 안 돼. 하지만 지혜롭게 사용하면 그걸로도 살 수 있을 거야."

그녀의 얼굴엔 토니만큼 단호한 의지가 드러났다. 모든 어렵고 힘든 일들을 이겨내겠다는 마음이었다. 그녀는 그에게 더 가까이 다가가 목소리를 낮추고 말했다.

"토니, 내 말 잘 들어. 난 물건이 가득한 집보다 예수님을 따르는 남자를 더 원해."

정확히 토니가 듣고 싶었던 말이고, 들어야 했던 말이다. 그는 미소를 지으며 말했다.

"그래, 그럼 내가 수락할게."

그는 눈을 가늘게 뜨고 그녀를 바라보았다.

"그거 알아? 당신이 오늘 밤 디저트를 못 먹은 걸 정말 다행으로 생각해."

"왜?"

"가만있자, 일단 소파로 가봐."

"뭐?"

"어서. 소파로 가. 나도 바로 따라갈 거야."

엘리자베스는 토니가 무슨 생각을 하는지, 무엇 때문에 그렇게 들떠 있는지 몰랐지만, 시키는 대로 했다. 그녀가 소파에 앉자 곧 토니가 따뜻한 물이 가득 담긴 금속 양동이를 거실로 가져왔다.

"다니엘은 어디 있어?"

"제니퍼 집에 갔어. 오늘 자고 올 거야."

그는 양동이를 조심스럽게 그녀의 발 앞에 놓았다.

"이게 뭐야?"

그녀가 놀라서 물었다. 토니는 말없이 무릎을 꿇고 그녀의 샌들을 벗기기 시작했다.

"오, 안 돼, 그러지마, 토니. 내 발 만지지 마."

"그냥 편안히 있어, 알겠지? 자, 가만히 있어."

그는 샌들을 벗기고 그녀의 발을 물에 담갔다.

엘리자베스는 황홀한 표정으로 눈을 감았다.

"오, 세상에, 너무 좋아."

토니는 냉장고로 가서 직접 만든 디저트를 가져왔다. 냉동고에 있던 아이스크림 가게에서 사온 생크림으로, 엘리자베스가 못 보게 감춰두었던 캐러멜과 초콜릿을 섞어서 만든 것이었다. 토니는 한 손에 스푼을, 다른 한 손엔 유리그릇에 담아 맨 위에 체리 하나를 얹어 완성한 선데 아이스크림을 들고 그녀 앞에 서 있었다.

"이제 당신이 마땅히 누려야 할 것을 누려. 이건 나한테 너무 과분한 여자를 위한 거야. 당신이 먹는 동안 나는 당신이 받고 싶어 했던 발마사지를 시작할게."

엘리자베스는 깜짝 놀라며 그릇과 스푼을 받아들었다. 그녀는 마치 둥지 가득 황금 알을 낳아놓은 거위를 바라보듯이 선데를 바라보았다. 그리고 스푼으로 떠서 살짝 맛을 보았다.

"정말이야? 정말로 날 위해서 이렇게 하는 거야?"

토니는 오디오 리모컨 버튼을 눌렀다. 그러자 그녀가 제일 좋아하는 노래가 흘러나왔다. 그가 그녀의 발에 좀 더 가까이 다가가자 그녀가 다시 못하게 했다.

"토니, 당신이 내 발 냄새를 맡는 거 싫어."

"자, 내가 말했지. 다 알아서 한다고."

그는 흰색 마스크를 꺼내더니 그녀에게 보여주며 말했다.

"나만 믿어, 알겠지?"

그가 코와 입을 마스크로 가리고 고무밴드를 잡아당겨 머리 뒤로 고정시키자 엘리자베스는 크게 웃었다.

"난 준비됐어."

토니가 눈썹을 치켜 올리며 말했다.

그는 그녀가 좋아하는 향의 비누를 가져와 그녀의 발에 거품 칠을 하고, 물로 씻고, 마사지를 해주며, 스트레스와 모든 지난 일들을 잊게 해주리라 생각했다. 토니는 그 주에 마이클과 또 다른 사람들과 함께 모였던 남성 성경공부모임에서 읽은 말씀을 생각했다. 예수님이 제자들의 발을 씻겨주실 때 각 사람 앞에 무릎을 꿇고 앉아 종이 주인에게 하는 일을 하셨다. 그것이 토니가 남편으로서 해야 할 일이었다. 즉 아내를 섬기고, 그녀를 위해 자신을 온전히 바치는 것이었다. 그가 그렇게 한다면 어떻게 그녀가 그런 사랑을 거부할 수 있겠는가?

엘리자베스는 아이스크림을 한 입 가득 먹었고, 토니는 그런 그녀를 올려다보았다. 그녀는 웃고 있었지만 동시에 뺨 위로 눈물이 흘러내렸다.

"무슨 일 있어?"

그가 마스크를 내리며 말했다.

"남편이 발을 마사지해주는 동안 난 제일 좋아하는 디저트를 먹고 있어. 천국에 하나님이 계신 것이 틀림없어!"

그는 그녀와 함께 웃었고 그녀는 소파에 등을 대고 편안히 앉아 마음껏 누렸다. 재미있는 것은 그녀의 마음처럼 근육도 풀어지는 것을 느낄 수 있었다. 그는 마사지를 하면서 그녀에게 말했다.

"있잖아, 시간이 좀 걸릴 거라는 거 알아. 발마사지 한 번으로 모든 게 해결될 거라고 기대하지도 않고……."

"내 발에 대한 얘기야, 아니면 우리에 대한 얘기야?"

그는 웃으며 말했다.

"모든 것에 대해 말하는 거야. 부유할 때나 가난할 때, 냄새나는 발, 우리의 미래에 관한 모든 질문들까지. 당신도 알다시피, 얼마 전까지만 해도 우리가 경제적으로 어려워져서 이 집에서 이사를 가야 한다면 얼마나 힘들까 생각했어. 그리고 혹시라도 우리가 집을 팔아야 한다면 정말 좋은 부동산업자를 알고 있어서 다행이라고 생각했지."

엘리자베스는 빙그레 웃으며 아이스크림을 또 한 입 먹었다.

"사랑해, 엘리자베스 조던. 앞으로 남은 평생 동안 내가 그 사랑을 보여줄 거야."

그녀는 몸을 앞으로 숙여 그에게 키스를 했다. 그는 그녀의 입술에 묻은 초콜릿과 생크림, 캐러멜 맛을 느낄 수 있었다.

"나도 그 선데 좀 먹을 수 있을까?"

그가 앞으로 몸을 기울이며 말하자 그녀는 한 숟가락 떠서 얼른 자기 입으로 넣었다.

"당신은 발에나 신경 써."

그녀는 또 한 입 먹었다.

"오늘 밤 다니엘을 집에서 내보내다니 아주 엉큼한데? 언제 이런 생각을 했어?"

"경건의 시간에 아가서 말씀을 읽고 있었거든." 하고 그가 말했다.

그는 윙크를 했고 엘리자베스는 웃음을 터뜨렸다. 그리고 다시 그에게 키스를 했다.

# 미스 클라라

클라라는 한 손에 펜을 들고 다른 한 손으로는 침대에 놓여 있던 성경책을 들었다. 성경을 무작정 펼치니 역대하의 익숙한 구절이 나와서 그 부분을 읽었다. 그것이 이스라엘 나라를 위해 쓰인 말씀이라는 걸 알았지만, 또한 하나님께서 오늘날 그녀와 다른 사람들에게도 같은 일을 하기 원하신다는 것을 알았다. 클라라는 천천히 어두운 벽장 안으로 걸어 들어가, 오래전에 외웠던 말씀으로 기도했다.

"내 이름으로 일컫는 내 백성이 그들의 악한 길에서 떠나 스스로 낮추고 기도하여 내 얼굴을 찾으면 내가 하늘에서 듣고 그들의 죄를 사하고 그들의 땅을 고칠지라."

클라라는 방안의 작은 등을 켜고 조심스럽게 나무 의자 옆에 무릎을 꿇었다. 나이가 드니 무릎이 삐걱거리고 신음소리가 나왔다. 펜을 가져와 마지막 기도제목 옆에 응답받았다는 표시를 했다. 바로 집이 팔리게 해달라는 기도였다. 클라라는 들의 짐승들이 다 내 것이라고 하신 하나님이 그보다 훨씬 더 많은 일을 하실 수 있다는 걸 알았다. 그리고 그분께 감사했다.

"또다시 이루어주셨군요, 주님. 이번에도 주님이 이루어주셨습니다. 주님은 선하시고 강하시며 자비로우십니다. 그리고 제가 자격 없을 때에도 저를 늘 보살펴주십니다. 찬양합니다, 예수님. 당신은 주님이십니다."

링을 빙빙 돌며 맹렬한 상대를 쳐다보는 권투선수처럼, 클라라는 여전히 눈을 꼭 감은 채 비장하게 고개를 들어올렸다.

"저에게 또 다른 사람을 보내주소서, 주님. 제가 도와주어야 할 사람에게 저를 인도해주소서. 주님의 이름을 부르는 사람을 더 많이 일으켜주소서. 주님을 사랑하고, 찾고, 신뢰하는 사람들을 일으켜주소서. 그들을 일으켜주소서. 주님, 그들을 일으켜주소서!"

클라라는 마음으로 저녁식탁 앞에 두 손을 모으고 기도하는 가족의 모습을 그려보았다. 밭 한가운데서 트랙터를 타고 있는 한 남자를 보았다. 두 남자가 세계지도를 앞에 두고 머리 숙여 기도하는 것을 보았다.

"주님, 우리는 복음을 부끄러워하지 않는 한 세대의 그리스도인들이 필요합니다. 미지근한 것을 싫어하고 다른 무엇보다 주님의 말씀에 의존하는 성도들의 군대가 필요합니다. 속히 그들을 일으켜주소서. 주님, 그들을 일으켜주소서."

젊은이들이 줄지어 깃대를 향해 나아가 눈을 감고 그 지역을 에워싸는 것을 보았다. 다른 이들은 어린아이들을 데리고 멀리 있는 한 교회를 향해 가고 있었다.

"주님을 사랑하는 이들 간에 화합이 이루어지기를 기도합니다. 그들의 눈을 열어주셔서 주님의 진리를 볼 수 있게 해주소서. 당신의 보호와 인도의 손길을 위해 기도합니다."

그들 도시와 전국의 경찰관들이 생각났다. 그동안 보아온 인종간의 분열과 싸움이 떠올랐다.

"주님, 이 세상에 빛을 밝혀줄 한 세대를 일으켜주소서. 압력을 받아도 타협하지 않고, 다른 사람들이 다 도망쳐도 움츠러들지 않을 사람들을 세워주소서. 그들을 세워주셔서 예수 그리스도의 이름 안에 구원이 있음을 선포하게 해주소서. 무릎으로 싸우고 온 마음으로 주님을 예배할 전사들을 세워주소서. 주님, 우리를 전쟁터로 부르셔서 왕의 왕, 주의 주이신 주님을 선포하게 하소서!"

클라라는 갓난아이들을 위해 기도하는 아버지들의 모습을 그려보았다. 높은 권력의 자리에 있는 남녀들이 무릎을 꿇고 주님의 인도를 구하며 기도하는 모습을 그려보았다. 학교 선생님들과 기업의 지도자들, 주유소 직원들, 사친회에 참석한 학부모들도 생각났다. 목사들과 청년 사역자들, 선교사들, 그리고 떠오르는 모든 얼굴들을 생각하며 마지막 간구를 드렸다.

"저의 온 마음을 다해 기도합니다. 그들을 일으켜주소서, 주님, 그들을 일으켜주소서!"

"너는 기도할 때에 네 골방에 들어가 문을 닫고 은밀한 중에 계신 네 아버지께 기도하라 은밀한 중에 보시는 네 아버지께서 갚으시리라(마 6:6)."

하나님을 인격적으로 만난 사람이라면 누구나 기도의 골방에 대한 추억이 있을 것이다. 그곳이 정말 문자 그대로의 골방이든, 예배당이든, 혹은 평범한 일상의 한 자리든 간에 어디든 하나님과 내가 단 둘이 있는 것처럼 내 마음을 쏟아놓고 하나님과 대화를 나눠본 적이 있을 것이다.

그렇게 하나님을 깊이 만나는 동안 내게 바위처럼 크게 느껴졌던 짐들이 가벼워지고, 단단하게 굳어 있던 마음이 녹으며 이해할 수 없는 평안이 찾아오기도 한다. 그러나 그런 귀한 체험을 하고 나서도 우리는 골방 기도를 계속 이어가는 것이 쉽지 않다. 일상의 분주함 때문일지도 모른다. 그렇게 주님과 함께 시간을 보내지 않아도 내 삶이 아무 문제없이 흘러가기 때문일 것이다. 그렇게 우리의 신앙생활은 깨달음과 망각을 반복한다.

이 책의 주인공 엘리자베스는 요즘 교회에서 볼 수 있는 가장 흔한 교인의 모습이다. 적당히 교회에 다니고, 적당히 하나님과의 관계를 유지하며 스스로 그럭저럭 신앙생활을 하고 있다고 생각하는, 개인적인 삶의 어려움이 있지만 그 짐을 하나님 앞에 가져갈 생각을 하지 않고 그냥 바쁘게 살아가는 평범한 크리스천의 모습이다. 그런 엘리자베스가 기도의 전사, 클라라 부인과의 만남으로 삶에 크고 작은 변화를 겪게 된다.

그 두 사람이 만나서 나누는 대화들과 그들의 삶 속에 일어나는 일들, 그 잔잔하고도 감동적인 이야기 속에 기도에 관한 모든 교훈이 담겨 있다. 하나님과 깊은 마음의 대화를 나눌 때 가장 먼저 일어나는 일은 바로 기도하는 자신의 변화이다.

하나님이 우리의 모든 필요를 아시지만 그럼에도 우리가 호흡처럼 계속 기도하기를 원하시는 이유는 우리와 가까이 교제하기 위함이며, 그 시간을 통해 우리가 하나님의 마음을 닮아가게 하시기 위함이다.

그렇게 클라라를 통해 기도를 배워가는 엘리자베스의 삶에 놀라운 변화가 일어난다. 그리고 그녀의 변화를 통해 딸과 남편도 변화된다.

기도의 골방은 모든 마음을 내려놓고 하나님과 은밀한 대화를 나누는 사적인 공간이지만, 또한 큰 싸움을 위한 전략을 세우고 무장하는 전쟁실이다. 엘리자베스에게 많은 어려움이 닥쳤던 것처럼, 우리의 삶은 크고 작은 싸움의 연속이다. 그 싸움에서 승리하려면 하나님이 기다리고 계신 골방으로 들어가야 한다. 이 책은 그 골방의 의미와 거기서 나타나는 큰 능력을 유감없이 보여준다.

처음엔 별로 특별한 것이 없어 보이는 이 잔잔한 이야기가 독자들에게 얼마나 영향을 끼칠 수 있을까 생각했지만, 이 책을 번역하는 동안 나는 클라라라는 여인에게 푹 빠졌고, 그녀의 이야기를 들으면서 하나님의 마음을 깊이 느낄 수 있었다. 그녀의 기도와 삶이 자신만의 것으로 그치지 않고 다른 사람들에게로 흘러갔듯이 독자들의 마음속에도 흘러 들어가리라 믿는다.

이 이야기가 나를 하나님 앞으로 이끌고 굳어 있던 마음을 촉촉이 적셔주었던 것처럼, 이 책을 읽는 독자들이 모두 기도의 골방으로 들어가 하나님과 깊고 행복한 대화를 나누게 되길 바란다. 그리고 그로 인해 변화된 삶과 능력이 또 다른 사람들에게 흘러가길 바란다.

　"내 이름으로 일컫는 내 백성이 그들의 악한 길에서 떠나 스스로 낮추고 기도하여 내 얼굴을 찾으면 내가 하늘에서 듣고 그들의 죄를 사하고 그들의 땅을 고칠지라(대하 7:14)."

유정희

1. 엘리자베스와 토니의 결혼생활을 무너뜨린 요인들은 무엇인가? 기도
가 어떻게 그것을 변화시키는가? 이것을 당신의 관계에 어떻게 적용할 수 있
겠는가?

2. 이야기의 앞부분에서 엘리자베스가 토니와의 관계에 대해 생각하다가
이렇게 결론을 내리는 장면이 나온다. '어쩌면 그녀가 바랄 수 있는 것이 여
기까지였을지도 모른다. 어쩌면 이것이 결혼생활의 한계였을 수도 있었다.
혹은 인생도 마찬가지일 것이다.' 당신은 빠져나갈 수 없을 것 같은 상황이
나 관계에 대하여 스스로 포기하고 싶은 유혹을 받은 적이 있는가? 당신은
무엇을 했는가? 엘리자베스나 그와 비슷한 상황에 처한 사람에게 어떤 격려
의 말을 해주고 싶은가?

3. 클라라 부인은 기도를 '이야기하고, 듣고, 당신을 사랑하는 분과 함께
시간을 보내며 즐기는 것'이라고 생각한다. 당신은 기도를 어떻게 정의하겠
는가? 클라라의 묘사가 당신의 생각과 일치하는가?

4. 클라라 부인이 엘리자베스에게 미지근한 커피를 갖다주었을 때 그것은

엘리자베스의 신앙을 효과적으로 설명해주는 역할을 했다. 당신은 자신의 신앙을 어떻게 묘사할 수 있는가(뜨거운가, 차가운가, 아니면 미지근한가?). 이것을 변화시키기 위해 어떤 조치를 취하겠는가?

5. 토니가 그의 결혼생활을 파괴할 수도 있는 결정을 내리려는 순간, 한바탕 복통을 앓으면서 중단했고, 그것은 마침 엘리자베스가 기도를 하고 있던 때와 일치했다. 당신은 즉각적인 기도 응답에 깜짝 놀랐던 적이 있는가? 무슨 일이 일어났는가?

6. 강도를 만난 후, 클라라 부인은 자신의 진술을 받아 적은 경찰관에게 이렇게 말한다. "그걸 기록할 때 예수님을 빼면 안 돼요. 사람들은 항상 예수님을 뺀다니까. 우리가 이렇게 엉망이 된 이유가 바로 거기에 있어요." 그녀의 말이 무엇을 의미한다고 생각하는가? 당신이나 당신이 아는 다른 사람의 삶에서 예수님이 빠졌던 순간을 묘사해보라.

7. 다니엘은 자기 어머니의 기도 방을 보고, 자기도 자기만의 기도 방을 만들겠다고 결심한다. 부모의 행동이 자녀들에게 미치는 영향에 대하여 무엇을 말해주고 있는가? 당신이 자녀들에게 믿음의 본을 보이기 위해 할 수 있는 일은 무엇인가?

8. 클라라 부인은 토요일 모임에서 친구들에게 이렇게 말한다. "기도의 목적은 우리가 원하는 것에 대해 하나님의 마음을 바꾸는 게 아니야. 기도의 목적은 우리 자신의 마음을 변화시켜, 하나님의 영광을 위해 하나님이 원하시는 것을 하도록 만드는 거야." 그녀의 말에 동의하는가? 그 이유는 무엇인가? 이 책에 나오는 인물들의 기도가 그들의 삶에 어떤 영향을 끼쳤다고 생각하는가? 당신도 그와 비슷하게 변화되었던 때가 있었는가?

9. 토니는 힘든 결정을 내려야만 했다. 즉 상사에게 자신이 범한 죄를 솔직하게 이야기할 것인지, 아니면 숨길 것인지 결정해야 했다. 그는 올바른 선택을 했는가? 토니가 단순히 용서를 구하는 기도를 드리고 비밀로 남겨두었어도 됐을 것이라고 생각하진 않는가?

10. 콜맨 영이 토니를 고소하지 않기로 결정하자 토니는 안심했다. 당신도 받을 자격이 없는 은혜를 받은 적이 있는가? 그때 어떻게 반응했는가?

11. 이 책은 마귀와의 싸움에서 기도가 강력한 무기임을 보여준다. 그것이 기도에 관한 당신의 관점을 바꾸게 하는가? 그것이 당신의 기도생활에 어떤 영향을 줄 수 있는가?

12. 클라라는 이렇게 기도한다. "주님, 이 세상에 빛을 밝혀줄 한 세대를 일으켜주소서. 압력을 받아도 타협하지 않고, 다른 사람들이 다 도망쳐도 움츠러들지 않을 사람들을 세워주소서. 그들을 세워주서서 예수 그리스도의 이름 안에 구원이 있음을 선포하게 해주소서. 무릎으로 싸우고 온 마음으로 주님을 예배할 전사들을 세워주소서." 세상에는 이런 세대가 필요한가? 당신이 어떻게 하면 한 세대의 기도 전사들에 포함될 수 있겠는가?

# 워룸

**초판 1쇄 인쇄** 2016년 9월 10일

**초판 1쇄 발행** 2016년 9월 15일

**지은이** 크리스 패브리 | **옮긴이** 유정희 | **펴낸이** 최효원 | **펴낸곳** 임프린트 진진

**출판등록** 2014년 7월 7일 제2014-000096호

**주소** 서울시 영등포구 선유서로 67, 128호 | **전화** (02)719-2811(대) | **팩스** (02)712-7392

**인쇄** (주)제일프린테크 | **종이** (주)진영지엽 | **제본** 성화제책

**이메일** oneull@hanmail.net

**ISBN** 979-11-958458-04 03230